U0907699

时代先锋
报国模范

2013.11.20

中国航空工业史丛书·人物·史料资料

中国航空工业人物传·英模篇

1

中国航空工业史编修办公室　编

航空工业出版社
北　京

内容提要

本书介绍了中国航空工业企事业单位自1950年至2013年国务院授予的航空工业历次全国劳动模范、全国先进工作者，中共中央组织部授予的优秀共产党员、优秀党务工作者及部分优秀思想政治工作者。同时，列入党中央、国务院14次表彰大会之一的全国科技大会表彰的“全国先进科技工作者”也一并收入，共计138位的生平、工作业绩与突出贡献。真实记录了他们为中国航空工业发展呕心沥血、殚精竭虑，有的甚至献出生命的感人事迹，他们是“航空报国”精神的开创者和传承者。

本书内容翔实、内容丰富，实为记录航空英模的全面生动的教材。适合广大航空工业从业人员和关注中国航空工业的人员阅读。

图书在版编目（CIP）数据

中国航空工业人物传. 英模篇. 1 / 中国航空工业史编修办公室编. --北京：航空工业出版社，2013. 11（2019. 1重印）

ISBN 978-7-5165-0260-0

Ⅰ. ①中… Ⅱ. ①中… Ⅲ. ①航空航天人员—列传—中国—现代 Ⅳ. ①K826. 16

中国版本图书馆CIP数据核字（2013）第253077号

中国航空工业人物传·英模篇1
Zhongguo Hangkong Gongye Renwu Zhuan · Yingmo Pian 1

航空工业出版社出版发行
（北京市朝阳区北苑2号院 100012）
发行部电话：010-84936597 010-84936343

三河市金轩印务有限公司印刷 全国各地新华书店经售
2013年11月第1版 2019年1月第2次印刷
开本：787×1092 1/16 印张：23.75 插页：12 字数：511千字
印数：4001—4500 定价：89.00元

总　　序

1951 年 4 月 17 日，中央军委、政务院颁发了《关于航空工业建设的决定》，新中国航空工业走过了整整 60 年的发展历程。

自 1910 年清政府在北京南苑设厂试造飞机到 1949 年新中国成立前，中国的航空工业整整 40 年没有建立起可称为独立产业的工业门类，基本限于简单的修理和机体制造，在国家的贫弱与动荡中艰难苟延。

建立一个完整强大并能与发达国家比肩的航空工业，一直是中国近代无数仁人志士、黎民百姓的呼号与夙愿。新中国成立不久，在抗美援朝的连天烽火与神州大地的百废待兴中，国家即决定建设和发展民族航空工业，并为此集中全国的优势力量支持。60 年的历程，中国航空工业大体经历了四个阶段：从 20 世纪 50 年代到 60 年代前期的初创与快速发展时期；从 60 年代中后期到 70 年代的波折与缓慢发展时期；从 80 年代到 20 世纪末的恢复与振兴发展时期；21 世纪前 10 年的崛起与跨越式发展时期。

2008 年，中国航空工业集团公司重组整合不久即做出决定，在 20 世纪 80 年代航空工业部组织和纂修新中国航空工业史的基础上，全面续修中国航空工业史。这个具有历史性、前瞻性的决定，开启了大规模续修中国航空工业史的序幕。

面对这项历史性工程，林左鸣总经理强调这是航空工业的要事、盛举，要做到“无出其右”！在高建设副总经理的领导下，一批长期在航空工业工作、具有较强写作能力的同志参与了撰写。

这次续修中国航空工业史，是中国航空工业史上的一项浩繁的史料收集整理工程、重大的文字工程和系统的文化工程，其规模将远远超过上一次的修史。作为一套系列丛书，总编撰与出版量将达百余部书籍，约千万字的容量。

这套丛书本着“尊重历史、史从实出、存真弃虚、功过俱修”的原则，力争留下经得起当代人推敲与后人检验的专史与信史。丛书将分为五个系列。

一、总史部分：将在上次纂修1949—1988年新中国航空工业史的基础上，续修其后20多年的行业史，包括航空航天工业部（1988—1993年航空工业部分），航空工业总公司（1993—1999年），中国航空工业第一集团公司、中国航空工业第二集团公司（1999—2008年，分修）的行业史。为完整反映中国航空工业发展历程，对从1910年中国航空工业萌芽时期起到1949年这一段的中国航空工业史补充编修。

与此同时，分别纂修这几个历史阶段的大事记和总纂中国航空工业60年大事记。

二、专业史部分：在上次纂修部分专业史的基础上，续修航空工业各专业史，补修上次尚未纂修的一些专业史。

三、专题史部分：全面纂修以各历史时期航空工业重点型号为主要内容的专题史。

四、企事业单位史部分：在上次组织纂修部分企事业单位史的基础上，续修后20多年企事业单位史，同时组织上次未修史的单位进行补修。

五、人物 · 史料资料部分：作为修史工程的一项重要内容，续修航空工业人物传和回忆录，以及航空工业的各种史料资料，如《中国航空工业老照片》、《百年航空史话》等。

以上五个系列既各有侧重，独立成书，从不同方面反映航空工业的发展历程，同时又互相衔接，互为印证，形成《中国航空工业史丛书》。

编修航空工业历史中所揭示出的规律和规律性认识，可以使我们看到中国航空工业前进的身影，听到它“咚咚”作响的脚步声，更会使我们善用前人留下的财富，增长推动新发展的智慧。当然，在更新的历史环境与更重大的历史使命下，我们也不可能从既往的历史中找到全部答案，这就需要我们奋力去进行新的开拓，在建设航空强国的征途中去创造新的历史。

中国航空工业史编修领导小组

2011年4月

目　录

马德有　1950 年全国劳动模范

马德有（1907.1—1978.1），天津人，1950 年全国劳动模范，中航工业沈阳黎明航空发动机（集团）有限责任公司（简称中航工业黎明）装配工、工人技师。1949 年参加革命，在空军工程部东北修理总厂第五厂（现中航工业沈飞）从事飞机修理技术工作，1950 年加入中国共产党。1951 年转 111 厂装配车间工作，1956 年 1 月年调入沈阳航空喷气发动机厂（现中航工业黎明）41 车间任装配工段工段长。他工作一贯兢兢业业，任劳任怨，对工作有高度的主人翁责任感。几十年来，他先后研制了汽缸研磨机，革新了洗涤机，改造了旧试验设备，为国家节约了 60 余万元。他所创造发明的工具设备，被冠为“马德有工具”，他被大家誉为“攻关尖兵”。由于他的突出表现，1950 年被中央人民政府授予“全国劳动模范”称号，出席了全国工农兵劳动模范代表会议。1967 年退休后，他仍然保持老劳模的本色，不顾身患多种疾病，经常主动进厂，无偿地为车间解决生产中的技术关键问题。为了表彰马德有的特殊贡献，国营黎明机械制造厂把他评为 1975 年和 1976 年两年的劳动模范。1978 年 1 月去世。

马德有把自己的一生都献给了党的事业，献给了祖国的航空工业。他的一生都拼打在生产一线，是老一代黎明航空人的见证，是黎明的功勋职工。如今他的塑像耸立在厂区内，职工们每天都能瞻仰到老劳模的风采，他如一面旗帜，鼓舞后人继续为祖国的航空事业奋斗！

1950 年 6 月，党中央发出抗美援朝的伟大号召，马德有当时所在的空军工程部东北修理总厂第五厂承担了作战飞机的修理任务，这一年他 43 岁。从此以后，他一直坚守在发动机修理、生产这块阵地上。

当时工厂的设备非常简陋，材料紧缺，技术力量十分薄弱，修理工作面临着巨大的困难。马德有从小因为生活艰辛，吃了很多苦，是个在苦水里泡大的汉子，沈阳解放时他已步入了不惑之年。在旧工厂的多年磨砺经历，不仅养成了他倔强的性格，也使他积累了丰富的技术知识。马德有把对党和新中国的爱全部倾注在工作上。他吃、住在车间，利用废旧材料制造了许多种类的修理专业工具。他制造出发动机分解机、洗涤机等设备，解决了修理中的许多难题。他用多年积累的生产技术和实践经验，先后研制出 5 种发动机的专用模具、卡具和测验设备，不仅提高了修理工作效率，而且保证了修理质量。就在新中国成立后第二年——1950 年，马德有光荣地加入了中国共产党，并被评为沈阳市和全国劳动模范，出席了全国工农兵劳动模范代表会议，受到了毛主席的接见。这是他在生产一线上坚持到生命最后一刻的巨大动力！

马德有于 1956 年 1 月调入沈阳航空喷气发动机厂 41 车间任装配工段工段长。在车间生产工作中，哪里有困难他就到哪里攻关，被誉为“攻关尖兵”。他所创造发明的许多种攻关手段，都可以用“马德有工具”冠以其名。

1967 年马德有光荣退休，但他仍然保持老劳模的本色，停不下为航空事业作贡献的脚步。他不顾由于长年没有好好休息而弄垮的身体，经常带病主动进厂，无偿地为车间解决生产中的技术难题。

1974 年 7 月—1975 年 1 月，工厂生产的某型发动机发生了 9 级盘破裂事故。经过几个月的调查，终于查清原因是“镉脆”故障。但镀镉的弹簧片涉及到数千台发动机，遍布国内外几十个机场。如果将这些发动机全部运送回厂内进行检查，不仅会加重工厂的负荷，还会影响空军的训练和战备需要，使国家在经济上蒙受巨大的损失。

劳动模范马德有

退休在家的马德有听说这件事后，匆忙赶到工厂，看到大家都在为此事发愁，他又像从前一样在发动机旁陷入了沉思。凭着他丰富的经验和对发动机各部位的透彻了解，他提议制作 1 件能拿到空军外场进行检查的专用工具，结合理化实验室唐智工程师制定的化学鉴定法，应该可以确定哪些发动机的弹簧片是镀镉的。经过这样的鉴定过程，需要返厂的就只是一小部分发动机了。他的想法一经提出，便得到了厂领导的极大支持。但随后下一个问题又出来了，办法虽然有了，但检查工具应该是什么样的？弹簧片藏在发动机的“肚子”里，看不见，摸不着，怎么能检查的到？面对难题，马德有主动请缨，誓要发明一个既能达到效果，又能方便使用的工具。他自己动手画图，自己动手找材料加工。虽然年纪大了，腿脚不灵便，却每天早早就来到车间，一会儿对他研制的工具进行试验，一会儿又拿着工具到工具车间去改制，一天不知要往返多少趟。经过一个多月的反复试验，一件近乎于机械手的工具终于诞生了。这种机械手可以从发动机的卸荷腔直接伸到后轴颈，其前端可以自由弯曲，经过摩擦将金属粉屑带出来，再配合化学分析，马上就可以确定弹簧片是否镀镉了。实践证明，这种方法的准确性达 100%。可别小看了这个长不足一米，直径不足 30 毫米的工具，它解决的却是困扰企业的一个特大难题。这项发明，给黎明挽回了几千万元的损失。

为了表彰马德有的特殊贡献，国营黎明机械制造厂破格将他评为 1975 年和 1976 年两年的劳动模范。一个退休的老工人竟然能获得这么高的荣誉，这在黎明的历史上还是第一次！

1978 年 1 月 9 日，马德有因病去世。国营黎明机械制造厂为他举行了隆重的追悼大会，将他的骨灰安放在沈阳回龙岗革命公墓。

蔡友清 1956年、1959年全国先进生产者

蔡友清（1933.8— ），江西丰城人，1956年、1959年两届全国先进生产者，时任国营第320厂（现中航工业江西洪都航空工业集团有限责任公司，简称中航工业洪都）工人。1951年11月在江西南昌国营洪都机械厂干车工，1952年加入中国共产党。他凭着对党的忠诚、对事业的热爱，工作中虚心学习，积极肯干，被誉为“走在时间前面的人”。1953—1962年，一直被评为国营第320厂劳动模范；1955—1959年被评为南昌市甲等劳动模范；1955年在北京出席全国青年社会主义建设积极分子大会；1956年、1959年两次被国务院授予“全国先进生产者”称号；1958年出席第二次青年社会主义建设积极分子大会；1959年受国务院邀请，到北京参加新中国成立10周年观礼，受到党和国家领导人接见，同年11月在北京出席全国群英会。1969年调江西抚州开关厂工作，1978年调国营乐河机械厂（现中航工业兰翔）工作，1984年12月因病退休。

1951—1969年期间，蔡友清是国营第320厂（现中航工业洪都）的一名普通车工。他只有一个想法，坚决完成国家的计划。蔡友清认为，为了完成国家计划，改进操作规程和缩短辅助的时间是很重要的。从1953年7月起，蔡友清每月都制订出先进而又切实的保证计划。制订计划一般都是在上月下旬就开始考虑，这个月要完成多少定额，超额多少；上个月工作中有哪些优缺点，月初就用文字写好，根据全月计划，在思想上安排出周计划，每周又逐日安排。计划安排的原则是：赶前不赶后。他的计划之所以先进，是他每月在193或216小时内，完成280小时以上的工作量；他的计划之所以切实可行，那就是根据自己的实力及技术水平和以往经验制订的，从不盲目地冒进，因此他每月都能完成自己的保证计划。

为了实现制订的计划，蔡友清学习了东北锦西化工厂青年车工韦玉玺同志用一年完成两年工作的先进经验（注：在20世纪50年代，锦西化工厂青年工人韦玉玺，因为技术革新提高了生产效率而成为先进典型，成为闻名全国的劳动模范）。他每天都做好工作前准备，尽力缩短辅助时间，不迟到、不早退、不脱离工作岗位，思想集中，严格遵守操作规程和工艺规范。蔡友清每次接受任务时，首先对蓝图、施工单进行完

蔡友清生活照

全的了解，明确加工工序和需要的工具，把工具都一次性领好，然后根据工作物的性质来装好使用工具。如某种螺丝每件定额为5分钟，有的工人觉得加工复杂、工时又少，有畏难心理。而他认真地分析了工作物的特点、材料性质等，将原来用的钢刀改为合金刀，克服了效率低、工具消耗大的缺点，每天只需磨刀一次，减少了三次的磨刀时间，结果第一天就完成了461件，也就是说在8小时内完成了16小时的工作量。蔡友清按计划进行工作，这已经成为了他的习惯。

蔡友清在工作中不是没有困难，但他没有把困难当做困难。你问他工作中困难是什么，他会这样回答：困难是要看你怎么看，如果你不把它当做困难，那就不是困难了。的确，当他干到复杂的工作物时，车间个别职工甚至个别老师傅，冷言冷语地说：蔡友清呀，干简单的工作是赶不上你的，干复杂的你就不行了。但蔡友清没有把复杂零件加工当做困难，而是虚心向老师傅学习，后来不仅仅是会干了，同时还超额完成了任务。

1955年11月，工厂接受了一批新的加工零件——芯棒。该产品40mm长，有三个不同的直径（三根合起来只有筷子那么大），本来是五工段工人干的活，五工段的工人一天只能干20根，工长不想接过去。蔡友清知道后，心想这任务是新的，工厂找不到合适的人干，我来试试。于是他大胆地向本工段长要这个任务。说实话，当时蔡友清内心也很担心，加工第一件就发现工作物会跳，因此质量差，他赶紧分析原因，确定是因为加工时用肥皂水冷却后打滑造成的，他就决定第二根起不用肥皂水，结果质量达到了要求。原定 15 分钟一根，他半天就干了 19 根，第二天在 8 小时内干了 80 根，第三天在 6 小时 45 分钟内就干了 111 根，工长看了高兴地说：“行！真行！”

蔡友清在过去的 22 个月中完成了 42 个月的任务，但他没有以此满足。他总是说：“没什么，每月所做的工作是应该的，与党的要求还差得远。”

1957 年，他继续奋战在工作中，用 6 个月的时间完成了 1 年的任务。下半年他制订出了用半年完成 9 个月的计划，结果经过蔡友清的努力，用 6 个月完成了 10 个半月的任务。这次党支部总结了他的经验在全车间推广，全车间的职工热烈地响应党支部的号召，掀起了大干的热潮。

1958 年 5 月 12 日，蔡友清所在工段突破定额的仅有 20 多人，到 13 日就增加为 30 多人，全工段在 26 日完成了任务，到 30 日止，全工段共突破定额 2000 多工时，创造了空前未有的新纪录。蔡友清很感动：党这样鼓励我，我绝不辜负党的希望。因此，他制订出了 6—12 月要以 1427 小时完成 2115 小时的先进计划。6 月份他已经完成了 399 小时计划，他为参加省、全国的青年社会主义建设积极分子大会，又准备超额 1 个月至 1 个半月来完成自己提出的计划。

蔡友清工作踏踏实实、埋头苦干、认真负责，成绩突出，被誉为“走在时间前面的人”，1956 年、1959 年两次被评为全国先进生产者。1984 年 12 月因病退休。

陈阿玉 1956年全国先进生产者

陈阿玉（1917.3—1984.12），浙江黄岩人，1956年全国先进生产者，中航工业沈阳飞机工业（集团）有限公司（简称中航工业沈飞）工人。1949年华东工业部精美机器厂工人；1951年4月上海通用机器厂工人，1952年5月加入中国共产党，同年响应国家支援航空工业建设的号召，来到国营第112厂（现中航工业沈飞）型架车间当钳工。从1953年10月起，先后任车间工段主任兼党支部书记、车间值班主任、车间技术副主任、科技科副科长等职。陈阿玉用自己的智慧和汗水在飞机修理和研制工作中，大胆地改进工艺，保证了飞机研制任务的完成，并为国家节约了大量的资金，为新中国歼5、歼6、两倍声速、高空高速等飞机的试制和生产留下了闪光的业绩。1952年荣获沈阳市先进生产者，1953年荣获中国第二机械工业部东北地区劳动模范，1954年、1955年连续两年荣获沈阳市先进生产者，1956年被国务院授予“全国先进生产者”称号，并出席了第二机械工业部和全国先进生产者代表会议，1957年、1959年荣获沈阳市劳动模范称号。1979年12月退休。1984年12月去世。

新中国成立初期，陈阿玉在上海通用机器厂荣获治淮功臣荣誉称号，受陈毅市长邀请参加了上海市庆祝中华人民共和国建国两周年宴会。苏联十月革命节那天，他又出席了苏联驻上海领事馆的酒宴。党和国家给予的这些荣誉和关怀，使陈阿玉真正体会到一个普通工人已成为国家的主人。他深有感触地说：“新旧社会两重天，旧社会工人是土，新社会工人是天。”

1952年5月，陈阿玉光荣地加入了中国共产党。6月，他响应国家支援航空工业建设的号召，从生活条件优越的上海来到祖国东北的沈阳国营第112厂，当一名普通的型架钳工。当时，工厂刚开始建设，工作生活条件都很艰苦，吃的是高粱米饭，住的是日本人留下的劳工宿舍，夏天漏雨，冬天透风。工资收入也比在上海减少了1/2，但陈阿玉没有动摇，还鼓励同来的工友克服这些暂时的困难，为建设中国航空工业贡献自己的力量。

创建初期，工厂的主要任务是在完成修理旧飞机的同时，按国家第一个五年计划，大批制造喷气式歼击机。陈阿玉刻苦钻研试制喷气式歼击机的新技术，仅用半年多时间，他便熟练地掌握了试制飞机所不可缺少的标准件和型架的制造技术。在制造体积大、精度高的标准样件和型架过程中，陈阿玉不断开动脑筋，改进26项工具和操作方法，不仅保证了产品质量，而且节省4000多工时。陈阿玉被命名为厂劳动模范、沈阳市先进生产者。

1953年3月，他开始担任车间型架工段的工段主任。1954年10月，航空工业局向工厂下达了试制米格－17Φ喷气式歼击机（即歼5）的命令。在新机试制开始时，发现引进苏联机翼标准件结合交点变形，使全机标准样件无法对合，成为厂里新机试制的一大难关。陈阿玉大胆地提出校正变形的建议，取得苏联专家的同意后，他冒着校正中整个交点可能报废的危险，自己动手，一点一点地将变形处校正过来，使全机标准样件的对合工作按期完成。陈阿玉这种敢想敢干的精神和高超的技术，赢得了苏联专家的钦佩。在制造飞机部件装配型架中，他大胆革新，用焊接固定代替螺栓固定，节省了900多个螺栓和600多个工时，加快了新机的试制进程。到1955年，他所领导的工段5次获车间生产优胜红旗，提前8天完成全年生产任务。

1956年3月，他开始担任车间值班主任。为了加强生产管理工作，他设计了工艺装备一览表、生产问题一览表和劳动分配一览表等3种生产管理图表，挂在办公室墙上，使车间的各级干部能清清楚楚地了解到全车间的生产任务和进展情况，促进了新机的试制工作。由于陈阿玉在新机试制中贡献突出，先后被评为厂、沈阳市、第二机械工业部和全国先进生产者。

陈阿玉工作照

1957 年 1 月，工厂领导派陈阿玉带领 30 多个工人去南昌，支援国营洪都机械厂（现中航工业洪都）进行安 2（即运 5）飞机的试制。当时，按苏联图样和技术文件规定，安装飞机机身总装型架需用很大的安装平板。但是，外厂制造的大型安装平板不能按计划送到。为了保证试制进度，陈阿玉建议用 6 根钢管并排焊接后，在划线钻孔台上加工，安装成构件，代替安装平板。经与洪都厂的有关领导及工程技术人员多次协商，最终采用了陈阿玉的方法。运 5 飞机试制的工程技术人员和苏联顾问对陈阿玉的聪明才智和超群的技艺非常钦佩。1958 年，国营松陵机械厂（现中航工业沈飞）在试制自行设计的歼教 1 型飞机时，机身总装型架就是在陈阿玉所创造的型架安装方法的基础上加以改进而进行安装的。

陈阿玉完成支援任务回工厂不久，又提出了改进切面模型制造方法的建议。按技术文件规定，切面模型本来是用甲醇胶水泥整体塑造而成，当时生产上急需 25 个切面模型，需用 300 多千克甲醇胶水泥，由于制作周期长，材料来源也十分困难，不能满足生产急需。为此，陈阿玉想出了一个利用木条子制作切面模型的基体，仅工作面采用甲醇水泥塑造的方法。在征得了有关领导同意后，亲自动手制作。经试验证明，用这个方法制造的切面模型完全符合技术要求，而且提高工作效率 6 倍多，并节省了大量的甲醇胶水泥。

1968 年初，国营松陵机械厂接到将性能先进的 219 型高空卧式相机安装在歼 6 飞机上，作为高空侦察机使用的任务后，立即派两名设计员和两名经验丰富的老工人去完成这项任务，其中就有陈阿玉。他立即奔赴空军某团驻地，认真分析歼 6 飞机结构，边研究、边设计、边施工。在制作照相舱内一个不锈钢加强肋板时，在没有设备和模具的困难条件下，陈阿玉就用木板做了一个简易模胎，用喷灯加热后，凭经验用手工敲制成形。经试验证明，这架歼 6 型高空侦察机各项技术指标都达到了部队的使用要求，用同样的办法他们还改装完成了歼 6 型低空侦察机，填补了空军装备的空白，受到部队的好评。

在制造歼 6 飞机的工艺装备过程中，他将机翼精加工台的制造改用水泥固定交点座的方法，节约了两吨多钢材；将 3 号和 4 号油箱构架式标准样件的设计改为组合式，实现机械化加工，提高工作效率 7 倍，节约钢材 1 吨多；将油箱卡板开槽的手工铣制改为靠模铣制，提高工作效率 36 倍；将整体式机尾罩焊接夹具改为组合式，提高工作效率 7 倍，节约 7000 多工时。

陈阿玉于 1979 年 12 月退休，1984 年 12 月去世。

韩启康 1956 年全国先进生产者

韩启康（1913. 2—1989. 3），江苏南翔人，1956 年全国先进生产者，时任第二机械工业部第四局第 221 厂（现中航工业太原航空仪表有限公司，简称中航工业太航）车间技术副主任，后调兰州飞控仪器总厂（现中航工业兰飞）。1949 年 5—11 月在香港中国航空公司干车工，1949 年 11 月在香港参加“两航”起义，1949 年 12 月—1950 年 12 月在天津民航局工作，1951 年 1 月—1953 年 4 月在太原民航局工作，1953 年 4 月调第 221 厂任车间技术副主任。1958 年 9 月调至国营新兰仪表厂，任工人工程师、车间副主任、主任等职。韩启康在第 221 厂工作中，经常深入生产一线，了解情况，解决问题，解决了军品生产的四大关键问题，有力地保证了全厂试制任务的完成，其中有一项达到了国际设计及制造标准。1953—1955 年连续 3 年获山西省劳动模范称号。1956 年出席了中国第二机械工业部先进生产（工作）者代表会议，获部先进生产者称号，同年，被国务院授予“全国先进生产者”称号，并出席全国先进生产者代表会议。1980 年 11 月退休。1989 年 3 月去世。

韩启康在工作中勤于钻研，在生产技术上颇有专长，早在 20 世纪 50 年代初，就曾试制成功国产活塞式和喷气式优质航模飞机。太原市有一台被遗弃了长达 15 年之久的进口发电机，这在当时既无法进口、国内又解决不了。他勇于尝试，自制成功了难度较大的涡轮叶片，竟让发电机又开始了工作。随后他又试制解决了压铸模等多项技术攻关项目。

1953 年 4 月，韩启康调入第 221 厂任车间技术副主任。担任领导职务后，经常深入生产一线，了解情况，解决问题，受到了干部职工的好评。由于在工作中创造性的劳动，1953—1955 年连续三年获山西省劳动模范称号。1955 年他在生产中解决了军品生产的四大关键问题，有力地保证了全厂军品试制任务的完成，其中有一项达到了国际设计和制造水平。1956 年韩启康出席了中国第二机械工业部先进生产（工作）者代表会议，获部先进生产者称号。同年，出席全国先进生产者代表会议，获全国先进生产者称号。

1958 年韩启康调到国营新兰仪表厂工作。工作期间韩启康又自己设计制造了自动冲压机、缝纫机、测钻仪及许多医疗器械，有过多项技术发明和技术革新项目。韩启康能严格要求自己，对工作认真负责，一丝不苟，模范带头。并经常帮助困难职工，受到全厂职工的一致好评。

韩启康 1980 年 11 月退休，退休后仍坚持为社会做贡献，他担任了家乡一个工厂的技术顾问，帮助指导这家企业发展生产，使这个原仅有几十人的小厂发展成有几百人的中等企业。

韩启康于 1989 年 3 月因病去世。

李绪文 1956年全国先进生产者

李绪文（1932.3— ），黑龙江双城人，1956年全国先进生产者，时任国营第120厂（现中航工业哈尔滨东安发动机（集团）有限公司，简称中航工业东安）车工。1946年初，双城同兴铁工厂车工；1948年6月—1950年底，双城县工业公司铁工厂车工；1951年初，哈尔滨市纯青铁工厂车工；1952年3月，第121厂（现中航工业东安）5车间车工。1954年7月入党，同年9月任副工长、工长。1956—1983年，历任车间副主任、主任、党支部书记、检验科长、基建处党总支书记、建筑公司分党委书记、退休办分党委书记等职。李绪文精通车工技术，改进加工方法、解决生产难题并积极推广新技术，1953年被评为工厂劳动模范；1954、1955年被评为市级劳动模范；1956年被国务院授予“全国先进生产者”称号，并出席了全国劳模大会。1972年4月，当选为中共国营第120厂第五届代表大会党委委员。1987年4月退休。

李绪文来到第121厂（现中航工业东安）时，正是工厂建设初期，生产任务十分繁重，在党组织的关心教育和同志们的帮助下，他由从前只知道工作挣钱养家转变到认识到自己工作是为了实现建设祖国的远大目标，并且以饱满的热情投入到工作中。

李绪文在生产中，除精通车工技术外，还注意掌握工装制造和修理，解决了曲轴、凸轮盘、机匣等零件加工中工装不足的难题。在新品试制上，他积极想办法，通过改进加工方法、革新刀具等，解决了高压油泵内径偏心孔车削的关键问题。1953年4月，他参加工厂举办的高速切削训练班学习后，把所学的技能运用到工作中，在车间积极推广高速切削法，提高了加工效率和产量，曾经一周完成过全月任务。其中，新品散热片原来6小时才能加工1个，采用新加工方法后，8小时能加工3个。类似的事例还有许多。

李绪文走上领导岗位后，服从组织安排，在工厂历次车间调整、合并中，积极组织科研和生产，确保工厂指令性计划按期完成。

李绪文生活照

从 1983 年开始，李绪文担任退休办分党委书记，他认真学习贯彻党的十一届三中全会以来的路线、方针、政策，做了大量的基础性工作，为建立工厂离退休干部职工管理的正常工作秩序打下了良好的基础。

李绪文于 1987 年 4 月退休。

廉清贤 1956年全国先进生产者

廉清贤（1932.1— ），湖南沅陵人，1956年全国先进生产者，时任太原432厂（现中航工业成都飞机工业（集团）有限责任公司，简称中航工业成飞）材料员。1949年9月参加工作，参加过著名的湘西剿匪，出生入死，作战勇敢。1952年11月加入中国共产党。1949年9月—1950年8月，湖南沅陵清浪乡小学教书；1950年9月—1951年7月，任湖南湘西行政公署秘书；1951年12月—1954年3月，太原221厂（现中航工业太航）任秘书、材料员；1954年4月—1955年4月，太原432厂（现中航工业成飞前身）任秘书、材料员；1955年4月—1956年6月，调西安支援新厂建设，任组长；1956年7月，调成都132厂（现中航工业成飞）工作，先后任组长、科长、供应处副处长、厂办公室副主任及厂史办主任等职。

在工作中，廉清贤以高度的责任感，忘我的劳动，解决了很多关键材料，避免了停工待料，节约了资金，获得了西安市、陕西省劳动模范称号，1956年荣获第二机械工业部先进生产者，同年，被国务院授予“全国先进生产者”称号。1983年任国营峨嵋机械厂（现中航工业成飞）厂史办主任，主编了《国营第一三二厂厂史》及《国营第一三二厂分史》，受到航空工业部表彰，被评为编史先进工作者。2006年受聘担任《成飞（集团）公司史（1985—2005)》顾问，参与公司史的编修工作，受到公司领导的表扬和奖励。1992年离休。

马世英 1956 年全国先进生产者

马世英（1917.12—1998.9），江苏南通人，1956 年全国先进生产者，时任沈阳航空喷气发动机厂（现中航工业沈阳黎明航空发动机（集团）有限责任公司，简称中航工业黎明）副总工艺师，航空发动机制造工艺专家。1939 年 7 月武汉大学机械工程系毕业，获学士学位。1945 年 8 月赴美国实习。1946 年被哈佛大学接纳为应用物理与工程科学系研究生，1947 年毕业并取得硕士学位。此后，在底特律市爱克塞洛公司设计室从事设计工作。1948 年 5 月回国，任上海中央机器公司工程师。1949 年 6 月任上海精密工具厂制造组组长、工程师。1952 年 6 月调沈阳国营 111 厂（现中航工业黎明）任施工科副科长。1955 年 2 月调任沈阳航空喷气发动机厂副总工艺师。1958 年 10 月调西安红旗机械厂（现中航工业西航）历任总工艺师、副总工程师、副厂长、科技委主任。马世英曾当选沈阳市大东区第一届、第二届人民代表大会代表，同时被选为沈阳市先进生产者、第二机械工业部先进生产者，1956 年被国务院授予“全国先进生产者”称号，并出席了全国先进生产者、先进工作者代表大会。他是陕西省政协委员、陕西省第五届人民代表大会代表，第四届、第五届全国人民代表大会代表。1986 年 6 月退休。1998 年 9 月去世。

1952 年，马世英响应祖国支援航空工业建设的号召，只身来到沈阳国营 111 厂。当时抗美援朝战争正在激烈进行，年轻的人民空军驾驶苏制米格战斗机与不可一世的美国空军作战。机上装的维卡型发动机，必须定期返回工厂更换大量零、组件，如涡轮叶片、火焰筒、精密喷嘴等。新中国成立之初，我国工业基础薄弱，职工技术水平不高，面对高精尖技术的喷气式发动机，其零、组件大都使用不锈钢或耐高温合金钢制造，形状复杂，精度要求高，切削加工困难，冲压成形件的材料回弹量不易掌握。马世英深入车间日夜与工人、技术人员一起奋战，共同研讨排解多方面的技术难题。但同时又看到，由于工人为了掌握加工技术，必须反复进行实际操作练习，致使从苏联远道运来的贵重毛坯材料报废，大量堆积在厂房里，马世英心情极其沉重。经反复思考，终于形成了“以假代真，以贱代贵”的构想，大胆提出“以假毛料趟路”的建议。即用普通便宜钢材代替进口的贵重材料，仿造出假毛坯，给工人以较多的实际操作提高加工技能的机会，并检查工艺装备和设备调整的准确性，提前检验工装、设备。试制成功后再投入正式毛坯加工，以保证发动机零部件一次试制定型。

马世英这个建议逐项试验推广。反复实践的成效令人振奋，它加快了工人掌握技术和零、组件试制定型的进度，节约了大量贵重毛坯材料，加速了发动机修复进程。一台台发动机，经过全厂职工的努力迅速修复，装上战斗机后又重返抗美援朝战场。这种工艺方法后来被航空工业界称为“走先锋批”，作为航空发动机试制进程中的重要一环被广泛应用，并在后来不断实践中得到丰富和发展。

1958 年，马世英调至红旗机械厂任总工艺师、副总工程师、副厂长。期间，在试制涡喷 5、涡喷 8、涡扇 9 等各型发动机时，全都运用了这种工艺方法。随着实践的深入和项目的扩大，“走先锋批”也带来了大量的工艺技术问题。如：真假毛坯不同材质对加工方法、工艺程序、测量标准等带来的差异，对焊接、热处理、表面处理的参数差异等都需要反复摸索探讨，加以解决。当这些技术问题在众多技术人员和工人的努力下逐项解决后，使“走先锋批”的内容丰富，经验更加成熟。

1963 年，马世英负责组织试制成功结构复杂、精度要求很高的中国第一颗原子弹的铝合金和镁合金的两层机加薄壁壳体，并保质保量按期完成了研制任务。

1970 年马世英恢复工作，重返原来的领导岗位。他经过调查研究，确定把“毛料精化”作为工艺改革的重点。然后和工人、技术人员一起深入讨论，选定课题，拟定方案和实施计划。数年之间，在马世英的组织指导下，一朵朵工艺改革之花相继开放。1972 年，首台自行设计制造的环形件轧制用扩孔机安装调试成功，建立了毛坯扩孔流

马世英（中）工作照

水线，原来用离心法浇铸的30项环形件毛坯，全部改用轧制法，提高材料利用率30%以上。1974年，开始成批用新试成的低压浇铸方法制造燃烧室头部6种零件，单件毛坯重量比原来降低3/5，金属实收率达95%以上，合格率达100%，后续加工工序也大大简化了。

1975年，经马世英规划、组织，建成了冷轧精密型材闪光对焊流水线，采用全新工艺和新的焊接方案，加工涡喷5和涡喷8发动机9种环形安装边，代替原来的离心浇铸方法，使材料利用率由12.9%提高到54.9%，当时每年可节约贵重钢材69吨，获第三机械工业部（简称三机部）1977科技成果二等奖。

1975年，在我国引进英国斯贝发动机制造技术中，马世英一方面参与组织领导了生产技术准备、试制等工作，同时长时间担任中英联络组中方总代表，与英方谈判处理各种问题，为顺利完成这次重大军用技术的引进任务和斯贝发动机的试制成功做出了重要贡献。

1986年退休后，马世英还仍然关注专业技术理论研究，撰写的《从目前到2000年国际航空发动机制造技术发展趋势与我国的对策》一文，发表在《2000年的中国航空》一书中。马世英还参与组织编译出版了《实用柔性制造系统》一书。

马世英曾担任航空工业部科技委第二届委员，中国航空学会第一届理事会理事，中国航空学会第二、第三届理事会材料及工艺专业委员会委员，中国航空学会第四届理事会发动机工艺专业组组长，陕西省航空学会常务理事，陕西省机械工程学会常务理事，陕西省科协常务委员。

马世英于1998年9月因病去世。

马佑清 1956年全国先进生产者

马佑清（1918.1—1992.12），湖南岳阳人，1956年全国先进生产者，中国南方航空工业（集团）有限公司（简称中航工业南方）铸工，工人工程师。1946年6月参加新四军；1948年3月起北海六厂、徐州兵工厂工人；1950年11月起在中央重工业部航空工业局第331厂（现中航工业南方）工人、工长、工人工程师。他掌握了8种新技术，学会了7种先进经验，42次改进操作方法，在突破新品试制关键技术，改造工具设备，节约原材料方面取得突出成绩，工作效率平均提高数十倍。他带领小组突破工时定额25%，提前42个月完成5年计划。1956年被国务院授予“全国先进生产者”称号，1956年4月获部劳动模范称号；1958年、1959年获湖南省劳动模范称号。出席过株洲市、湖南省、第二机械工业部和全国先进工作者，株洲市、湖南省和全国残废军人社会主义建设积极分子大会。是株洲市人代会代表、湖南省党代会代表。1992年12月去世。

马佑清1950年到第331厂工作后，在铸造车间高调波灶小组工作，6级铸工，是中航工业南方最早的建设者之一。1953年，工厂开展了全面的新品试制工作，马佑清既没有技术基础，文化水平也不高，但他虚心而又勤奋地向技术人员学习，向苏联专家学习，边学边干。他的学习方法是，抓住一种，就要学透一种；一次记不得，两次三次，连走路吃饭都不放过，一直到能够干出活为止。1955年，某新品要采用离心浇铸加工技术，大家都没有干过，他和组里的同志一连试了五天都没有浇出一个合格产品，当时组里的同志也泄了气，不想再搞。他一面鼓励大家，一面日夜在工房做试验。功夫不负有心人，经过多日苦战，他终于找到了门道，通过改进浇口斜度和浇注速度浇出了产品，随后又攻克了产品内孔大，浇不满等技术关键，不仅按期完成任务，而且，使产品合格率由原来的50%提高到100%，并将原来由15人操作改变为3人操作，提高效率1倍多。

他就是这样靠着勤学苦练，几年间学会并掌握了坩钳熔铜、高调波化铜化铁、青铜离心浇铸、涨圈砂型、铅青铜浇铸等不同的操作技术，学会了多种先进经验，几十次改进操作方法，成为突破生产技术关键的模范。

马佑清在工作中善于把个人智慧和力量与集体的智慧和力量相结合，他常对大家说："不怕问题多，人多出诸葛亮，只要大家多出主意，没有解决不了的问题。"1954 年生产任务繁重，为了保证任务的完成，他发动全组讨论，并请了技术人员等同志参加，结果大家想出来很多好办法。同时他结合大家的建议多次研究，创造了涨圈一人造型法，效率提高 1 倍多，原来需要 6 个月完成的任务，只用了两个月就完成了，而且质量 100% 合格。

马佑清还经常以自己的模范行为去影响和帮助同志。涨圈砂型出烘房时，一般都要冷却以后才去拿，但那样每天会少一灶涨圈砂型，完不成当天的计划。可涨圈砂型刚烘好时，烘房内有 80℃ 的高温，有的同志担心温度太高，会烧掉眉毛，不想去拿，但他想，虽然灶温高，但只要动作快点，还是可以拿的，于是他带头去拿砂型。大家看着年龄最大的马师傅都不怕苦不怕险，受到了感染，跟着去拿，一下子把烘房里的砂型都搬出来了。他就是这样依靠集体，与大家共同进步。

在比先进、学先进、赶先进的生产高潮中，马佑清一直与时间赛跑，他不但坚持每天工作 10 小时以上，而且通过大胆进行革新技术来提高效率。仅用 3 个月的时间就完成了 10 项技术革新，解决了发动机衬套的点状偏析的问题；创造了一种手提小烧灶只要 15 分钟就可以熔化 30 千克铁水的纪录，每一灶可为国家节约 32 元，随后又将这种炉子进行了改造，并借助苏联的双联熔化法，大大提高了涨圈毛坯的产量；改进化铜高调波灶管灶方法，产量每灶提高 40 千克，并缩短熔化时间 30%，同时又改进了化铁高调波灶用石英粉筑灶，使每个灶的使用寿命由 70 次提高到 100 次，提前 90 天完成了全年生产任务。

马佑清取得的成绩获得了大家的认可，多次被评为劳动模范，1956 年被国务院授予"全国先进生产者"。1992 年 12 月去世。

荣 科 1956 年全国先进生产者

荣科（1914. 1—1995. 10），辽宁沈阳人，1956 年全国先进生产者，时任北京航空材料研究所（现中航工业北京航空材料研究院，简称中航工业航材院）技术副所长。1937 年，毕业于焦作工学院采矿冶金系。1945 年赴英国罗·罗航空发动机厂实习，同时在皇家工学院进修，1948 年回国后在贵州大学任教授。解放后应聘到上海华东纺织管理局，参加杭州经纬纺织机械厂的筹建工作。1953 年到第二机械工业部航空工业管理局任特级工程师。1955 年起参与筹建航空材料研究所，1956 年 4 月—1964 年 6 月任技术副所长。1956 年参加拟制全国长期科学规划工作，担任钛合金组组长兼机械组组员；1957 年，担任全国协调会耐热合金、钛合金、铸造的科学规划委员。1964 年调任航空研究院副总工程师，上校军衔。荣科是国家特级工程师，航空冶金和特种铸造一代宗师。曾任王震副总理的技术顾问，任三机部、六机部技术顾问，中国铸造学会理事长等职务，兼任多所高校教授；是第二、第三、第五届全国人大代表；20 世纪 50 年代初荣获山西省特等劳动模范，华北地区工业劳动模范，1956 年被国务院授予“全国先进生产者”称号。1985 年 4 月退休。1995 年 10 月去世。

1953 年，荣科归队航空工业系统，在航空工业管理局总技术处工作，参加了雅克－18 飞机及其发动机的试制，解决了铝镁铸件生产的技术关键问题，实现了发动机复杂铝铸件汽缸头国产化；指导 BK－1A 发动机铝镁合金铸件和涡轮叶片的试制，做出了重要贡献。

1956 年，荣科参与领导我国第一个变形高温合金 ЭИ435 的试制时，长住抚顺钢厂、鞍山钢厂，坚持在试制第一线，经常在炉前与炼钢工人一起操作、讨论、研究冶炼工艺，工人们亲切地称呼他“老荣”。高温合金 ЭИ435 达到了苏联技术要求，从此揭开了我国高温合金发展史的第一页。

1955 年，荣科参加组建航空材料研究所工作，任技术副所长，是该所航空材料科研队伍的培育者和领军人。

1956—1957 年，荣科代表中国科学院赴苏联考察钛合金研制工艺与技术，回国后为建立我国海绵钛厂和航空钛合金研究室起到了关键作用。沈阳航空喷气发动机厂（现中航工业黎明）试制 РД－9Б 轴流式喷气发动机，AHB300 高温合金是关键材料，在荣科指导下完善母合金冶炼和精铸工艺，显著提高了叶片合格率，加速了导向叶片试制成功。

1959 年以后，荣科连年下厂，长期住在金城机械厂（现中航工业金城）解决汽化器、铜浮子的质量问题；在国营黎明机械厂（现中航工业黎明）、国营松陵机械厂（现中航工业沈飞）蹲点，为歼 6 飞机优质生产做出不懈的努力；为苏家屯有色金属加工厂、五机部坦克发动机、四机部大型雷达镁合金铸件定型生产突破了技术难关。

1960—1963 年，荣科指导研究 K3 高温合金，他提出采用真空冶炼工艺，突破了技术关键；提出以多层壳型代替湿法造型，开创了我国高温合金精密铸造新工艺；他指导航空材料研究所与有关单位合作，相继研究成功 K3、K5、K6 等铸造高温合金，形成我国自己的合金系列，主要性能达到国外有代表性的 ЖС－6К、In－100 合金水平。他富有远见卓识，最早提出以铸造高温合金代替变形合金制造涡轮叶片和其他一些零部件，几十年的实践证明这一创新是正确的，且领先于各国航空工业。

1964 年，航空研究院决定试制涡轮风扇发动机，航空材料研究所担任总冶金师单位，由荣科负责。在试制过程中，荣科组织创建了航空锻、铸件生产条件，并培养了一批水平较高的冶金技术队伍。

荣科为研制气冷空心叶片勇立“军令状”的故事，至今在航空界仍传为佳话。1964 年，为实现我国自行设计的高空高速歼 8 飞机装两台涡喷 7 甲发动机的方案，必须研制出气冷一级空心涡轮叶片，荣科面对领导，当着众人发誓：如果不在一年之内研制出空心叶片和新的高温合金，甘愿把自己的脑袋挂在沈阳航空发动机设计所（现

荣科工作照

中航工业动力所）的大门上示众！在他的指导下，汇集有关所、厂的科研力量，经过一年的努力，终于研制成功9小孔气冷铸造空心涡轮叶片，解决了涡喷7甲发动机研制的关键问题，他是航空发动机高温合金铸造空心涡轮叶片的首创者。这一成就在世界上也是领先的，比英、苏早了数年。1985年，荣科领导组织的“歼8、歼7Ⅱ所用发动机配套的多孔气冷铸造一级涡轮叶片的研制和推广”项目获得国家科技进步一等奖。

1964—1965年，第三机械工业部派出以荣科为首的工作组，参加第六机械工业部407厂的续建工程和帮助解决舰艇用4000马力①高速柴油机、10000马力低速柴油机的热加工技术关键，为海军建设做出了重要贡献。

1972年，荣科患口腔淋巴癌。周恩来总理指示有关部门安排为荣科治疗。在医院里，他不顾劝阻，召集会议研究飞机、发动机铸件质量。

1977年组织轰6的涡喷8发动机国内大锻件生产调研，荣科抱病担任调研组领队，会同其他工业部门和有关单位，历时近3个月的深入调研，向国家提出了改进、提高发动机大锻件质量的建议书，亲自主持制订国产大锻件的试制方案，组织全国大协作，联合攻关，成功锻出了成形的涡轮盘和压气机盘件的大锻件，质量达到苏制盘件的标准。苏联锻造此类型锻件的设备是荣科他们研制设备大小的4倍，解决了发动机生产的燃眉之急。

1977年，王震副总理分管斯贝发动机试制，特请荣科和吴仲华作为技术顾问。荣科不顾疾病缠身，下工厂、抓仿制，与英方谈判，殚精竭虑。

“文化大革命”后，国务院批准荣科任航空工业部技术顾问，其后任科技委顾问。他先后任国家进出口委员会、天津市人民政府、第六机械工业部和第八机械工业总局技术顾问。曾任第一届全国铸造学会副理事长、理事长。

1987年，他取得“ZG22CrMnMo低合金高强度高韧性铸钢”科研成果，获国家发明三等奖。1990年获国务院颁发的政府特殊津贴，1992年被航空航天工业部授予“有突出贡献专家”称号。他的成就凝结在我国航空工业、舰船工业、纺织工业、兵器工业、航天事业、冶金工业中的许多重大而关键的工程上。

1985年4月荣科退休。1995年10月，航空冶金、特种铸造一代宗师荣科与世长辞。

---

① 1马力=745.7瓦。

唐荣学　1956 年全国先进生产者

唐荣学（1932. 3—　），辽宁本溪人，1956 年全国先进生产者，时任国营第 115 厂（现中航工业陕西航空电气有限责任公司，简称中航工业电源）工艺员。1947 年 1 月参加革命工作，1956 年入党，先后在石砚兵工第六厂、国营第 120 厂（现中航工业东安）、国营第 105 厂（现中航工业津电）工作，1956 年 9 月调至陕西国营第 115 厂，历任工艺员、车间主任、技术科长、副总工程师、副厂长。唐荣学在担任工艺员期间，他刻苦钻研技术，多次突破刀量具重大技术关键，年年有成果，几年内完成各项技术改进 30 余项，为国家节约了大量资金。1955 年唐荣学被天津市授予天津市劳动模范，被天津市团委授予天津市优秀共青团员；1956 年被第二机械工业部授予先进生产者，同年被国务院授予“全国先进生产者”光荣称号。1992 年 4 月离休。

唐荣学作为第一批航空工业建设者，1947 年 1 月参加革命工作，1956 年加入中国共产党。唐荣学进厂后，仅念过几年小学的他，很多时候听不懂老师傅的讲解，看不懂工装资料，他暗下决心勤奋学习。他用业余时间参加厂办的夜校，凭借着自己的聪明才智和勤奋好学的精神，坚持边工作边学习，先后达到了初中和高中文化水平。

唐荣学在刻苦学习文化知识的同时，立足本职岗位，奋发学艺，苦练专业技能本领。1953 年，21 岁的他已达到七级车工水平，同年被从工人岗位上提拔为工具车间工艺员。当时工具车间面临的技术难题较多，他和工人同志一起，边试验边革新，一道道难题、一项项关键技术都在他的参与和指导下被攻克。23 岁的他已成为厂里名副其实的革新能手，上至厂长、车间主任，下至工人师傅和青工，一有难题都主动找他商量，而他从不认为是份外事，主人翁责任感迫使他不知牺牲了多少休息时间，换来的是大家的信任、技术难题的攻克和车间生产任务的完成。唐荣学一次次的成功又催促他不断攀登新的高峰。他工作后的几年里就完成各类技术改进 30 多项，极大地提高了生产效率，为国家节约了资金。由于他忘我的劳动和无私的贡献，1955 年被评为天津市“优秀共青团员”和天津市“劳动模范”光荣称号，1956 年被国务院授予“全国先进生产者”称号，出席了全国先进生产者代表大会，先后三次受到毛泽东主席等党和国家领导人的亲切接见。

1956 年 9 月，唐荣学由天津调至陕西兴平国营第 115 厂工作，先后任工具室主任，模具车间主任、科长，副总工程师和副厂长等职务。无论是工人岗位，还是副厂长的领导岗位，他始终保持了高度的工作热情和责任心，一心扑在工作上，坚持深入生产一线，与基层干部、工人一起攻克生产技术难题。担任生产副厂长期间，每周一的生产作业会，他不看报表就对全厂近百种产品的生产试验进度、数量和计划节点一清二楚，干部职工无不惊叹他超常的记忆力，很多人戏称“唐厂长是数字的天才”。殊不知记住这些数字的背后是他几乎天天走一遍分厂、车间掌握了解情况，现场协调解决生产问题的结果。

唐荣学作为一名老劳模、老领导，献身航空工业建设，为国家航空电源事业贡献力量是他持之以恒的精神追求。他始终保持着谦虚谨慎、大度豁达的心态。1983 年，52 岁的唐荣学主动向组织提出让位给年轻同志，自己从生产副厂长的岗位上退下来，许多人不理解，认为这个年龄完全可以再干几年，他却说自己年老体弱了，让年轻同志尽早锻炼有利于工厂更好发展。他后任副总工程师兼工具分厂厂长，1986 年又主动让出了工具分厂厂长职务。离开领导岗位后，唐荣学没有放松对自己的要求，仍坚持每天跑生产线，与工人探讨难题，带领大家搞技术革新。用他自己的话说，“几十年这样过习惯了，就是现在老了也闲不下呀”。唐荣学以朴实无华的言语、兢兢业业的行动诠释了老一代航空人的人生追求。

唐荣学（右四）工作照

唐荣学 1992 年离休后，多次谢绝地方民营企业的高薪聘请，却宁肯拿着每月 4.5 元的奖金在 115 厂发挥余热。他说："我的家、我的子女都在 115 厂工作，我盼着 115 厂兴旺，我愿为 115 厂贡献我的余热，这样心底踏实。"为了这份内心的安宁与踏实，他将自己毕生的精力倾注于祖国航空事业。他无私无畏的奋斗精神、激情拼搏一生的工作热情、平和谦虚的人生态度是留给我们最大的财富，是我们航空人中永不褪色的老党员、老劳模。

王全木 1956年全国先进生产者

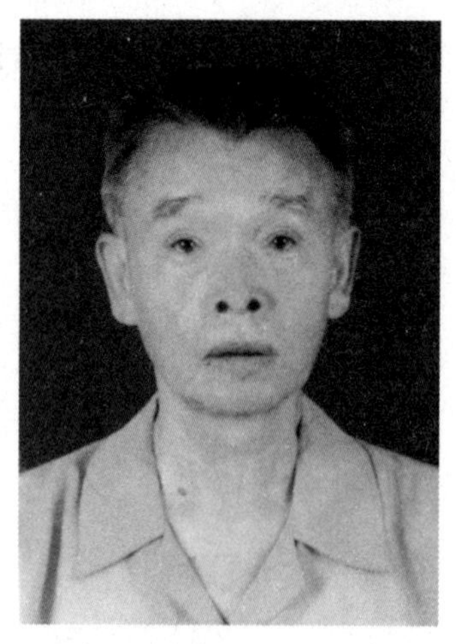

王全木（1933.8— ），江西南昌人，1956年全国先进生产者，时任国营第320厂（现中航工业江西洪都航空工业集团有限公司，简称中航工业洪都）工人。1952年技工学校学习，1953—1966年国营第320厂23车间工人，1967—1991年历任厂生产指挥部科研组组长、六分厂副厂长、21车间主任、部装分厂厂长。20世纪50年代初，王全木创造的速度快、质量好、效率高的“王全木铆接法”，在整个航空工业系统推广应用。在30余年工作中，他实现技术革新近百项，绝大部分革新项目已纳入了工艺规程，投入生产使用。从1955年开始，王全木先后被评为厂、市劳动模范，1956年被国务院授予“全国先进生产者”称号，1957年获第二机械工业部先进生产者奖章，1986年获航空工业部先进生产者称号，1987年获江西省劳动模范称号，同年获全国技术革新能手和五一劳动奖章。1991年1月退休。

1953年王全木到国营第320厂工作后，他刻苦求学，上技校、读夜校、拜老师，更注重在实践中学。20世纪50年代，在全行业推广的“王全木铆接法”，就是以速度快、质量好、效率高的特点，引起了专家们的注意和操作工人的喜爱。30多年来，据不完全统计，王全木的技术革新项目有近百项，其中较大的革新项目有20多项，创造价值30多万元。绝大部分革新项目已纳入了工艺规程，投入生产使用，有的作为工装设备，经有关单位组织验收鉴定后，进行小批量生产，在全行业主机厂推广使用。

1965年，为解决攻击机前机身清除多余物的关键技术，王全木自己动手画图，成功地制造了一台前机身翻身架，解决了生产中的一项关键技术，确保了产品质量，提高了生产效率。随后他又设计制造了一台机翼杂物清除架，消除了多余物。

1979年7月，王全木又成功地制成了攻击机前机身大修水剂冲洗架，改用水剂冲洗代替汽油清洗，节约汽油34500多千克。同时，他还和几位老师傅组成革新小组，运用光电、液压、机械、冷气等技术制造成功五坐标光电控制自动钻铆托架。这套设备具有前后、左右调平和自动换行等5个坐标，能对中小型平板组合件进行自动钻孔、划坑和压铆，并能自动循环，这在航空战线上是个首创，已投入小批量生产，在各主机厂推广使用。

在生产民品活动地板时，急需要一台压床压坑，如去购买一台需花费几万元。王全木利用废旧压床的支柱进行改装，经过反复试验改装，成功地改装了一台压床，解决了民品生产中的一项关键设备，在生产中使用良好。

王全木担任车间领导后，每年都提前和超额完成下达的生产任务，车间多次被评为“先进集体”、“文明单位”。1980 年，在军品生产任务逐年减少的情况下，他组织了一支精干的民品开发队伍，从修理沙发开始，发展到生产成批的沙发，成套的豆腐机、米粉机、奶粉喷雾塔等大型设备。成交额由十几元、几十元的小商品，上升到几百元、几千元，直至几十万元的大型工程。

20 世纪 80 年代，南昌市豆制品供应十分紧张。王全木跑遍了南昌市的豆制品厂，发现造成豆制品供不应求的主要原因是设备陈旧，工艺落后，工人劳动强度大，生产效率低。王全木带领几名技术员赴杭州、上海等地进行参观学习。回厂后，立即着手进行研制，从设计制造到试车投产，仅用了三个月的时间，完成了点卤、浇皮、压榨、剥皮一整套豆制品自动生产联动机的制造任务。经过长时间的实用考核，深受用户的欢迎，提高了豆制品的产量和质量，解决了市区人民吃豆制品难的问题，从而受到有关部门的表扬。这一项目的试制成功，得到了省市科委、科协的重视。经市科委鉴定，评为 1981 年南昌市科技成果奖，为江西省食品机械设备填补了一项空白。

王全木生活照

1985 年，在保军转民、大上民品中，王全木更是放开手脚，大胆地承包业务，21 车间全年签订合同近百万元，为公司创造利润 30 多万元。

王全木几十年如一日，很少有星期天和节假日。每逢节假日，他不是在车间加班，就是在出差途中。他身为车间主任（现又称食品机械制造厂的厂长），带领着一支近 700 人的职工队伍，既要抓管理，又要组织生产，既要做思想工作，又要关心职工生活。尽管整日地奔波，过分地劳累，但他从不叫苦叫累。职工们称他是“一台永不熄灭的发动机”。

1986 年二季度，为革新民品设备，王全木连续加班两个多月，每天都干到深夜十一二点，并多次干到深夜两点。由于过度的劳累，险些昏倒在机床旁。两个多月的加班，没拿一分钱的加班费。同志们都称赞老王："一心为集体，干工作从不打自己的小算盘。"

王全木带领职工"自揽民品，找米下锅"，为工厂开拓"保军转民"的新路子提供了宝贵的经验，并取得了显著的成绩。老劳模又做出了新贡献。广大职工称他是"群众的带头人，企业的实干家。"

王全木于 1991 年 1 月退休。

魏淑贤　1956 年全国先进生产者

魏淑贤（1935.11— ），山东昌邑人，1956 年全国先进生产者，时任国营第 120 厂（现中航工业哈尔滨东安发动机（集团）有限公司，简称中航工业东安）技术员。1954 年由哈尔滨市 243 技校毕业后分配到国营第 120 厂担任装配技术员工作，1955 年 6 月加入中国共产党。1960—1968 年任厂工会女工委员会主任。1970 年调江西国营八面山机械厂（现中航工业兰翔）工作，任装配车间党支部书记，1988 年随厂迁往常州，任技安环保科科长。魏淑贤参加工作后，虚心好学，积极进取，克服困难，月月超额完成工作任务。1954 年被评为车间先进生产者；1955 年被评为厂劳动模范；1956 年被评为哈尔滨市劳动模范，并被国务院授予“全国先进生产者”称号。1991 年 1 月退休。

1954—1969 年期间，魏淑贤一直在国营东安机械厂从事装配技术员工作。她工作的最大特点是：热心，不怕困难，能与专家和技术人员密切配合，和同志们团结一起，克服生产中的关键问题。

1954 年，发动机喷油嘴经过数次修理，都失败了。由于当时技术条件差，水平低，自行修理的信心严重不足，而新品供应还很多，就放弃了对旧品的修复。1955 年 7 月，新品无法再供应，工厂决定修理旧品，但困难很多，如：气密性不良、压力问题等；在修理和装配完毕后，试验器进行试车时，漏油仍达到 50%，不符合使用要求。在技术人员配合下，经过几次研究，阀门研磨都失败了。魏淑贤作为领头人，并没有灰心，而是与技术人员积极配合，和小组同志共同努力，利用风转研磨阀门的办法，基本上解决了问题。此修理方案被编入第二版工艺规程，填补了相关技术的空白。

漏油问题得到解决，而压力大小、漏油的秒数不够，远没有解决。在当时的条件下，根本没有这方面的修理资料。在 1955 年的八九月份，停修的喷油嘴达 3566 个。后根据新品加工资料规定，调垫子分为 5 级，可是每增加一级垫子应增加或减少多少压力是不知道的。经魏淑贤和技术员一起分析研究，一级一级进行长期试验和摸索，画出了数据曲线，最终提出解决办法。增加一级垫子，可增加 0.5 个大气压①，秒数可

① 1 标准大气压 = 101.325 千帕。

增加1～2秒，这基本上解决了问题，同时被编入工艺规程中。

以上问题解决后，平头的光度不够，拒用现象还很多。工艺规程内规定平头用砂布打磨，而平头光度合格率很低。1956年8月，有同志提出用抛光机放上砂布磨平头。此加工方法开始时还可以用，但后来仍达不到要求，军代表停止了验收。魏淑贤和同志们利用中午休息的时间进行研究，提出用油石抛光的工艺方法，经过实践，光度百分百达到使用要求。此工艺方法同样被编入了工艺规程。

魏淑贤的工作不是固定的，从事喷油嘴、注射器、柱塞等不同部件的修理工作，很多工序都没有接触过，工作中存在很大的困难，一切须从头学起。可她并没有因此而消极对待，而是积极想办法团结同志一道完成任务。

1955年的上半年，魏淑贤在注射器修理小组工作。注射器修理质量并不高，平均5台至少有3台被军方拒绝验收，且普遍反映在23小时内完成一台注射器的修理，困难很大。魏淑贤和其他同志一起，共同研究和征求检验人员意见。经过改进工作方法，按部件进行分工，做好工作前准备，并相互检查。经过改进，注射器修理的质量得到很大的提高，被军方拒绝验收从3台降低到1台，修理工时由23小时降到21小时。

1955年7月，柱塞修理的供应跟不上装配需要，每日需5台，实际只能供应2～3台。工段把她调到柱塞修理工段去。魏淑贤和技术员老师傅一起研究存在的困难。规程内规定柱塞磨平面可用玻璃和生铁板两种研磨方法，但当时都使用玻璃研磨的方式，磨出后磨口有很多道子，不能满足需求。魏淑贤和同志们一起，研究用生铁板研磨的方法，并进行试验，结果道子没有了，满足了装配需要。

劳动模范魏淑贤

魏淑贤不只是忙于自己的工作，还帮助完成其他品种任务。

1955年11月，喷油嘴修理任务很重，主要是进厂少，条件差，计划完成896个修理量存在很大的困难。魏淑贤主动到二类品库，在停修品中找可以修理的喷油嘴，并找出500多个，使11月份任务提前5天超额完成，达到了1428个。

1955年12月，注射器修理任务很繁重，时间过去一多半，而任务只完成60%，还有50多台没有修理。工段组的组长信心不足，怕完不成任务，且工人的情绪也有波动。魏淑贤发现后，干完自己的喷油嘴工作就主动到注射器组和大家研究，召开会议，启发大家树立信心。她还积极参加到注射器的修理，使工作在 12 月份顺利完成。

魏淑贤在国营第 120 厂的工作中，善于进行技术钻研，团结同志解决瓶颈问题和完成各项紧急任务，并能从思想上和行动中做好沟通协调工作，出色地完成各项工作任务。

因工作需要，魏淑贤于 1970 年调到江西国营八面山机械厂工作，1988 年随厂迁往常州，在国营常州兰翔机械厂工作任技安环保科科长。1991 年 1 月退休。

吴承祖 1956年全国先进生产者

吴承祖（1932.2— ），江苏江阴人，1956年全国先进生产者，时任国营第112厂（现中航工业沈阳飞机工业（集团）有限公司，简称中航工业沈飞）工人。1945年6月吴承祖从常州柏帧中学毕业后，到常州彙丰钱庄学徒。1949年1月，在上海沪东铁工厂学徒。1949年9月，在上海华东空军21厂参军。1951年9月，调入国营第112厂工作。先后任试飞站调试工人，总装车间工长，生产班长，特设工段副主任，特设班班长，试飞站工艺室工艺员、主任。1980年9月加入中国共产党。吴承祖在工作期间，从一线生产工人到做技术工作，始终勤恳地工作在科研生产的前端。他善于钻研，在技术领域多次获得工厂和上级机关的奖励。1954年和1955年获得工厂先进生产者；1956年被评为沈阳市先进生产者和第二机械工业部先进生产者，同年被国务院授予“全国先进生产者”称号。1994年1月离休。

吴承祖在国营第112厂建厂初期就调入工厂工作。当时的新中国航空工业还只是以修理为主，他先后参与修理过苏式雅克教练机、米格-9和米格-15战斗机。随着航空技术仿制和研制能力的不断发展，他又先后参与了试制歼5、歼6及歼8型歼击机的研制生产。

在总装厂工作期间，他勤恳奉献，团结带领特设专业技术人员攻克了无数的技术难关。工作中，吴承祖的工作效率是全工段最高的。他克服重重困难，无论在酷热和严寒，露天排除复杂故障从不退缩，使生产周期由8天缩短到3天。平时不断钻研技术，熟悉掌握了飞机的电气线路。为了给下一工序的机械工作创造有利的校靶时间，他经常彻夜去排故，而且所有的机械线路特设故障均由他排除，从而在群众中享有很高威信。

吴承祖对质量第一有高度认识，从未出现排故不彻底而返工的现象。他不仅自己对质量抓得紧，还以身作则带领大家提升工作质量。他利用每天早晨开早会的时间，结合前日工作进行总结和批评表扬，并明确布置当日工作。他组织开展劳动竞赛，并按月对小组制定竞赛条件。由于要求严格，以身作则，想尽办法帮助质量差的同志查找原因，使班组的质量月月上升，始终保持在90%以上，直至最后达到100%。

吴承祖工作照

吴承祖领导的工作小组每次都能按时完成车间交付的生产任务，检验员、军代表说“只要吴承祖领着干的飞机，即使不检查，也完全可以。”

吴承祖凭着对航空事业的执着热爱和多年的娴熟的技术经验，在工作中不断进行技术改革和创新。从文件上作协调，从装配质量上采取措施，从操作上纠正错误，经过大量的试验，最终解决了歼 6 飞机长期以来发电信号灯闪亮的问题，并就此问题撰写了总结报告，对产生的故障原因从原理上进行了详细的叙述。

为便于排除飞机调锥规律性能方面中的问题，他计算出一组调节规律曲线，对调锥系统选择最优规律进行调整，解决生产难题；为便于迅速找出歼 8 机加力系统和起动系统故障部位，他制作了一个专门的故障检测器，大大提高了故障检查效率，保障了生产进度。为便于今后科研人员对歼 8 机特设技术的掌握，他还编写了歼 8 特设数据部分，并且此部分被纳入到中航工业沈阳所出版的《飞机技术手册》中。

吴承祖经历了航空工业从修理到制造、从小到大逐步发展的过程，经他手生产和调试了无数架飞机，把自己的一生献给了祖国的航空事业。1986 年他撰写的“飞机燃油系统”方面的论文在三机部外场技术交流中被评为三等奖；1988 年获沈飞公司某型飞机生产二等奖，为沈飞公司的发展做出了极大的贡献。

吴承祖于 1994 年 1 月离休。

谢福森 1956年全国先进生产者

谢福森（1929.6— ），浙江绍兴人，1956年全国先进生产者，时任国营第331厂（现中国南方航空工业（集团）有限公司，简称中航工业南方）钳工。1943—1948年，江苏盛泽朱顺兴铁工厂学徒，1948—1949年，杭州利华机器厂车工，1949—1954年，上海信丰铁工厂钳工，1954—1961年，国营第331厂41车间钳工、工长，1961—1970年任国营第331厂301车间技术副主任、主任，1970—1979年任四分厂技术主任、404车间主任，1979—1980年任设计所三室主任，1980—1986年任南方公司工研所所长，1986年6月—1986年12月任公司节约降耗办公室调研员。1956年被国务院授予“全国先进生产者”称号。1986年退休。

谢福森于1954年分配到国营第331厂，先后参与和组织了50号、HS－5、HS－6、690、凸2－M、811、773、910甲、WT－6、WZ－8等11个航空发动机，以及长江46、750发动机共计13种机种的试制和批生产，并解决在新制过程中的技术关键。例如，1954年解决了铝合金攻螺纹的技术，1956年解决锰形螺纹的测量试片和进气管铜螺套的热组合。1961年解决了HS－5和H5的机匣变形和裂纹关键，提高了这两个机种的使用寿命。1970年后任四分厂技术主任，对WT－6冷热工艺的关键技术资料进行整顿和完善，确保了WT－6工艺定型工作，并对HS－6甲发动机整套设计定型图样及文件进行审批归档工作。1979年在设计所三室时组织讨论高速疲劳试验器的设计方案和涡动六车台设计方案和审批了该车台的全套设计图样。1980年在工研所任所长时，组织制订了弯管机设计方案，填补了WZ－8发动机真空热处理工艺技术的空白，不仅节约了向国外购买设备大量的外汇，而且，为研制和批量生产创造了条件。1985年组织750摩托车发动机降低成本的工作，一年多时间组织的22个项目节约成本达223.9万元。

谢福森于1986年退休。

徐禾根 1956 年全国先进生产者

徐禾根（1932.1—　），江西人，1956 年全国先进生产者，中航工业江西洪都航空工业集团有限责任公司，（简称中航工业洪都）钳工。1952 年 3 月参加工作，在国营 321 厂（现中航工业洪都）5 车间干钳工，后任车间副主任、劳动服务公司副科长。1953—1978 年期间，他苦干加巧干，为改进加工工艺，满足军品生产和部队建设需求，解决生产关键问题近百项，改进大小工夹具 40 多项。他革新成功的设备有：护套绕制机、弯管机、万能铣床、回臂钻床、冷气瓶吹砂自动装置等，为工厂节约大量的原材料和加工工时。多次被评为航空工业部劳动模范、江西省劳动模范，1956 年被国务院授予“全国先进生产者”称号，并出席了全国先进生产者表彰大会，1977 年被授予江西省劳动英雄称号。1990 年 10 月退休。

徐禾根原是洪都厂五车间钳工。在第一个五年计划的建设时期中，由于他积极、创造性地劳动，在生产上取得了显著的成绩。进厂以来曾改进大小工具 40 多件，大大地提高了生产效率。

徐禾根 1952 年刚进厂时，抱着很大的志愿要为航空工业贡献力量，可是一接触到实际工作时，就感到自己“心有余而力不足”。有一次，由于他技术不熟练，还报废了一些产品。这时他难过极了，吃不下饭，睡不着觉。自此以后，他就日夜钻研技术，在生产中随时向老师傅和周围的同志学习，并把学到的东西用到生产中去，几年下来技术水平由练习生提高到六级钳工，并经常突破定额，超额完成任务。

徐禾根有很强的计划观念。每月按照行政计划，制订出切实可行的个人保证计划，这个计划是很具体的，有目标、有关键、有措施和方法。在执行中，发挥创造性的劳动，想办法改进工具和操作方法。1954 年 7 月 26 日，领导发下一批加工“托架”特急件，共 70 多件，每件定额两小时，按此计算，要完成它光靠加强劳动强度是不行的。于是他就开动脑筋，改进了弯曲的工具，结果提高效率 8 倍，提前 3 天完成了任务。又如 1955 年 5 月，别的同志在加工节条零件时都欠额，徐禾根接到这个任务以后，分析欠额的原因是：操作时分散、零落，影响生产效率，于是他改进了操作方法，结果提高效率数倍。

徐禾根生活照

徐禾根具有坚持不懈地克服困难的精神，这是他能够经常成功地改进操作方法的重要原因之一。例如他改进托架模具时，起初无材料，他就自己去找废料，无时间做，他就牺牲自己休息时间去做。这个问题解决后，还必须要其他工段帮助机械加工，可是别的工段不给加工，把它退了回来。但他坚持把这个模具做了改进。又如1955年10月有一批销子活，急需完成。这些销子规定用锯子锯，而5车间当时只有粗牙锯条，锯半天才能锯出一根，而锯两三根就要报废一根锯条。他不忍心，就建议工具室去南昌买细锯条来锯，但工具室却推诿说："南昌买不到"，在这种情况下，他牺牲自己的休息时间，用自己的钱买了18根细锯条，回厂后试验效果良好，锯了20几根销子还没损坏一根锯条，终于提前一天半完成了这项紧急任务。

徐禾根善于抓紧每一分钟的工作时间。每天提前上班，做好生产准备工作。如看清施工单，把工具、材料等安放得很有秩序，如发现问题，就即刻找有关人员解决，因此大大地减少了辅助时间。在生产中他全神贯注地干活，正如他所说的："我干活时不想别的，只想如何干得好、干得快，决不让一分钟白白浪费掉。"例如：计划规定自然消耗时间为每日有效工时的3.12%，但他只有1%，这也是他能突破定额的原因之一。

由于徐禾根的努力，从20世纪50年代起他多次被评为先进生产者。1990年10月退休。

杨筱甫　1956 年全国先进生产者

杨筱甫（1920.6—　），江苏丹阳人，1956 年全国先进生产者，时任沈阳航空喷气发动机厂（现中航工业沈阳黎明航空发动机（集团）有限责任公司，简称中航工业黎明）工人。1942 年 10 月参加工作，1952 年支援国家重点项目建设到沈阳国营 111 厂工作，1955—1966 年在沈阳航空喷气发动机厂（现中航工业黎明）工作，1966 年支援三线建设，到贵州新艺机械厂工作。在沈阳航空喷气发动机厂工作期间，他用自己精湛的技艺，磨出了新中国第一架喷气式战斗机的第一台发动机第一片叶片，在有关专家和技术部门的建议下，工厂以他加工的叶片为标准，开展了生产竞赛运动，极大地提高了工作效率和工作质量，为新中国成立初期的航空工业发展做出了贡献。杨筱甫曾获得沈阳市劳动模范、第二机械工业部先进生产工作者，1956 年被国务院授予“全国先进生产者”称号。1976 年 11 月退休。

杨筱甫于 1952 年支援国家重点工程建设，来到当时条件较为艰苦的东北沈阳国营 111 厂工作，1955—1966 年在沈阳航空喷气发动机厂从事发动机叶片抛光工作。在工作中，他干一行爱一行，每天早来晚走，立足岗位不断学习，提高技术水平。凭着熟练的技术他光荣地参加了我国第一架飞机发动机试制任务。在试制中，他承担叶片抛光任务。当时抛光工作条件十分艰苦，通风设施落后、粉尘大，而且叶片上下工序不配套，加工余量大。面对艰巨的任务，杨筱甫动脑筋想办法，用自己精湛的技艺，夜以继日地在抛光机前工作，每天一干就是 20 多个小时，终于磨出了新中国第一架喷气式战斗机的第一台发动机第一片叶片，圆满地完成试制任务，经过检验和有关部门有关专家的严格评审，最终确认为合格产品，从而诞生了新中国第一个国产合格叶片，受到了技术专家和苏联专家的好评。在有关专家和技术部门的建议下，工厂以他加工的叶片为标准，开展了生产竞赛运动，极大地提高了工作效率和工作质量。

杨筱甫由于工作中经常加班加点、放弃休息，终于积劳成疾，病倒在工作岗位。经医院检查确诊为脾脏破裂，并立即进行了手术，术后的刀口缝了 18 针。在这种情况下，杨筱甫还在想着他没有抛光完的叶片，多次要求尽早回到工作岗位，领导再三劝他休息。但刚刚拆线，身体还没有完全康复的杨筱甫就又坐到了抛光机前。他的这种奉献精神受到领导和周围职工的交口称赞。由于他的突出表现，1956年被国务院授予“全国先进生产者”称号。

1966年，杨筱甫积极响应党的支援三线建设的号召，毅然决然地离开沈阳市，带着妻子和子女来到了条件更为艰苦的贵州山区，扎根到了刚刚组建的贵州新艺机械厂。

抛光工作是一个工作条件艰苦、全凭两手端着叶片两端，在高速旋转的砂轮上，点对点，叶片曲面对砂轮的手工操作，这看似简单却又充满复杂的工艺。抛光用力大了，叶片就会“糊”，成为废品；抛光用力小了，工作进度就跟不上，影响任务的完成，因此全凭手上功夫。杨筱甫每天工作一坐就是几小时，一天下来全身腰酸背疼，每天工作起来除了要忍受砂轮飞出的灰尘，还要忍受刺耳的尖叫声以及那近似于全身都在运动的力。每次回到家中，他都注意总结工作积累的经验，而后运用到一次次的工作中。

杨筱甫所在的车间抛光工段是车间生产的关键和瓶颈所在，车间深知他的工作能力，给了他更多的信任和机会参与关键型号的生产。工作中他积极地与技术人员配合，细心研究零件图样和技术要求，详细了解零件结构及尺寸要求，向工程技术人员提出许多合理建议，对新测具不合理的地方进行修整等，很好地解决了零件的技术难点，既为工厂节约了资金，又为生产任务的完成做出了积极贡献。

杨筱甫生活照

杨筱甫作为工段长和老师傅，针对当时工段生产管理问题及设备缺陷，积极动脑筋、想办法、大胆提出改进意见。在管理工作上，他不仅严格要求自己，还不断加强制度建设，使班组的管理工作得到了提升。在质量上，他经常教育职工要提高质量意识，严把质量关，工段的工作效率和工作质量得到了不断的加强。在不断钻研自己技术技能的同时，杨筱甫还无私地、毫无保留地把自己多年来总结、摸索出的技术经验传授给工段的其他同志，他带出的一批又一批徒弟，逐步成为工厂的生产骨干。

杨筱甫于 1976 年 11 月退休。

杨秀兰 1956 年全国先进生产者

杨秀兰（1936. 12— ），山东恩县人，1956 年全国先进生产者，时任第二机械工业部第四局第 221 厂（现中航工业太原航空仪表有限公司，简称中航工业太航）工人。1952 年参加华北 246 技校培训，1954 年 9 月在国营第 221 厂干车工。1958 年 9 月—1970 年调至国营新兰仪表厂（现中航工业兰飞）车工，后任车间副指导员。1971—1978 年调至汉中长空商贸有限公司任技术副主任，1978 年 4 月—1989 年在汉中宏峰工具厂人劳科任教育副科长、教育干事。杨秀兰工作积极肯干，刻苦钻研，创造连续突破生产定额纪录的优异成绩。在刀工具上不断探索改进、创新刀具及一些小型量具改革，由单刀单刃改单刀多刃和多刀多刃，在操作中减少了多次转刀架时间和测量次数，保证了产品质量，提高了生产效率，月月超额完成生产任务，得到同志们和领导的好评。1956 年，获部先进生产者称号，出席了中国第二机械工业先进生产（工作）者代表会议；同年被国务院授予“全国先进生产者”称号，出席全国先进生产者代表会议。1992 年 2 月退休。

杨秀兰 1954 年 9 月到第 221 厂从事车工工作，当时工厂的生产条件十分艰苦，设备和量具都比较陈旧，对加工飞机仪表零件来说是非常艰难的。车间领导要求干部群众想尽一切办法保质保量地完成生产任务。杨秀兰作为一名女车工不甘心落在其他人的后面，每天加班加点，自愿取消所有休假，饿了吃两个馒头，晚上住在车间，遇到身体有病也坚持不下火线，想尽办法千方百计完成车间给她下达的生产任务。

杨秀兰勤奋好学，刻苦钻研，不断创新，为车间的生产提出许多小改小革的建议，为工厂完成生产任务做出了不懈努力和重要贡献。她经常结合生产操作经验和学到的新知识，建议改进工艺流程和加工方法，特别是在加工方法上建议由原来的单刀单刃，变成单刀多刃和多刀多刃，这样就减少了来回转动刀架时间，增加了工作时效；在加工钻孔时采用当时正在兴起的倪志福工作法，大大提高了工作功效和产品质量。她带头实践，既保证产品质量，又提高生产效率，创造了连续突破生产定额纪录的优异成绩，得到同志们和领导的好评。

杨秀兰生活照

杨秀兰调到国营新兰仪表厂工作后，继续从事车工工作，后任四车间副主任、车间副指导员。杨秀兰吃苦耐劳，兢兢业业，无私奉献，无论是在车工岗位还是领导岗位上，她都勤奋好学，刻苦钻研，不断创新。

1971—1978 年，杨秀兰从兰州来到汉中，任汉中长空商贸有限公司技术副主任。1978 年 4 月杨秀兰又调入汉中宏峰工具厂任人劳科副科长。工作中她对工作认真负责，以身作则，任人唯贤，与群众同甘苦共患难，钻研技术，改进工作方法，提高管理能力与领导艺术，具有较高的业务能力。针对当时工厂部分职工文化水平较低，对专业基础知识了解不够的情况，她在工作中开办职工业余培训班、职工脱产培训班，通过培训提高了职工技能水平，在工厂形成了学技术、提高技能、比学赶帮超的氛围，为工厂完成生产任务、进一步提高产品质量、提高工作效率起到了促进作用。

杨秀兰 1992 年 2 月退休。

赵洪福 1956年全国先进生产者

赵洪福（1931.5— ），辽宁大连人，1956年全国先进生产者，时任第45807厂（现中航工业哈尔滨飞机工业（集团）有限责任公司，简称中航工业哈飞）工长，后调中航工业成飞工作。1947年1月参加革命工作，1953年1月加入中国共产党。1947年1月—1948年7月，在大连渔网工厂工作；1948年7月—1952年4月，调大连铁路工厂工作；1952年4月—1962年4月，调航空工业局122厂（现中航工业哈飞）工作，任工长、室主任、车间副主任等职；1962年4月调国营峨嵋机械厂（现中航工业成飞）工作，历任科长、副总冶金师、分厂副厂长等职。1955年获厂劳动模范，1956年获厂劳动模范和哈尔滨市劳动模范，同年获第二机械工业部先进生产者，并被国务院授予“全国先进生产者”称号；1982年被评为成飞公司优秀共产党员；1988年获航空工业部颁发的“献身航空三十年”荣誉证书。1983年离休。

赵廷凤　1956年全国先进生产者

赵廷凤（1933.6—　），黑龙江呼兰人，1956年全国先进生产者，时任第45807厂（现中航工业哈尔滨飞机工业（集团）有限责任公司，简称中航工业哈飞）工人。1953年11月加入中国共产党。1950年12月兵工总局第21厂（现中航工业哈飞）工作，在热处理车间当学徒、工人、组长、工段长；1956年6月，任工厂六车间车间副主任；1959年10月—1962年7月任检验科检验室主任、党支部副书记；1962年8月—1980年4月任六车间副主任、革委会副主任、中队长、主任；1980年4月任四车间主任兼党支部书记。赵廷凤参加工作以来，长期从事热处理、表面处理工作。他爱岗敬业，钻研技术业务，努力学习掌握岗位工作要求，月月、年年超额完成任务，多次创新技术，获得多项重大技术突破，填补了同行业国内空白。赵廷凤多次被评为车间学习技术模范，1953年光荣加入中国共产党。1954年、1955年荣获厂级劳动模范、哈尔滨市劳动模范；1956年荣获厂级劳动模范、黑龙江省先进工作者、第二机械工业部先进生产者，并被国务院授予"全国先进生产者"称号。1983年6月退休。

20世纪50年代哈飞建厂初期，工具热处理工艺在当时国内重工业行业中技术尚不完善，技术力量薄弱，而且航空产品特殊性决定工具形状复杂，材料杂乱，任务繁重，增加了热处理工作的困难。赵廷凤经过短时间学习钻研，由不懂到基本掌握热表处理的关键技术，同时虚心向有经验的同志学习，多次解决零件关键问题，得到好评。任工具热处理组长，他与班组其他同志一样没有经验，但是他不怕困难，迎难而上，带领班组同志群思群议，钻研技术，积极探索，反复试验，解决了很多技术关键问题。如高速钢铰刀热处理，变形一直是悬而未决的问题，尤其没有深蓝槽，用箱式电炉处理变形大，时常接连校正几根而报废，但他从不灰心，带领大家反复试验，终于掌握了技术，提高了产品质量。在生产任务特别紧张的秋冬季，他与时间赛跑，以精湛的技术，生产出合格的急件，保证了兄弟车间使用。片铣刀变形是车间存在已久的问题，导致了20%的报废率。赵廷凤起早贪黑，反复研究和试验，创造回火夹具，从根本上解决了问题，质量提高到98%以上。同时还创造了钻头淬火工具，入炉量由过去一次淬一个，改进后一次可以淬5个，提高效率3~4倍。

赵廷凤在班组、车间管理方面注重制度建设。在工具组成立时，工作不知怎样开展，他建立了每周小组会议制度，明确小组每周的生产关键、困难是什么？如何研究解决？全组人员互相交流，及时检查操作规程的执行情况，确保安全、高质量生产；关心组员的思想动态，互相关心，互相帮助，开展批评与自我批评，鼓励先进，调动大家的积极性，在人员少，任务重的情况下，出色完成生产任务。如1955年的7月，废品量由6月的36件减少到4件，大大提高了产品质量。他所在的小组年年被评为先进模范小组。

赵廷凤勤于思考，认真钻研技术业务。在自身技术水平不断提高的同时，认真搞好传、帮、带，使班组的技术业务水平提高很快。当时他的组员有农村招工来的，还有来自其他工厂不同专业的工人，他们对热处理很陌生。他耐心细致讲解，手把手操作，并主动带徒，使学员很快掌握了简单工具的热处理方法，如淬火、回火；还掌握了一般的炭钢、合金钢、高速钢的处理，学会了校正技术等，这些徒弟技术水平都达到了岗位工作的要求，小组的产品质量达到了100%合格。

赵廷凤长年坚持政治理论学习和读书看报，在困难环境中从未动摇过理想信念，个人利益坚决无条件服从党和国家的利益，工作热情高，总是有使不完的劲。他无论是做什么工作都是干一行，爱一行，干好一行。他没有“架子”，作风深入，经常深入

赵廷凤（二排左三）与先进人物合影

工段、班组了解基层生产情况，与职工群众一起劳动，不怕脏和累，及时处理生产中出现的问题。他和职工群众同甘共苦，经常助人为乐，深入职工家庭访问，帮助解决家庭困难，人人称他为：我们的好劳模、好支书、好领导、好干部。他对人和气，平易近人，是职工群众的知心朋友。

赵廷凤于 1983 年 6 月退休。

赵文涛 1956 年全国先进生产者

赵文涛（1930.11—2008.2），河北交河人，1956 年全国先进生产者，时任国营第 112 厂（现中航工业沈阳飞机工业（集团）有限公司，简称中航工业沈飞）工人。1946 年 4 月参加工作，先后在哈尔滨市德和铁厂、哈尔滨市第一水泥厂当工人，1951 年到国营第 112 厂工作，中共党员。赵文涛在国营第 112 厂工作的 18 年，吃苦耐劳，勇于奉献，尽职尽责地为国防建设贡献力量。由于他工作勤奋，做事踏实，多次被评为先进工作者，沈阳市劳动模范。1956 年被国务院授予“全国先进生产者”称号。1990 年 11 月退休。2008 年 2 月去世。

1969 年，赵文涛响应建设“三线”的号召，来到贵州安顺云马飞机制造厂 4 车间从事机动设备的维修、维护、工段长等工作，直到退休。在这 21 年时间里，赵文涛一心为党，为工厂努力工作，从不计较个人得失，全身心地扑在航空事业上奋斗不止，为航空事业的腾飞做出了贡献。赵文涛在工作中勤奋好学，肯动脑筋，为工厂解决过不少关键技术方面难题。如在一次珩磨“M7130 – ϕ651306”长孔零件的加工中，加工难度大，是当时工厂的一项关键任务。为攻克这一难题，赵文涛同志细心研究，改进磨头，使加工后的零件长孔满足了技术要求。还有一次，他自己动手设计制造简易可行的车具，为工厂解决一个零件为 ϕ53350 深孔加工的磨削关键。由于这个零件的内球面为 ϕ150D4，在当时的设备和工艺技术条件下是无法加工出这种高要求的零件的，然而，他刻苦钻研，迎难而上，克服各种困难，想办法改进加工方法、改进工具等，为工厂节约了资金，为企业发展做出了应有的贡献。多次被评为工厂先进生产者、五好职工、优秀共产党员；1978 年、1979 年连续两年被评为贵州省第三机械工业局先进生产（工作）者。

赵文涛于 1990 年 11 月退休，2008 年 2 月去世。

赵文涛工作照

邓明俊 1959年全国先进生产者

邓明俊（1931.11— ），江西抚州人，1959年全国先进生产者，中航工业江西洪都航空工业集团有限责任公司（简称中航工业洪都）工人。1952年考取江西省初级技校。由于成绩优异且国防工业急需人才，1953年邓明俊提前毕业，分配到国营第320厂（现中航工业洪都）干导管工。1956年加入中国共产党。从1955—1960年邓明俊在6年中完成了11年零8个月的工作量；先后提出了120多条合理化建议，实施了62项技术革新，因此提高了工效1～12倍，创造效益、节约价值达60多万元。邓明俊多次评为南昌市劳模、特等劳模和江西省劳模，出席中南区先进生产者代表大会，参加了省技术革新代表大会。1959年被国务院授予“全国先进生产者”称号，光荣地出席了全国群英会。2011年获得中国航空工业集团公司新中国航空工业创建60周年航空报国突出贡献奖。1977年12月病退。

邓明俊是洪都公司3车间一名导管工，他几十年如一日，每天提前到岗位，预先做好生产准备工作，把材料图样，工夹具都摆得井井有条，操作时总要把图样和工艺单看得一清二楚，从不马虎了事。1962年1月，他们小组接到一批导管任务，尽管这种导管他们已做过多次，但工艺单是最近新编制的，和原来的老工艺单有些出入，凭着他过去操作经验和实际情况，如果按新工艺单加工，就会影响产品质量。这批零件是急件，要立即完成，当时他旁边一位同志就主张先斩后奏，干了再说。邓明俊一听，急忙劝阻说：“这不行！我们还是应经工艺员同意！虽然实际情况是这样，但是我们操作者还是应该尊重工艺单。”邓明俊拿工艺单去找工艺员，并反映到厂部与设计室。经过这一番曲折地查对，果然这份工艺单有错误，当时工艺员被他这种对工作一丝不苟的精神所感动，表示今后一定要提高施工质量，防止出差错。

“工厂里的生产像一部机器，在这整体里哪怕一个小小的螺丝钉有故障也会影响到整体的转动，所以我们应该毫无条件地照顾全局，服从生产调配。”这是邓明俊在平时常说的一句话。邓明俊对工作有高度的责任感，对上级交给的任务，没有打过折扣。由于工作需要有时被调到外车间去帮忙，或是临时性的突击任务，要随叫随到。

全国先进生产者邓明俊

这样不可避免地会打乱原来的计划，因此有的同志笑他是打“游击”，可是邓明俊却笑呵呵地回答：“为了完成生产任务，打全厂一盘棋的游击有什么不好!”有一天深夜，他正睡得香甜，猛然听到一阵急促的敲门声，原来是车间的值班主任。有一批产品明早就要交库，晚上经检查发现还有几根管子没有装好，需要马上突击。邓明俊说：“完成生产任务是我的责任。”他一面说，一面走出房间，随着值班主任来到了车间。

邓明俊不仅是一位出色的质量标兵，又是一位有名的革新能手。他搞革新的最大特点，就是从生产实际出发，围绕生产薄弱环节和质量关键来进行。仅 1961 年以来，他就在车间领导与同志们的支持下，先后实现革新建议 15 条，均已投入生产，有的提高工效 2～20 倍，有的解决了试造中的质量关键。比如有一批产品上的汽油管及座椅管零件，数量很大，进度又急，由于是手工装砂喷灯弯曲，很容易产生裂纹，或椭圆超差，人力物力浪费很大。他就想办法革新操作方法，把这批导管改在机床上进行弯曲，经试验鉴定，不仅提高工效十余倍，还保证了产品质量。他在做某导管零件时，工艺单规定：在零件两端用 8A4 的铰刀铰孔。他考虑到采用铰孔的方法会使壁厚度变薄，影响产品质量，就建议采用扩张器旋转加工法，这样不但保证了质量，还提高了工效。

邓明俊是生产上的有名人物。有一次，工段里正开展轰轰烈烈的“丰收二”导管成套赛。他的徒弟看到别的人都赶上来了，就焦急地说：“师傅！我们加快一点干吧，反正检验员很信任你，你提交的零件检验员抽一两件就过去了，毛糙一点有啥关系!”邓明俊就严肃地说：“竞赛不是为了个人的名利呀！这种导管装在出厂的产品里，就好像是人肚里的肠子一样，出了毛病，一时很难找出来，我们不能眼前图快，而给国家在经济上、政治上造成损失呀！你年纪轻轻的，要走正路，真正的荣誉是属于生产的老实人的。至于检验员信任我们，就更应要求自己严，不能辜负同志们的信任！”

邓明俊作为一名普通的导管工，在洪都公司一干就是几十年，由于他的出色表现，自 1956 年以来他一直被评为劳动模范等光荣称号，并多次出席省、市先进人物的会议。1977 年 12 月病退。

李书田 1959年全国先进生产者

李书田（1934.9—2009.3），河北肃宁人，1959年全国先进生产者，时任国营秦岭电工厂（现中航工业陕西航空电气有限责任公司，简称中航工业电源）材料定额组组长。1951年7月参加工作，1955年加入中国共产党，先后在天津纺织机械厂、国营第105厂（现中航工业津电）工作，1956年支援三线建设调至陕西兴平国营第115厂（现中航工业电源），历任材料定额室主任、团委书记、办公室副主任、人事劳资科长、党总支书记、法律顾问、经济师等职务。1958年主管材料定额工作期间，他组织复查了14种产品消耗情况，提出计划用料、限额发料、集中下料、套料、套冲、废料回收、综合利用等具体改进意见，并纳入管理制度，全年为国家节约资金303万元；先后提出合理化建议1500余条，仅1958年实现的8项意见节约资金8.4万元。他动员周围同志多次开展社会主义劳动竞赛，降低成本，为国家节约了大量资金。1958年被陕西省团委授予青年社会主义建设积极分子，1959年被陕西省人民政府授予陕西省先进生产者，同年被国务院授予“全国先进生产者”光荣称号。1997年12月退休。2009年3月因病去世。

李书田于1956年响应国家支援航空工业三线建设的号召调至国营第115厂，任材料定额组组长，负责全厂材料定额工作。这项工作不懂技术的干不了，懂技术的不愿干。但他认为：“群众不愿干的，党员就应当干起来；群众认为干不好的，党员就应干好，这才是党员的模范作用。”他下定决心做好材料定额工作。1958年，工厂要大批生产一种产品，需用的材料是由天津、上海等地土法加工，达不到生产标准，而且浪费材料。李书田反复研究后，认为可以用很薄的切割砂轮进行切削。在公司领导和苏联专家的支持指导下，他同车间工人经过多次试验，一分钟切断一根，质量符合生产标准要求，阻碍生产的一项重大关键技术得以攻克。单这一项材料可节省210千克，约4.5万元，最主要的是满足了生产上对这项材料的需要。同年，他和车间同志复查了14种生产产品的材料消耗情况，向工艺和设计方面提出了诸多改进意见，使材料消耗定额降低了10%左右，全年节约资金30余万元。

与工厂领导座谈（右二为李书田）

李书田为节约材料，避免浪费，是不是他管的工作都会积极想办法改进。有一次他发觉磁电机冲片的形状不对称，浪费材料，他立即去找设计科，主张改成对称式的，但是工艺装备设计不同意，因为不对称的已经设计好了，重新设计不但复杂，而且缺乏材料；李书田坚持要改，他说不能因个别困难，就不采用新技术。结果在苏联专家的指导下，重新完成了复杂的冲模设计，单是这项革新节约价值2.9万元。李书田先后共提出合理化建议1500余条。1959年在他的组织带动下，115厂在全厂范围内开展了以节约原材料为主题的群众运动，全厂改进工艺设计和利用废料等方面，节约原材料49吨，价值约7万余元。

要搞好材料定额工作，需要有多方面的知识，但学习资料很少，许多常用数据资料分布很广，工作起来很不方便。于是李书田决定编写一本书，一方面总结自己的工作经验，进一步提高业务能力，更重要的是可供从事材料定额工作的人作为工具和参考。为了完成这一任务，他除加紧学习文化外，阅读了30多本相关技术书籍，利用一年多的时间，编制完成了十几万字的“电机制造业材料定额工作人员工作手册”，成为指导大家日常工作的实用工具。

1985年，李书田从事法律顾问工作以后，为加强企业法制建设和依法治企等方面付出了辛勤的劳动。他结合工作实际，撰写法律论文10余篇，提出可行性法律建议10余项，直接或参与承办经济合同纠纷案件20余件，为企业挽回经济损失60余万元。

李书田1997年12月退休，2009年3月因病去世。

刘成财　1959 年全国先进生产者

刘成财（1931. 1—　），吉林柳河人，1959 年全国先进生产者，中航工业吉林航空维修有限责任公司（简称中航工业吉航）工人。1944 年在吉林省柳河县五道沟永恩长工厂学徒，1950 年吉林省东北军区东局子仓库工人，1952 年辽宁省抚顺 325 厂火药库工人，1956 年调入沈阳 111 厂工作，1958 年调入国营双吉机械厂（现中航工业吉航）发动机车间，钳工。1959 年在中国人民解放军空军第 17 修理工厂（现中航工业吉航）发动机车间，工人。1965 年调入中国人民解放军第五七〇四工厂，先后在发动机车间、科研处、综合厂工人。由于刘成财刻苦钻研技术，不断解决生产关键，取得了显著成绩，多次被评为先进工作者。1959 年被国务院授予“全国先进生产者”称号，并参加了全国群英会，受到了党和国家领导人的接见。1987 年 3 月退休。

1958 年刘成财积极响应上级号召，敢想敢干，解决了许多生产关键。例如某厂在加工 810 型发动机尾锥体制造中，由于焊接后所造成的衬筒变形，不能保证质量要求，技术部门一时没有解决办法，使车间生产处于停工状态，刘成财便和大家一起，进行研究试验，为突破这一生产关键，他带领其他同志，连续加班加点，反复试验，终于想出了一个巧妙的办法，做一套防止零件在焊接过程中引起变形的固定夹具，达到了规范公差的要求，保证了产品质量。又如，尾喷筒制造安装边有毛刺，过去是采用砂布打光，由于零件本身材料硬度很高，毛刺难以除掉，又是手工操作，效率很低，砂布浪费得多，而且不能保证质量。车间技术部门一时找不出解决的办法。刘成财仔细琢磨，想出一个好办法，在风钻上卡上小铣刀来打刺，用半自动化的方法，代替手工操作，又省力又省事，提高了效率，节约了大量资金，保证了生产需要。

刘成财在修理 802 型尾喷筒的锥体中，必须试验该零件是否漏气，由于缺乏适当的固定夹具，在试验当中，得好几个人用手先将零件把住再拧上 24 个螺钉才能试验，用这种方法试验一个零件至少需 3 个人，用 4 个半小时才能完成。刘成财为此动脑筋，找窍门，做了一套试验夹具，可先将零件放在夹具上，在用卡子将它固定住，这样一来，使试验工作方便多了。一个人在一个小时以内，便可试验完 30 个零件，提高工作效率 120 倍。又如在修理 810 型加力燃烧室当中，稳定器根部经加工后普遍发生裂纹，而按零件性质和要求是难以修复的，技术部门也无法做出修复结论，造成大量机件报废。刘成财看在眼里急在心上，为挽救这些零件，他想办法做了一套补片夹具，用电阻焊进行焊修，复活了大量价值高昂、制造又极其复杂的发动机机件，节省了大批新品备件，创造了巨大的经济效益。

1958 年末，刘成财随生产任务移交调到双吉机械厂工作，担任修理钳工。当时正处于建厂时期，技术能力弱，设备缺乏，再加上原材料和备件的供应不能满足生产需要，工厂虽然采取了许多措施，解决了一些生产问题，但问题总不能得到彻底解决，特别是其中备件极其缺乏，厂内生产不了，外厂订货又不能及时供应，导致生产时常停工。例如某型加力燃烧室的碗形堵盖，买不来，又加工不了，给生产带来了无法逾越的困难。为此，刘成财主动与车间主任商量，提出自己试制。经他制作一套模具，加工出来的零件合格率达到了 100%，刘成财被人们称为生产线上的能工巧匠。当年 6 月，车间增加了生产任务，其中 802、810、890 三型燃油总管的修理任务异常繁重，经常满足不了装配的需要，刘成财采取将直径较大的钢球通过腐蚀的方式使其缩小等办法，终于做出了小钢球，突破了总管的修理关键，保证了装配的需要。

刘成财生活照

在开展岗位大练兵过程中，他前前后后改进了 10 多种工具、夹具以及各种简易设备，大大减轻了繁重的体力劳动，为完成生产任务创造了有利的条件。例如在制造某型尾锥体零件钻孔的工序中，制作出了一套夹具和样板，把零件套在一个固定的车子上，这样既方便又能保证质量，杜绝了过去容易钻偏的现象，提高工效 25 倍多。又如在分解 69 加力燃烧压板时，由于固定螺钉太少，拧得不紧，有时被刻伤导致报废。他便改进了夹具，提高了工效。他工作细致，责任心强，多年如一日，投身小改小革、修旧利废等双增双节活动中，仅 1959 年 1 年他就扩修复活了多项发动机上的主要零件，如某型的尾锥体通风罩、鱼鳞、风挡和空心套等结构复杂、价值昂贵的零件 100 余件，为国家节约大量资金，受到职工群众和上级领导的一致好评。

刘成财于 1987 年 3 月退休。

刘秀雯 1959年全国先进生产者

刘秀雯（1929.2— ），河北乐亭人，1959年全国先进生产者，时任国营陇西铸造厂（现中航工业西安航空制动科技有限公司，简称中航工业制动）工段长。1953年6月加入中国共产党，1956年6月参加工作。1956年6月—1961年12月在国营陇西铸造厂工作，曾任机加工车间工段长、车间党支部书记；1962年1月—1969年4月在第三机械工业部基建局设备处工作；1969年4月—1970年11月在“五七”干校劳动；1970年12月—1976年3月在061基地3409厂工作；1976年3月—1979年12月在湖北襄樊3015厂工作，任供应科科长；1980年1月—1990年1月在航空工业部物资局、中国航空工业供销公司工作，高级工程师。

刘秀雯1959年在陕西兴平第一机械工业部514厂工作期间，被国务院授予“全国先进生产者”称号，并参加全国群英会。1960年获得全国妇联三八红旗手称号。1990年1月，在中国航空工业供销公司退休。

孟广义 1959年全国先进生产者

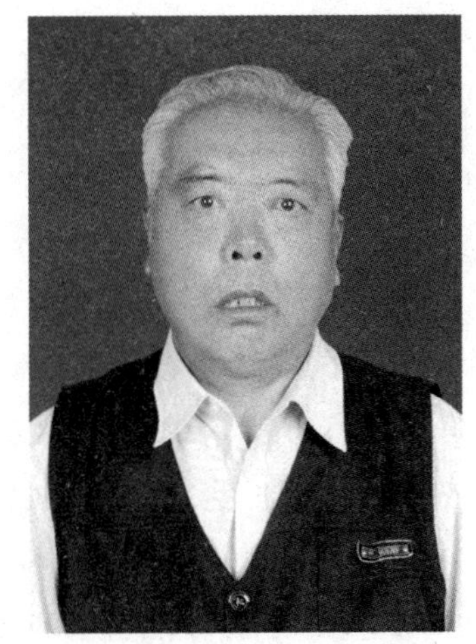

孟广义（1937.7— ），辽宁铁岭人，1959年全国先进生产者，中航工业兰州飞行控制有限责任公司（简称中航工业兰飞）工人。1955年考入沈阳第一航空工业技术学校，1956年毕业后分配到陕西宝鸡航空仪表厂（现中航工业宝成）从事铣工工作，1958年调入兰州国营新兰仪表厂（现中航工业兰飞）从事铣工工作，后任工长、室主任、实习指导老师等工作。1959年加入共青团，1962年加入中国共产党。由于在生产实践中取得了多项技术革新和技术创新成果，业绩突出，1959年被国务院授予“全国先进生产者”称号，并出席了全国群英会。此后，又先后多次获得了所在单位、市、省、部授予的兰州市技术革新标兵、兰州市先进工作者、甘肃省技术革新标兵、甘肃省先进工作者、三机部五好工人等10多项荣誉称号。1960年由他担任组长的铣工小组，被工厂党委命名为“孟广义小组”。1988年9月退休。

1956年9月，19岁的孟广义在沈阳第一航空工业技术学校毕业后，来到了地处黄土高原的宝鸡航空仪表厂当了一名铣工。在仪表厂短短的两年工作期间，就展示了他好学上进、刻苦钻研、富有技术创新精神的才能。在铣工这个平凡的生产岗位上，孟广义除了能够埋头苦干，还善于用心巧干，通过大搞技术革新，不断提高生产效率。在加工一种“端盖”的零件时，孟广义通过改进定位加工法，从原来一天只能加工出50件，提高到一天能加工400件，经过完善后又提高到加工800件，使工效分别提高了7倍和15倍。为了更多地完成定额工时，孟广义在改进生产技术方法上动脑筋，努力用最短的时间完成更多的定额工时。有一项零件的定额工时是每件16分钟，按照老的加工方法在实际生产中很难完成，孟广义知难而上，通过改进加工方法，大大缩短了装夹具和刀具的时间，使加工一件零件的时间缩短到了3分钟，提高生产效率5倍多。他在参加工作后较短的时间里，便在工作业绩上取得了丰厚的收获。1957年，由于工作成绩突出，参加工作仅一年多、年仅20岁的孟广义，在航空仪表厂被评为厂级先进生产者。

1958年10月，孟广义积极响应组织号召，支援新厂建设，义无反顾地离开了生活工作条件较好并且已经打下了个人发展基础的航空仪表厂，前往正在筹建的兰州国营新兰仪表厂，做出了投身于新厂创业的抉择。

到达新厂不久就接到了工厂下达的1#产品 APY－2B 的试生产加工任务，孟广义所在的铣工小组承担了该项产品的关键零件“内支架”的加工任务。该零件具有工序多、难度大的特点，在其他同志存在畏难情绪的情况下，身为组长的孟广义一马当先，充分发挥自己的技术特长，精心加工，加班加点，在较短的时间里，就保质保量地完成了零件的加工任务。为了超额完成生产任务，确保生产进度，经常夜以继日、加班加点，甚至有时是一连几天的连轴转。最令人难忘的是1958年12月的一天，为了完成攻关项目“壳体”的生产任务，他在煤气中毒的情况下，只是到医务所打了一针，稍有好转，尚未痊愈，就又马上起身投入到生产中。

处在建厂初期的国营新兰仪表厂，各种设备不全，工具缺乏，人员不足，生产任务较为繁重，需要解决的生产难点和技术难关较多，这又恰恰为孟广义在技术创新上施展才能提供了更多的舞台。

1958年底在加工1#产品 APY－2B 的另一项零件“外壳”时，遇到了没有专用加工设备的难题，拿到外厂加工周期又太长，会影响到整个产品的配套进度。为解决这一难题，孟广义依据靠模铣床的加工原理，与工艺员共同研究，自制出小型靠模，利用普通铣床加工出了该零件的合格产品。孟广义并没有满足于这一取得的成果，为提高该项零件的加工效率，他又不断进行改进，使这项零件的工作效率比原来提高了7倍。急工厂之所急，想工厂之所想，是孟广义积极进行技术创新活动的内在动力。同样，在进行601产品“滑架”零件的加工中，由于批量大，数量多，进度急，成了完成生产任务的瓶颈。孟广义看在眼里，急在心上，想办法从铣刀的改进上入手，经他改进后的铣刀，在生产应用后，使该项零件的生产效率比原来大幅度地提高了5倍，保证了工厂总体任务的按时完成。

孟广义工作照

孟广义不但能够虚心学习他人在工作上的好方法、好经验，而且也能够毫无保留地将自己在生产技术上的“绝活”传授给其他同志。1959 年 3 月，工厂第二设计室的铣工在加工一项“壳体”零件时，发生了连续加工三批都全部报废的问题。孟广义立刻前去帮助查找分析报废原因，发现是因为专用工具对该零件上的 3 个圆形凸台的加工不适用造成的，于是发挥自己技术上的特长，在铣床上安上镗头，改进加工方法，终于生产出了合格的零件，帮助第三设计室解决了生产难题。

孟广义于 1988 年 9 月退休。

孙 有 1959 年全国先进生产者

孙有（1911. 11—1987. 3），辽宁昌图人，1959 年全国先进生产者，中航工业哈尔滨东安发动机（集团）有限公司（简称中航工业东安）工长、工程师。1946 年 8 月在吉林省白城子市参加革命，1949 年 3 月在白城子机务段加入中国共产党。曾任齐齐哈尔铁路局白城机务段工人、工长。1948 年获西满铁路局二等英雄称号；1949—1951 年连续 3 年被评为齐齐哈尔铁路局劳动模范。1952 年 9 月调到哈尔滨第 121 厂（现中航工业东安），历任工长、助理工程师、工程师。孙有在工作中肯于钻研，攻克了多个技术难题。在建厂初期的 10 年里，发明创造成果 60 余项，1952—1962 年间 5 次被评为哈尔滨市劳动模范，3 次被评为黑龙江省劳动模范；1959 年 10 月被国务院授予“全国先进生产者”称号，并参加了全国群英会。1978 年 12 月离休。1987 年 3 月去世。

作为中航工业东安 50 年代的劳动模范，孙有是一位以敢想敢干、勇于创造而著称的工人代表。参加工作 30 多年，他在工作岗位上兢兢业业、肯于吃苦，是一个勤于钻研、不畏困难的人。凭着锲而不舍、勤奋刻苦的韧劲，他成为工厂最早的工人工程师，也是工厂首位获得“全国劳动模范”称号的职工。

孙有 1946 年参加工作，1949 年 3 月加入中国共产党。1952 年 9 月孙有调到哈尔滨第 121 厂，在 5 车间机修工段当上了车工。孙有把第 121 厂作为自己事业的新起点，勇于创新、任劳任怨。1958 年，工厂正在改型设计生产伊尔 – 14 飞机的发动机，以适应我国西线高原飞行的要求。当时，工作条件十分艰苦，大部分设备都由手工操作，孙有一直在琢磨：怎么才能把笨重的手工操作，改进成为完全自动化的操作？无论是吃饭还是睡觉，孙有总是在想这个问题。一次，他忽然想到 2 车间气锤的工作原理，从此“万能冲压机”的雏形在他的脑海中形成了。他立即到处寻找废料，边画草图、边试加工。那一年，正赶上孙有当选为公司的党代表参加了哈尔滨市党代会，这给孙有以极大的精神鼓舞，作为公司的党代表，孙有感到压在肩上的担子更重了，再苦再累也要将设备搞出来。因此在开完党代会回厂以后，他更加紧了这个机器的试制。为了赶在“十一”前实现机械化加工，迎接工厂党代会的召开，在机修工段工友们的团结协作下，大家利用一个通宵的时间，终于完成了零件加工。并在当月 21 日初步试制成功。根据试验表明，这台“万能冲压机”既代替了手工工作，又可以提高工作效率 10 倍以上，可谓是事半功倍。

10 年的时间里，孙有进行的发明创造共有 60 余项之多。当时加工设备简陋，条件艰苦，每一次的创造，都是在和许多困难做顽强的斗争。例如，50 年代时，国营东安机械（简称东安厂）厂引进了一台波兰圆磨床，该磨床所用的滚珠轴承一直依靠德国进口，常常因为缺少轴承而影响设备运转。生产任务的推迟、国外的技术垄断使得孙有头脑里产生了自己制造这种轴承的念头。当时有的人却说：“那是人家德国人做的东西，又没有滚珠磨床，你能做成?”孙有表面没吱声，可是他却在心里不服气：别说是德国人做的，就是神仙做的，我也要试试看！凭借着一股坚韧不拔的毅力和连续几个昼夜的艰苦努力，终于将滚珠轴承研制了出来。既突破了国外的技术封锁，又为东安厂节省了大量的轴承进口费用。

东安厂在制造 14 个头研磨机的时候遇到了技术瓶颈，孙有作为工厂的技术骨干带领一线工人攻坚克难。但是在研制过程中，他又遇到了因为文化水平低、画图吃力的问题，但他用坚强的毅力战胜了困难。每天中午吃完饭后，他就趴在桌子上画图，下班后抽出时间他还画图。有一天深夜，正准备睡觉，突然他想起了一个机构的设计，马上披上衣服，来到车间把设计草图画出来……就这样，大大小小 50 余张图样都是他手工绘制出来的。

孙有向年轻人传授技术

孙有经常说："别看英国的瓦特、美国的爱迪生有那么大的发明，只要咱们敢想敢干，他们能做出来的东西，咱们也一定能做出来，就算他们没做出来，咱们也要把它做出来！"正是凭借着这股干劲儿，孙有为自己赢得了无数的荣誉，也为东安厂的全体职工树立了良好的榜样。由于孙有刻苦钻研业务，不畏艰难，攻克了多个技术难题。他连续 4 次被评为东安厂劳动模范，5 次被评为哈尔滨市劳动模范，3 次被评为黑龙江省劳动模范。1959 年，他光荣地当选为全国先进生产者。

退休后，孙有时常关心着东安厂的生产发展和技术上的改进，积极参加东安厂组织的科技活动，热心参加退休工人技术"传、帮、带"活动，热心辅导和帮助新入厂的工人们，将自己的技术和几十年辛苦工作积累下的宝贵经验无私地传授下去，深得工人们的爱戴。他还经常主动深入各车间生产一线了解和帮助解决技术上的疑难问题，受到厂领导和工人们的一致好评。

孙有 1978 年 12 月离休，1987 年 3 月去世。

孙忠义　1959 年全国先进生产者

孙忠义（1911. 9—1962. 9），上海人，1959 年全国先进生产者，中航工业沈阳飞机工业（集团）有限公司（简称中航工业沈飞）钳工。1926 年 1 月，上海市永泰机械厂学徒。1932 年 5 月，上海市前法捕房修械所当钳工，后因病离职。1941 年 6 月—1947 年 4 月，先后在上海市江南造船所、恒光机械厂当钳工。1947 年 4 月，上海市政府工务局从事钳工工作。1954 年 8 月支援航空工业建设到国营第 112 厂（现中航工业沈飞），干钳工、钳工班班长、工具技术员。孙忠义在工作中不断钻研技术，改进工艺，带领大家共同开展技术革新，改进了多项工艺装备，实现了多项合理化建议。1952 年被评为上海市劳动模范；1959 年被国务院授予“全国先进生产者”称号；1957 年、1958 年连续被沈阳市授予劳动模范的称号。1962 年 9 月病逝。

孙忠义不仅经历过中国新旧社会两个时代的变迁，更是新中国航空建设首批技术工人中的一位。他不仅把对党的无限忠诚与感激化作积极投入到航空建设的动力，更是用自己的亲身经历教育和感动新一代的年轻人。他用短暂且光辉的一生为航空工业的发展做出了突出的贡献。

1954 年 8 月，孙忠义作为技术工人被组织上派到沈阳国营第 112 厂参加航空工业建设。入厂工作后，孙忠义凭借着近 30 年磨炼出来的工作经验和技能，不断地进行创造性的劳动。入厂当年就改进工艺装备 9 项，最高可提高功效 60 倍以上，为国家节约了 2500 千克的优质钢材。例如 CM2 - 8601 - 111A 零件过去向来就是手工划线加工，加工出的零件总是不协调，达不到设计要求的质量，成为车间的“质量关键”问题。他设计制作专用模具，不仅保证了加工质量，而且还提高了生产效率一倍多，达到保证质量和完成任务双丰收。当时的生产能力和条件都很落后，许多零件加工所需的车床夹具及占模定位不合理，保证不了同心度等，不便于加工造成“质量关键”问题，生产线上的任务又要求紧迫，工友们都束手无策。孙忠义废寝忘食加班钻研改进，改进后的车床夹具、占模完全符合要求，不仅攻克了关键技术，还保证了生产。

孙忠义不仅自己技术好，遇到急件时苦干巧干，也带领和团结群众一起攻关。如设备缺少、没有材料等，为了满足生产需要，他带动全班同志，抱着为完成生产任务的劲头，自动加班大干赶制任务，及时交给工段，保证了生产任务及时完成，满足了生产需要。

工作中同事们只要找到孙忠义，他都热情帮助，有求必应。他还主动帮助工人做好生产前的准备工作，因而他带领的班组工人个个干劲十足。工段每月都出色地完成生产任务，有力地配合了生产，保证了全班都做到三满意：质量满意，工夹具的质量百分百的合格，无返修；进度满意，任务均能按时完成，无拖拉现象，还能经常了解工夹具的使用情况，发现问题及时解决；态度满意，待人接物和蔼谦虚。

一贯爱厂如家的孙忠义，工作责任心强，1956 年以来从未请过一次假，也从未因家庭事故耽误生产工作，总是早来晚走，自担任工长以后，上班前任务就已给大家分配好了，并在工作中经常进行督促、检查，使每个人都能按时完成任务。

孙忠义不仅自己刻苦钻研和改进工作，还积极主动帮助工人解决难题。有些每次只能加工一个的零件，需用工时长，且效率底，经他改进后每次加工可装夹两件同时加工，为生产提高了效率。还例如，设计制作金属拉杆切割机这项工作过去是钳工手工操作，效率低质量差，且劳动量大很累人，满头大汗也赶不上进度。他着手设计的一台金属拉杆切割机，使工作效率提高 20 倍以上。解决了质量问题，更重要的是减轻了工人的体力劳动。由于他带动大家及全组同志共同钻研技术革新工作，一起改进了很多工艺装备，实现了很多合理化建议，使他在群众中有很高的威信。

孙忠义工作照

孙忠义经常说：“技术放在肚子里是没用的，自己一个人的力量是很小的，要完成今后更繁重的任务，早日把国家建成先进的工业国家，就必须有足够的技术力量和后生力量，就必须很好地培养新生力量”。所以他耐心且毫无保留地培养学徒工。在他耐心的培养与大家的帮助下，1958 年进厂的复员专业军人和学徒工，不仅能单独上岗，技术操作水平也都有显著的提高，这些人后来都成为工厂的技术骨干。

孙忠义不仅自己积极地响应节约原材料的号召，还带动大家一起搞技术革新和原材料节约，并身先士卒做出了榜样。

1959 年，孙忠义被国务院授予“全国先进生产者”称号。那一年，孙忠义 48 岁，却已有着 30 多年的工龄。

1962 年 9 月 28 日，孙忠义因患肺癌医治无效病逝，享年 51 岁。

王永生 1959 年全国先进生产者

王永生（1935.12—2003.1），河北深泽人，1959 年全国先进生产者，时任国营第 105 厂（现中航工业津电）车工。1952 年参加工作，1965 年 6 月支援三线建设来到贵州遵义天义电工厂（现中航工业天义），先后任机动科车工、党支部书记、副总工程师，1978—1980 年任工厂副厂长，1980—1989 年任党委副书记。王永生潜心研究学习刀具技术，创造了先进的综合性车刀和刀具，使高速车削的效率提高了 8～15 倍，先后延伸出技术革新 30 多项，并创造了一套三检、三勤的确保产品质量工作法。1959—1965 年间先后获得天津市特等劳动模范、河北省劳动模范、共青团中央全国青年积极分子、天津市劳动模范称号，1959 年被国务院授予“全国先进生产者”称号。1995 年底退休。2003 年 1 月去世。

王永生作为新中国成立后的第一代工人，他以积极的工作热情投入到祖国航空建设中，努力把个人的能力全部用在干好本职工作上。

当时大部分工人因文化知识少，依靠师傅传授技艺来进行设备操作，凭经验干活占多数。王永生在从事车工加工零件期间，体会到车工劳动强度大、效率低，不能满足生产的需要。面对车工需要改进的地方和自身知识的不足，王永生靠自己自学一些、培训班学习一些、工作经验总结一些的办法，不断学习新知识、新技术，钻研技术业务，动脑筋想办法，勇于在车工高速车削上对刀具进行改进。他潜心研究学习苏联刀具，在此基础上他自己动手，边试边改，经过反复的试验和实际操作，他创造了先进的综合性车刀和刀具，使高速车削的效率提高了 8～15 倍。由于在刀具上的持续改进创新，先后延伸出技术革新 30 多项。正是这项技术革新，不仅降低了工人劳动强度，提高了生产效率，而且成为当时在国内具有影响的技术创新，并得到了国务院、天津市政府的高度重视和积极的肯定。

王永生是一个善于观察事物的人。当时为了降低零件废品率，他对零件加工的检验流程进行了仔细分析，发现零件检验过程简单，不利于把住质量关，于是他提出增加检验工序，让零件加工者、班组长、检验员共同担负起零件加工的质量检验工作，

王永生工作照

提高零件合格率。于是他创造了一套“三检”和“三勤”的保证零件加工合格率的方法：加工者对自己加工的首个零件首先进行自检，然后组长进行二次检验，最后检验员进行检验，在加工过程中检验员再进行抽检，“三检”的三方人员分别在检验卡片上签字，这样在零件加工中其质量得到控制，“卡住”了不合格产品的继续加工。此方法的运用收到了很好的效果，确保了零件加工质量，降低了零件加工过程中的废品率，并连续几年没有发生批量废品。后来该管理方法在工厂多个领域使用，为国家、工厂节约了大量的生产资金。“三检”的运用和产生的实际效果在当时产生了很大的影响力，不仅促进了工厂基础管理工作的进步，而且不断在其他企业推广。如今“三检”制度仍在航空企业军民品生产过程中使用，在保证产品质量的同时，也列为基础管理工作的重要内容。

王永生于 1995 年底退休，2003 年 1 月去世。

张明云 1959年全国先进生产者

张明云（1934.1— ），辽宁营口人，1959年全国先进生产者，时任国营黎明机械厂（现中航工业沈阳黎明航空发动机（集团）有限责任公司，简称中航工业黎明）工人。1948年3月参加工作，先后在营口市私营烟卷厂、公大铁工厂干车工，兼任私营企业团支部书记，1953年2月加入中国共产党。1955年5月调入沈阳航空喷气发动机厂（现中航工业黎明）任车工、钳工、值班工长、总工长、技术革新员、技术副主任、技术检验科科长、冷工艺试验室主任、公司工会生产部副部长兼技协办主任等工作。张明云在工作中、质量一贯优等、月月超额完成任务。积极开展技术改进、技术革新，解决了很多生产技术难题。1958年以来连续6次荣获沈阳市劳动模范称号；1959年获辽宁省先进生产者称号；1964年荣获辽宁省五好职工称号；1958年出席全国青年社会主义建设积极分子代表大会，荣获全国青年社会主义建设积极分子称号；1959年被国务院授予“全国先进生产者”称号，并出席了全国群英会。1994年2月退休。

张明云1955年响应党的号召，参加国家重点建设调到沈阳航空喷气发动机厂工作。在任职期间，张明云为适应航空工业科研、生产的需要，利用业余时间自学，到学校参加学习机械制图、技术设计、机加工艺、材料学、热处理、企业管理等知识和技术，把学到的知识技术应用到实际工作中。他先后参加了5个机种的发动机齿轮、传动杆、联轴器、附件机匣、滑油泵、高空点火器、离合器和部分工夹量具等试制和批生产工作。张明云在当车工时总结出“心在活上，眼在刀上、手在摇把上”的一套操作经验，使他在工作中质量一贯优等，月月超额完成任务。工作中遇到问题时，张明云能主动承担，通过技术改进、技术革新和改进工艺方法解决了很多难题。

联轴器内球面精车工艺的改进——规范规定内球面要求着色面积不小于80%，而实际着色面积只能达到65%，这是不合格的。经过张明云改进，使工具着色面积达到90%，质量百分之百合格，效率提高1倍以上。

离合器凸轮精磨削工艺的改进——凸轮表面有16个平面，原先用平面磨床加工，每班只能磨6件，效率低质量不稳定，经他改进用套齿磨床加工，每班加工数量增至

36 件，提高工效 6 倍，质量 100% 合格。

加力元缸螺纹加工工艺的改进——原先在车床上加工，两螺纹间距只有 28 毫米，车螺纹退刀时经常碰到另一个螺纹使零件报废，而且操作很不安全，后经他把车螺纹改进在车床上安装一个铣头铣螺纹，加工时操作安全，质量百分之百合格，提高工效 1 倍。

离合器的组合装配铆接工艺的改进——该离合器组装时按苏联规范给的条件是，需要五级以上钳工组装，质量允许 20% 返修率。经他自行设计制造一台气动液压铆接机，改进装配方法，装配时由二级钳工组装，质量百分之百合格，效率提高 2 倍以上。

放气带顶杆拉环内螺纹精加工工艺的改进——该零件内螺纹加工要求零件内螺纹对端面偏差不大于 0.03 毫米。在车床上加工时内螺纹刀具很容易碰到内孔端面，不是把刀碰坏就是把零件碰坏，生产效率极低。经他改进制作一套夹具，制作一副专用丝锥，用钳工攻丝方法解决了这一关键。原来需五级以上车工加工，改进后由二级钳工完全可以加工，而且工效提高 8 倍，质量 100% 合格。这些技术关键的突破，最明显的效果是质量彻底过关，生产效率成倍增长，原来需要 5 ~6 级工加工的零件，改进后由 2 ~3 级工或熟练工都可以完成。

张明云从 20 世纪 50 年代起一直到工会搞技术协作工作，共实现大小技术革新 144 项，其中较大项目有 14 项。例如：将车床改装成加工加力元缸螺纹铣加工；设计制造气动液压铆接机（用于组装两个机种的离合器）；发明创造“V”形车刀，在加工轴套类零件时提高工效 2 ~4 倍，曾参加全国刀具表演，1959 年刊登在《新技术新工艺汇编》刊物上；改进套齿磨床磨削离合器凸轮 16 个平面，提高工效 6 倍；设计制造多功能快换刀架，使车加工效率提高 50% 。上述革新项目不仅在当时解决了大问题，有的项目至今还在生产中使用。

张明云在担任技术革新员期间，曾带领攻关队到 39 车间帮助解决叶片加工难题，积极建议采纳新技术、新工艺。帮助 38 车间解决叶片精加工问题，他建议用冷滚轧的方法加工叶片，经试验获得成功，并投入批生产。

1977 年公司决定筹建试制分厂，由张明云为负责人，根据公司提出的要求，他对厂房选址、车间布局、设备选型等方面做了大量细致工作。此项工程于 1979 年完成，在设备选型上准确无误，安装使用 100% 达到设计要求。

1979 年张明云调任冷工艺实验室主任期间，除了组织全室职工完成上级交给的各项科研生产任务外，按公司下达的科研课题，组织领导有关工程技术人员、工人师傅们研究解决关键部件加工问题。定方案、搞科研、搞技术论证，在设计研制过程中，由他提出加工工艺方法，并给予指导，有的是他亲自操作，由此顺利地完成了数控弯管机的加工、15 万伏电子束焊机、激光打孔焊接机、大叶片电解机床、40 吨高速锤、

张明云工作照

蠕动磨床等一批科研成果，这些科研成果有的荣获了航空工业部科研成果奖。

1985 年张明云调到黎明公司工会任生产部副部长兼技协办主任。张明云除了做技协日常工作，经常帮助有关厂、车间解决技术关键问题，并同孟昭华、秦铸、余学忠等同志合作编写了《车削工艺》一书，1975 年由国防工业出版社出版。

张明云 1994 年 2 月退休。

钟季卿　1959 年全国先进生产者

钟季卿（1920—?），湖南宁乡人，1959 年全国先进生产者，时任国营松陵机械厂（现中航工业沈阳飞机工业（集团）有限公司，简称中航工业沈飞））助理工程师、设计室组长。中共党员。1941 年在湖南省长郡联立中学读书；1944 年在湖南省宁乡县小学任教；1945 年在湖南大学电机电讯组读书；1949 年在湖南电工一厂任技术员；1952 年 5 月调沈阳国营第 112 厂，先后在特设车间、教育科、夜大学、设计组等部门任教员、辅导员、设计员等职务。1956 年被评为厂季度先进工作者，厂工会优秀积极分子，1958 年被评为厂级先进工作者和沈阳市先进工作者。1959 年被国务院授予“全国先进生产者”称号。

钟季卿 1952 年调国营第 112 厂工作。1958 年在从事教学工作时，积极贯彻党的教育与生产劳动相结合的方针，结合生产实际进行了教程改革，获得了群众好评。

1959 年钟季卿担任设计组长后，经常主动和技术人员、老工人共同研究和解决技术问题。当年 5 月设计成功了高灵敏度的自动记录仪，继而又参照不完整的图样，在没有技术资料，技术又十分复杂的情况下，仅用 3 个月的时间，经过上百次的试验和 15 次的失败，又试制成功了国内尖端技术项目——同时测量 4 个参数变化的精密电子仪器即四元自动记录仪，解决了某重点工程的重大技术关键，保证了工程提前完成。

在设计和试制过程中，钟季卿始终依靠党组织，紧密团结群众，虚心学习，刻苦钻研，在工作最紧张的时候，他夜以继日地工作。在试制过程中，遇到自动记录仪灵敏度低，推动功率不够，外来干扰和自激振荡等一系列的技术问题难题，以及研究用普通的 BO 电阻使其精度由 3/1000 提高到 2/1000 代替国内供应困难的 ×××金属膜电阻等问题。钟季卿主动和技术人员深入车间和老工人共同研究，用三结合的方法研究解决技术问题，保证了科研任务的完成。

施晓兰 1960 年全国先进工作者

施晓兰（1937.2— ），江苏苏州人，1960 年全国先进工作者，时任贵阳卫生学校教学工作。1953 年 8 月毕业于重庆市助产学校；1953 年 8 月—1954 年 8 月，进修于贵阳医学院解剖、生理中师班；1954 年 8 月起先后任教于贵州省卫生学校、贵阳医士学校、贵阳医学专科学校、遵义医学专科学校、贵阳医学院；1972 年 6 月—1974 年 12 月，在 011 基地三〇一医院担任护士班教学工作；1975 年 1 月—1992 年 6 月 011 基地三〇二医院从事病理工作；1992 年 6 月，贵州航空工业集团三〇〇医院从事病理工作。施晓兰是中共党员，副主任医师，享有国务院特殊津贴专家。1960 年，被评为遵义地区、贵州省、全国优秀教师，作为贵州省代表出席全国文教群英会，并作为代表在大会上做了发言。从事病理工作以来，在医学核心期刊及省、部级杂志发表论文 20 余篇，曾任《航空航天医药》编委。多次荣获五好青年、五好标兵、先进工作者、优秀共产党员称号，1960 年，被国务院授予“全国先进工作者”称号，1995 年，获贵州省卫生厅先进科技工作者称号。1995 年 12 月退休。

1953 年，施晓兰由重庆助产学校毕业后，经过短期解剖生理学进修，分配到贵阳卫生学校担任解剖学的教学工作，这对一个未满 17 岁的小姑娘来说，面对的困难很多，然而施晓兰能在工作中以顽强的毅力和百折不挠的精神，刻苦专研，勤奋摸索，创造性地找到了替代福尔马林的标本液，既为学校节约了资金，又减少了福尔马林带来的腐蚀性，使同学们易于实习课的开展。

为了便于教学，施晓兰自己动手制作标本模型 20 多具。由于施晓兰的刻苦敬业，她在担任教学期间总结出的一套教学方法，在教育实践中取得了很好的效果，受到了多方好评。功夫不负有心人，教学经验的不断积累使施晓兰迅速地成长成熟起来。1960 年，施晓兰被评为遵义地区、贵州省、全国优秀教师，作为贵州省代表出席全国文教群英会，并作为代表在大会上做了发言，受到了肯定与表彰。

1975 年，施晓兰从事 011 基地医院病理科工作。病理科的工作，讲究的是坐得稳、守得住、积得多、断得准。刺鼻的福尔马林气味、高温的石蜡包埋机，一坐就是几小时，

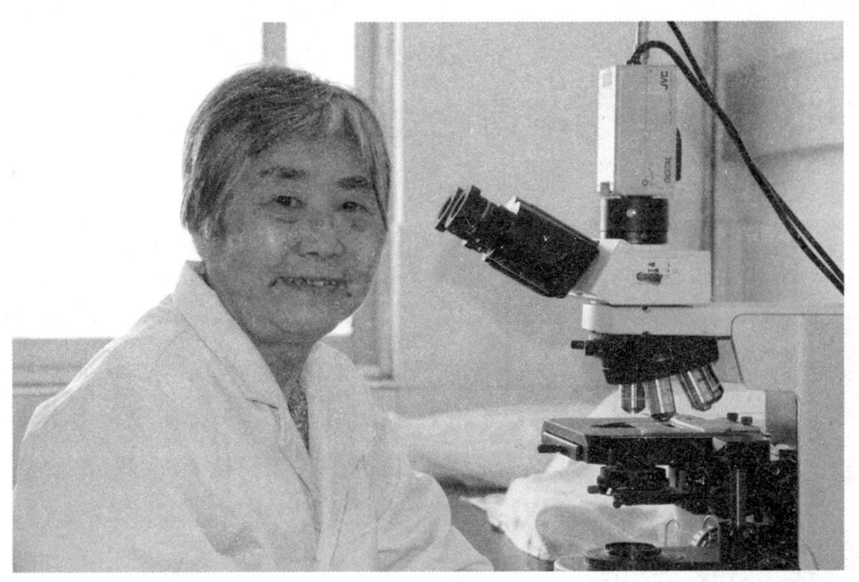

施晓兰工作照

甚至十几小时的镜检……恶劣的工作环境，枯燥乏味的工作，没有一颗甘于平凡、乐于奉献的心，是无法胜任这样的岗位的。但施晓兰从走进病理行业的那一天起，就像一颗螺丝钉坚守在这平凡的岗位上。在工作中她谦和儒雅却坚韧不拔，热心接待病员，关心病员疾苦，认真对待每一份病理切片，从未出过一例病理诊断差错。

医院要可持续发展除了严把医疗质量关，不断提高诊疗水平外，还要提升相关科研人员的素质和科研水平。施晓兰始终坚持注重吸纳、训练、培养一支技术强、业务较全面的诊断与技术人员队伍，时刻注意培养年轻医师的道德情操。她把每一个分到科室的新同志都当成自己的孩子，帮助他们正确分析病理工作的重要性、价值所在，帮助他们正确设计自己的职业生涯。通过她的言传身教，很多年轻人在工作一段时间后都稳定了下来。为了提高科室年轻医师的业务能力与诊断水平，施晓兰长期坚持在科室内开展特殊疑难病例讨论，在学术上不守旧，努力为科室年轻医师创造外出学习的机会，鼓励科室年轻人继续深造，并为他们指路。施晓兰也常抽出时间指导青年医师学习各种病理取材和技术操作，检查青年医师对技术操作的执行情况。通过自己对青年医师的关心和身体力行、循循善诱，赢得了科室人员的爱戴和尊敬，也促进了病理科的成长。

多年来，施晓兰一丝不苟的工作作风、良好的技术水平、严肃认真的科学态度，严密的组织纪律性和对病患者的关爱，得到了患者和家属的肯定和信赖。退休后，考虑到医院病理科的业务建设，施晓兰不顾年老体弱，毅然回到病理科担任起技术把关和学生的教学工作。她兢兢业业、呕心沥血、任劳任怨，为了病理科的建设和医院发展奉献了自己最大的力量。

施晓兰于1995年12月退休。

赵慕梁 1960 年全国先进工作者

赵慕梁（1935.12— ），江苏泰兴人，1960 年全国先进工作者，时任国营第 105 厂（现中航工业天津航空机电有限公司，简称中航工业津电）教师。1948 年 9 月在江西省吉安扶园中学学习；1949 年 9 月在江西省吉安市联中学习；1950 年 3 月在江西省立上饶中学学习；1954 年 9 月在江苏南京航空学院航空机械工程系学习；1958 年 9 月分配到国营第 105 厂工作，先后任教师、技术员、教务组长。赵慕梁为贯彻落实党的教育方针，积极推行“教育与生产劳动相结合”的教学模式，成为当时教育改革的试点。他主持编写了约 45 万字的培训教材，基本满足了老工人培训的需要，他撰写的《关于老工人实有知识水平》的调查报告和《知识分子在劳动化的进程中教学改革的创举》在全国产生较大影响，引起有关部门的高度重视。曾被评为天津市、河北省、第三机械工业部第四局劳动模范称号；1960 年 6 月被国务院授予“全国先进工作者”称号，并参加了全国文教群英会。1965 年 9 月支援“三线”建设，到贵州遵义市天义电工厂（现中航工业天义）工作，先后任试验车间技术员、技术组主管技术员及厂技校教员、副校长等职。1994 年 11 月退休。

1958—1962 年，赵慕梁在国营第 105 厂教育科任教员，担任教学和教务工作。为贯彻落实党的教育方针，他一方面勤学理论，将所学专业知识与工厂实践相结合，努力研究、探索具有实效的教学方法和经验；另一方面，积极深入生产现场，积极了解工厂和工人的生产、生活现状，探索、酝酿教育改革的新思路。最初，赵慕梁在国营第 105 厂技工学校教授数学、高等数学等科目；后来，为解决工厂老工人普遍文化水平不高、理论知识缺乏的现状，他开始教授工人机械加工及电子技术等方面的知识。在几年的教学工作中，他勤勉踏实，认真负责，按照“实践—理论—实践”的认识规律，采用“干什么学什么，缺什么补什么，急用先学”的方法，不断完善、丰富自己的教学理论，并通过互帮互学，加速推进工人知识化的进程。他采用的教学手段灵活，讲解方式通俗易懂，使大批的生产工人在短暂的时间内就能很快地掌握运用实践需要的操作理论知识。有些老工人只有小学文化，在他的教授和帮助下，也很快地学习掌握了电工、电机等急需的专业知识，并在生产中能独立进行有关电工、电机修理的理论计算，解决了不少生产中的关键问题，也解决了当时工厂缺乏知识和技术型人才的难题。他推行的“教育与生产劳动相结合”的教学模式作为当时的教育改革试点，得到天津市和河北省的重视，他本人还在天津市、河北省先进教师代表大会上做了专题报告发言，中央人民广播电台和河北省电台还进行了广播。天津市和河北省将他的教学经验在许多城市介绍和推广。1960 年，《工人日报》报道了他的做法，并刊登了赵慕梁撰写的《关于老工人实有知识水平》的调查报告，在全国产生较大反响，引起有关部门的高度重视。

赵慕梁还主持编写了约 45 万字的培训教材，基本上满足了老工人培训班的需要。在任教期间，最忙时他同时担任 5 门课的教学，每天任课 6 课时以上，有时甚至全天任课。繁重的教学工作使他每天只睡 4 小时左右。他在实践中不断学习、不断进步，还对老工人讲授冷压加工知识，自己绘制出全套设计图样并演练计算，编制出主要零件的工艺规程，并指导他们进行复杂的工艺及模具设计计算。在他的耐心和努力下，有 24 位小学文化程度的老工人，通过专业文化知识的学习，全部完成了课程设计，并可独立进行冷冲模具的设计与计算。老工人教学试点工作的完成，引起河北省委的高度重视，原河北省委书记张承先同志接见了赵慕梁同志，其事迹当时在全国职业技术教育行业中产生了一定的影响。《中国青年》杂志还刊登了他撰写的《知识分子在劳动化的进程中教学改革的创举》文章，并被《中国建设》杂志选译为“What teaching the workers has taught me”对外发行。从 1958—1962 年，

赵慕梁工作照

赵慕梁先后荣获厂级先进教师、先进工作者及区级、军工系统、天津市、河北省劳动模范荣誉称号。1960 年，国务院授予赵慕梁“全国先进工作者”称号，并参加了全国文教群英会。

1965 年，赵慕梁支援“三线”建设，到贵州遵义市天义电工厂（简称天义厂）工作。当时天义厂百废待兴，他在任技术员的同时，积极参与工厂技术学校的基础建设工作和工艺学、数学等科目的教学和教务工作，并主持编写了天义技术学校管理制度。1972—1976 年，他在工人大学教授工程力学，并参加了航空部技工学校数学、电工类教育计划的起草、编写和审定工作。1979 年以后，他正式在厂技工学校任教，先后任教员、教务、副校长等职，教授数学、航空概论、企业管理、工程力学等课程，直至退休他一直奋斗在教育战线，培养了大批的技术骨干，为天义厂的发展和技术进步做出了卓越贡献。

赵慕梁于 1994 年 11 月退休。

李临庄 1977年全国先进生产者 1979年全国劳动模范

李临庄（1936.5—2005.12），湖南涟沅人，1977年全国先进生产者、1979年全国劳动模范，中国南方航空工业（集团）有限公司（简称中航工业南方）工人。1974年6月加入中国共产党。1955年8月毕业于中南248技校，同年分配到国营第331厂（现中航工业南方）干钻工，1983年进入北京航空学院系统工程与管理工程专业，1986年毕业，回单位任企业管理研究室副主任。1988年6月调南安公司继续从事钳工工作。1955—1983年的29年间，李临庄累计完成了102年的生产任务，为社会主义建设事业做出了出色的贡献。1958年获湖南省先进生产者称号；从1972年起，他连续11年被评为厂级劳动模范和学大庆标兵；1975年，株洲市委授予他“铁人式工人”的光荣称号；1976年，第三机械工业部授予他“跑在时间前面的人”的光荣称号，1977年、1979年先后被国务院授予“全国先进生产者”和“全国劳动模范”称号；1975年、1978年、1982年获全国体育先进个人称号，还多次被评为部、省级劳模。1978年和1983年，他先后当选为全国第五届、第六届人大代表。1991年退休。2005年12月去世。

李临庄自1955年参加工作以来，在党组织的关怀培养和同志们的帮助鼓励下，自觉做主人，拼命争贡献。李临庄常说：“社会主义等不来，喊不来，只能扎扎实实干出来！”他用拼搏精神夺高产，主要有三个方面的突出特点。

第一个特点是岗位任务拼命干。“一个工人，有十分劲，决不使九分九”。这是李临庄经常讲的一句话。1958年，他负责工厂剪板机的操作，全厂用的钣金材料，有一半要从他手下经过。他吃在工房，睡在工房，干在工房，曾经7天7夜没离工房。一次手指被机床压伤，他哈口气，搓一搓，扯一块抹布包一包，又继续干。那一年，他完成7年工作量。厂里《工人导报》多次报道他“跨骏马”、“放卫星”的先进事迹，称他是“突额能手”、“生产虎将”。1965年8月组织安排他从30车间到一分厂，给他3天假办手续，他接到调令的当天，加班到深夜12点，把自己岗位上的350件活全部干完才交班。第二天一早到新单位报到。班长分配他工作，他的要求是：“一要干大件，二要任务忙”，后来分配他在大件班干钻工，他看到每部钻床三班配了3个人，任务吃不饱，就和另外两位工人商量，抽出一人干别的事，两人干三人的活。后来，他感到两人干一台机床任务也不饱满，又主动找领导要求，一个人承担3个人的工作量。随着生产任务的增加，从1967年起，他从一个人操作一台机床，开始轮流操作两台机床，干了立钻，再干多轴钻。到了1972年，他又同时开动两部机床，交叉作业。他这样干，一天要提着9千克重的零件，在两台机床间来回跑，常常冬天穿一件单衣还流汗。有人见他这样拼命干，对他说：“你这样干下去，再干几年会累死的”。他豪迈地说：“没有干劲，争不了上游。怕苦怕累，就不能多做贡献!”就凭着这种拼命精神，1955—1972年，累计完成40年的工作量。

第二个特点是争分夺秒抢时间。李临庄从来就是8小时之内争分抢秒干，8小时外自觉加班加点干。对于加班，他有自己的看法，他说：“我不是加班，是在尽自己的义务”。1970年以前，他平均一天要上10小时的班；1970年以后，他每天干12小时活。为突击急件，他总是一连几天几晚不下班。从不睡午觉，星期天、节假日很少休息过，他把时间最大限度地用在生产上。1980年初，工厂调整生产线，他所在的车间搬迁到离他家0.5千米以外的新工房，过去上班只要三分钟就进了工房，现在要半个多小时，一天往返要花将近两小时。他不愿把时间白白丢在路上，每天早起床，吃完早饭，带上中、晚饭。跑步到车间干活，中、晚餐就在机床边吃。后来他买了一辆自行车，每

李临庄工作照

天又抢回了半个多小时的走路时间。李临庄的社会活动比较多，开会、学习要占去生产时间，他就在外出之前突击把任务干完。1981 年他去参加五届人大四次会议前的 10 多天，每天晚上干到 11 点多，临走前一天，又从早上 6 点多一直干到第二天早上 7 点。领导和同志们怕他受不了，劝他早些回去休息，他笑着说“没关系，到火车上正好睡觉”。1983 年 5 月李临庄参加六届人大前夕，连续几天干到晚上两三点，硬是实现了他 5 个月干完 3 年工作量的计划。

第三个特点是巧干争高速，优质保高产。李临庄总结自己的操作经验，从加工的工序、工量具的摆放，到零件装上装下的动作，甚至连干活时走路的步伐，都经过精心的计划安排，做到处处得心应手，迅速准确。特别是在操作过程中，注意革新改进，提高工作效率。1958 年李临庄实现 20 余项小改小革，提高的效益相当于 3 年的工作量，成为全厂著名的生产闯将和革新能手。以后，他巧干更上一层楼，仅 1974 年，他搞的小改小革和运用优选法成果就有 36 项。他很有感受地说：我一年干几年的活，巧干帮了大忙。

李临庄还注意处理好数量与质量的关系，坚持优质高产。他在生产中制定了保质保量的四条措施：一是干活前看清图样资料，问清历史情况，决不凭经验盲目加工；二是严格首件检查，使产品完全合格后再大干；三是加工中注意抽查，保持质量稳定；四是交接班清楚，互相交流保质经验。

李临庄就凭着这种拼搏精神，完成的生产任务一年比一年多，20 世纪五六十年代，他每年完成一年半到两年的工作量，70 年代，他每年完成 3 ~ 5 年工作量，80 年代头 3 年，他每年完成 6 年以上工作量。这位不知疲倦的生产闯将，他曾经制定了一个大干的宏伟目标：要在自己进厂 30 年的 1985 年，干满 100 年的工作量，他的宏伟规划在 1984 年初胜利实现了。李临庄以高度的主人翁责任感，为社会主义建设事业做出了出色的贡献，党和人民给了他很高的评价。1975 年，株洲市委授予他“铁人式工人”的光荣称号，1976 年，第三机械工业部授予他“跑在时间前面的人”的光荣称号，1977 年获“全国先进生产者”称号；1979 年获“全国劳动模范”称号。

李临庄于 1991 年退休，2005 年 12 月去世。

李相臣 1977年全国先进生产者 1979年全国劳动模范

李相臣（1929—2011.1），山东掖县人，1977年全国先进生产者、1979年全国劳动模范，中航工业西安航空动力控制有限责任公司（简称中航工业西控）工人、技师。1947年3月参加革命，先后在胶东西海兵工厂、胶东兵工厂、徐州兵工三厂、株洲七一工厂、株洲331厂当工人。1956年调入航空发动机附件厂（现中航工业西控）工具科当工人，后任金刚石小组组长。李相臣以中国工人的优秀品德，独立自主地创造了中国人造金刚石的历史，受到党和国家及企业的多次表彰奖励。1969年，应邀赴北京参加新中国成立20周年庆典观礼。1975年当选为第四届全国人民代表大会代表，1977年当选为党的十一大代表。1977年2月，被第三机械工业部授为工业学大庆先进个人，他所在的金刚石工具小组被授予工业学大庆先进集体称号。同年被国务院授予“全国先进生产者”称号，并参加了在北京召开的全国工业学大庆会议。1979年被评为陕西省劳动模范，同年被国务院授予“全国劳动模范”称号。2009年被陕西广播电台评为新中国成立以来陕西省100位感动的人物。1982年退休。2011年1月因病去世。

中航工业西控自建厂投产以来，金刚石笔一直靠苏联供应。20世纪60年代初，中苏关系交恶，苏联停止供给金刚石笔，当时生产金刚石笔是我国工业领域的一大难题。没有金刚石笔修整砂轮，厂里的磨床就得停工。直接威胁着工厂的正常生产。

李相臣当时是磨工，这种情况他看在眼里，急在心头，挺身而出，主动请缨由磨工改任金刚石工，并决心制造金刚石笔。这对于只有两年初小文化，一无任何技术资料、二无设备的李相臣来讲，简直是“天方夜谭”。但他不惧怕任何困难，科学面对，求真务实，和小组的同志们共同研究，请有关部门对进口金刚石笔进行光谱分析，配方试验。白天在厂里试验，夜里发动全家在家里继续试验，从空气烧结到气体保护烧结，经一年多时间的反复试验，终于在1962年夏，进口金刚石笔“断顿”之前，制成了我们自己的金刚石笔。经生产使用证明，国产的质量并不比洋货差！

金刚石笔的焊接，工厂一直沿用苏联的老工艺，采用气焊焊接，不但使小颗粒金刚石被气流吹掉造成浪费，而且焊接质量也不高。李相臣决心“走自己的路”，他自己绘图、自己动手到废料堆里找材料，将旧电器设备复苏利用，制成专用的电焊机，焊出的金刚石笔质量 100% 合格，且使材料消耗减少了 95%，多年来仅此一项就为国家节省资金 135 万元。

在参加了第三机械工业部召开的金刚石工具专业会议之后，他又提出制造金刚石工具的新目标。以他为首的金刚石工具小组，开始“土法上马”，反复试验，于 1966 年初，试制成功静压合成的金刚石，但质地软、产量低、成本高。能否造出高质量、低成本的金刚石，是李相臣的新追求。一次，他从报纸上看到可利用高温高压的办法将碳转化成金刚石，但需要压模和压力机，金刚石工具小组的全体同志在李相臣的带领下，自己动手造模具，背着干粮到兄弟单位利用晚间人家设备闲时搞试验。经过上百次的试验摸索，获得了模具材料、温度、压力等多项技术数据，又于 1966 年 7 月 1 日前夕，试制出人造金刚石微粉。

至此，李相臣他们并未止步，他又从《参考消息》上得到了苏联在爆炸原子弹时爆炸出人造金刚石的消息，于是，他们又开始了用炸药来爆炸金刚石的试验。

李相臣和金刚石工具小组的同志，将三四百千克重的试验器材，用人拉肩扛，到距工厂数十千米的渭河滩上“安营扎寨”。一连几个月，吃住在试验场的帐篷之中。有一次在试验过程中，因药量过大，将 20 多毫米厚的钢板一下子掀到几米高的空中，试验用的钢模被炸得稀巴烂，李相臣被爆炸冲击波掀倒，扭伤了腰，大家劝他回厂看病、休息，他说：“金刚石还没炸出来，我怎么能离开‘战场’呢？”

李相臣工作照

在李相臣的带领下，经过反复试验摸索，1970 年终于爆炸出金刚石微粉。1972 年“七一”前，又爆炸出聚晶大颗粒金刚石。从 1976 年开始在水中作爆炸的尝试，使金刚石微粉产量提高 2 ~3 倍，共生产出人造金刚石 3369 克拉。1966 年以来，他带领班组同志，相继研制成功了人造金刚石，并制成金刚石车刀、切割刀、套料钻等，1977 年后，又相继研制出金刚石研磨膏、珩磨条、砂轮、什锦锉等 10 余个品种的金刚石工具。

进入 20 世纪 80 年代，工厂大上民品，李相臣带领的金刚石工具小组实现了金刚石出口创汇，仅金刚石什锦锉，1981 年就向美国出口 1000 副，创汇 6.9 万元。之后又试制出 ϕ45 等 3 种规格的金刚石套料钻以及金刚石碗形砂轮、金刚石铰刀、牙钻、牙轮等，使金刚石工具的生产向其他领域延伸。同时也体现了李相臣报效祖国，在金刚石工具事业上的无限追求。

李相臣 1982 年退休，2011 年 1 月因病在西安去世。

张新远　1977 年全国先进生产者

张新远（1934.6—　），河南方城人，1977 年全国先进生产者，时任贵航集团清化精密量具厂（现中航工业贵州西南工具（集团）有限责任公司，简称中航工业西工）司机。1955 年 3 月参加中国人民解放军，1956 年 11 月加入中国共产党，1958 年 9 月分配到国营松陵机械厂（现中航工业沈飞），1969 年 7 月调到清化精密量具厂，1991 年调入贵州西南工具总厂（现中航工业西工），任汽车修理工和驾驶员。

张新远在工作中一贯严于律己、刻苦钻研业务技术，勤勤恳恳埋头苦干，从事汽车驾驶工作 35 年，安全行驶 80 万千米。他行车安全，注意节油，能够把一些废旧的汽车配件加以修理、改造和利用，从而节省大量的维修开支，为工厂降低成本挣得效益。无论驾驶大货车、大客车、小车执行任务，都愉快地服从组织安排。每次换车，他都毫无怨言，用自己刻苦钻研掌握的修理技术，使旧车变新颜。以前工厂深处山沟，职工出门不方便，只要条件允许，他都有求必应。几十年来，他都全心全意为企业和职工群众服务，深受职工的尊重。他曾多次荣获厂先进生产者和标兵、厂和局优秀共产党员。1977 年被国务院授予“全国先进生产者”称号；1979 年获得贵州省劳动模范；1988 年获得航空工业部先进工作者；1991 年获得航空航天部汽车驾驶员安全标兵称号。1992 年 7 月退休。

周立发 1977年全国先进生产者

周立发（1933.10—1988.1），黑龙江双城人，1977年全国先进生产者，时任国营惠阳机械厂（现中航工业惠阳航空螺旋桨有限责任公司，简称中航工业惠阳）工人。1953—1966年在国营伟建机器厂（现中航工业哈飞）车工；1966年7月—1969年2月，国营惠阳机械厂（现中航工业惠阳）第25车间车工；1969—1977年，任副工长、工长等职务。1973年3月加入中国共产党。1977—1982年，任31车间副主任、代理车间主任、25车间副主任等职务；1982—1985年，任9车间主任；1985—1987年，因病在家休养。周立发在国营惠阳机械厂第一次加工金属桨叶时，摸索出一整套的机加工序，为金属桨的研制及批产做出了积极的贡献。1987年4月退休。1988年1月因病去世。

1966年，周立发离开家乡来到地处河北省保定地区的国营惠阳机械厂（简称惠阳厂）工作。保定地区粮食比东北定量低、粗粮多、副食差，而且正值惠阳厂建成伊始，工作强度大，周立发对此毫无怨言，以满腔的热情，投入到工作中。

周立发在普通的机械加工岗位上，以自己勤劳、灵巧的双手，积极完成各项生产任务，积累了丰富的机加技术经验，赢得了工厂全体干部职工的尊敬，同时也为国家螺旋桨的发展做出了突出贡献。

1963年，航空工业局依据国家要求，决定让惠阳厂研制飞机金属桨。1967年金属桨转入试产，此时已成为业务骨干的周立发，勇挑重担，在工艺资料不稳定、加工技术都不成熟的情况下，带领机加小组投入到紧张的试制任务中。由于是第一次加工金属桨叶，毛坯和设备条件较差，小组成员都没有经验，周立发在尽量减少废品量的情况下，摸索出一整套的机加工序，为某型号金属桨的研制及批产做出了积极的贡献，同时也为后续其他螺旋桨的试制与生产奠定了良好的基础。

周立发在国营惠阳机械厂工作期间，荣获工厂先进生产者、铁人式的好工长、学习大庆模范标兵；1977年被保定市评为先进生产者，1980年、1981年被评为保定市劳动模范；1985年被评为保定市优秀党员；1979年被评为河北省国防工业劳动模范；1977年被国务院授予“全国先进生产者”称号，并出席全国工业

周立发（右）生活照

学大庆会议。

周立发 1987 年 4 月退休，1988 年 1 月 25 日因病去世。

董仁扬 1978 年全国先进科技工作者

董仁扬（1935.8— ），重庆人，1978 年全国先进科技工作者，时任国营新都机械厂（现中航工业成都发动机（集团）公司，简称中航工业成发）设计员。1960 年 7 月由北京航空学院发动机工艺专业毕业留校参加教改，1961 年分配到国营新都机械厂工艺处工装设计科任刀具设计员，1966 年 6 月—1976 年任刀具设计员，1976—1984 年任刀具室主任、主管设计师，1985 年 1 月—1997 年 9 月在工装设计科任工程数学室负责人。在成发工作期间，多次评为公司劳动模范和优秀党员；1978 年被国务院授予“全国先进科技工作者”称号；1978 年评为第三机械工业部先进个人标兵；1979 年获四川省劳动模范称号；1981 年被评为成都市优秀党员；1979 年、1984 年两次被评为成都市劳动模范；1993 年获四川省科技进步二等奖；1992 年被航空航天工业部授予有突出贡献专家称号，是享受国务院特殊津贴专家。1977 年当选四川省第五届人大代表。1997 年 9 月退休。

董仁扬从事刀具设计和研究 20 多年，有丰富的经验和较高的造诣，对数学在工程上的应用有深入的研究，尤其对工装计算机辅助设计技术的研究和软件开发有较深入的研究。

董仁扬是国家“七五”重点科技攻关项目 75－52－18/01、02、06、09 的课题负责人和主要参加者。董仁扬在长期的工作中，创造了工程计算的“向量矩阵法”，并注重将理论知识与生产实践相结合，注重解决工厂生产的实际问题，他结合生产实际完成的科研项目主要有两类：一类是在袖珍计算机 FX－702P 和 PC－1500 上开发了“常用复杂刀具计算机辅助计算软件包”，投入使用后效果很好，以前三四天的计算量，现在几分种就能完成。另一类是结合刀具设计中存在的问题和关键进行研究，并将成果撰写了论文《向量矩阵法在平面啮合问题上的应用》等，其中《用迴转面加工圆柱螺丝面》解决了加工螺杆泵的铣刀设计关键。

董仁扬组建了公司工程数学研究室，从零开始建立起了公司一套微机 CAD 工作站，培养了一支基本力量，并取得了丰硕成果。先后完成了“16 吨位冷冲落料模 CAD

董仁扬工作照

应用软件”、“渐开线直齿内外插齿刀 CAD 应用软件”、“CAD 支撑软件的改造与扩充”、“复杂刀具 CAD 专用数据库的建立”、“特形插齿刀 CAD 应用软件”等项目的开发，其中“插齿刀重磨后齿顶宽和齿轮根径的变化”解决了公司某些插齿刀寿命低的问题。

董仁扬于 1997 年 9 月退休。

杜金陵 1978 年全国先进科技工作者

杜金陵（1938. 1— ），江苏南京人，1978 年全国先进科技工作者，时任第三机械工业部科学技术情报研究所（现中航工业发展中心）室副主任。1956 年被保送到北京航空学院，就读数学力学系空气动力学专业。1962 年被分配到国防部第六研究院科技情报研究所，先后任技术员、情报研究组组长、飞机情报室副主任、主任，副所长、党委书记。1985 年调任航空工业部综合计划司副司长，1988 年任航空航天工业部综合计划司副司长。1990 年任航空航天工业部人事劳资司司长。1993 年任中国航空工业总公司总经理助理，1995 年任中国航空工业总公司总经济师，1998 年任总公司科学技术委员会副主任，1999 年任中国航空工业第一集团公司科学技术委员会副主任。是享受国务院特殊津贴专家。1978 年出席了全国科学大会，并获“全国先进科技工作者”称号。2004 年退休。

杜金陵在 1962—1985 年的 23 年从事科技情报工作期间，先后主编过国外《超音速风洞》大型图册和译文汇编；合译《飞机空气动力学设计》一书；独译《法国四种战斗机设计方案》、《超音速最优气动力外形设计》、《美国 50 年代气动力研究》、《为保持美国航空工业竞争力，急需优先发展的课题》；撰写《国外航空研究》、《随控布局法》、《美苏航空技术水平与展望》等论文。

“文化大革命”结束后，航空工业急需制订科研发展规划，追赶世界先进水平，杜金陵主编了《美苏航空技术水平及我国差距》一书。根据模糊数学的原理，从定性和定量相结合的角度上，分析了重大航空技术突破的历史进程，提出了我国与世界先进水平相差至少 20 年，并以当时美国 F－16 战斗机为典型参照系，提出了我国战斗机急需发展的科研规划建议，取得了有关方面的共识。1971 年参加了航空工业气动力规划的制订。

杜金陵在航空工业计划管理工作中，参与制订了航空工业“七五”科研计划、“八五”规划、“九五”规划、2000 年发展战略、2000 年腾飞计划和航空工业调整方案。在担任航空航天工业部人事劳资司司长期间，积极推进人事劳资三项制度改革。在担

杜金陵工作照

任中国航空工业总公司总经理助理期间，参与策划和制订了航空工业四大飞机厂和两大发动机厂的民机、直升机、发动机、汽车及相关补偿贸易捆绑在香港上市的方案，获得香港联交所的支持与肯定，后因种种原因在国内未获批准。

在担任总经济师期间，杜金陵参与策划和筹备控股公司、筹建集团公司、企业脱困、公司上市、现代企业制度试点、年薪制试点、型号项目公司管理体制改革等工作。

1986 年以后，杜金陵被评为研究员，并被聘为航空工业部高级专业技术职务评审委员会委员、航空工业部科技委委员、战略研究组组长、航空科学研究基金会副理事长、《新中国第一》大型活动史料评审委员会委员、国防科工委软科学评审委员会委员、国防科技工业管理与政策指导委员会委员。

1998 年后，杜金陵还担任中国工业经济联合会常务副会长、主席团主席，中国名牌战略推进委员会副主任。

杜金陵多次被评为部、所的先进工作者。他主编的《美苏航空技术水平及我国差距》，获航空工业部科技成果二等奖。

杜金陵于 2004 年退休。

顾家源 1978 年全国先进科技工作者

顾家源（1936.10— ），上海市人，1978 年全国先进科技工作者，中航工业兰州飞行控制有限责任公司（简称中航工业兰飞，兰飞）工人，技师。1956 年 3 月参加工作，1956 年 3 月—1958 年 10 月第二机械工业部航空工业局第 221 厂（现中航工业太航）工人，1958 年 10 月调入国营新兰仪表厂（现中航工业兰飞），镗工、镗工组负责人。1980 加入中国共产党。顾家源在工作中刻苦钻研、技术精益求精，积极开展技术革新，他创造的硬质合金微型机夹精镗刀，填补了我国微型机夹小刀具的空白，达到当时世界先进水平。1978 年以来先后荣获甘肃省先进科技工作者、甘肃省工业学大庆先进个人、甘肃省国防工业模范标兵、第三机械工业部工业学大庆先进个人、全国发明大会先进个人、甘肃省金切技术一等奖、中航工业总公司科学技术重要贡献奖，1978 年被国务院授予“全国先进科技工作者”称号。1978 当选为省、市、区人民代表；1979 年当选全国技协常委，甘肃省、兰州市技协常委。1996 年 9 月退休。

顾家源在兰飞近 40 年工作生涯中，坚持科学态度，技术上精益求精，热心技术革新，尤其是在创新发明中较为突出。在创新刀具方面，创造了硬质合金微型机夹精镗刀。由于此刀具的独特风格，推翻了 $\phi10$ 之内不能机夹的论点，填补了我国微型机夹小刀具的空白，达到当时世界先进水平。1977 年光荣参加了在哈尔滨市召开的“全国刀具交流大会”，并应邀出席了“北京先进刀具交流大会”，进行了先进刀具表演和交流，受到了工人和技术人员的欢迎，他的技术得到了进一步的肯定和好评。中共中央政治局委员、中共北京市委书记、全国总工会主席倪志福观看了他的表演，在仔细观看了刀具结构后，给予了很高评价。在现场他还接受了《北京日报》、《工人日报》等报纸的新闻工作者的采访。报道中称东北有“大刀”，西北有“小刀”，刀具虽小，影响很大。

顾家源积极参加到科学技术交流活动中去。他利用生产空隙和业余时间，查资料、想办法，用了一年多时间研究，设计制造出了能加工 $\phi3$ 的小孔的机夹精密精镗刀。1978 年，在参加科学大会以后，又设计出了 16 种结构的微型机夹精小镗刀，既可机夹钻石，又可机夹宝石。首把小镗刀，是受弹簧夹头原理和用筷子夹菜的启发，用了一年多时间，终于在 1975 年设计成功了第一把精密镗刀，形式上有弹夹式、直楔块式、斜楔式、助锁式等精镗刀。最小的机夹硬质合金精镗刀，可加工孔为 ϕ0.75 的小孔，还可以加工硬度为 60HRC 以下零件。1978 年他再接再厉，又搞出了 8 种不重磨式硬质合金微型机夹精镗刀，在省内外、国内许多地区交流推广起到了推动作用，为国家节约了钢材，缩短了辅助时间，提高了军品质量和生产进度。顾家源还在刀具交流会和学习班上进行宣传，参加学习班同志抱着怀疑态度来学，获得满意结果而归。学习班的师傅讲“你胆子真大，敢想敢干”。

顾家源在设计微型机夹精镗刀的同时，还设计出了“中心校正器”、“数字显示千分尺”。“中心校正器”是一种校正工具，根据杠杆表原理改变了校正方法。过去是工人观察表要跟着百分表来回转，比较疲劳，也不方便；为了改变观察，此表不用工人跟着来回转，降低了工人劳动强度，缩短了校正时间，同时还可以开车找正，不但可适合镗床上使用，也可以在车床、铣床上使用。

“数字显示千分尺”是依据电表中数字增减的原理，结合自己加工零件精度高的特点，苦心琢磨自行设计出来的。这是一种能用数字显示测量尺寸的千分尺。使用它可大大减少测量误差和读数误差，给确保产品质量创造了条件。“数字显示千分尺”在技术交流中被某兄弟厂采纳，且成批生产。

顾家源在工作中一丝不苟，不断创新，有他自己的一套镗床操作方法，在机床精度磨损情况下，能出色完成各类高精度模具中的主要零件加工，完成了高精度的军品模具 23 套校孔模具零件，保证了“校孔模”顺利进入配套任务。他在参加全国先进刀具会议之后，又设计出了“T 形铣刀刀具”、“马蹄式机夹精镗刀”。

顾家源工作照

在民用产品的生产中，顾家源设计出了培养菌苗的辅助设备“摇瓶机”、“晃瓶机”、“洗瓶机”、“菌苗观测台”、“冲瓶机”、“研磨工具”、“胡萝卜素灌装机”、“列车上用升降售货车”等多种民用产品。在郑州召开的民用产品交流会上，“胡萝卜素灌装机”获得了民品优秀奖。

顾家源在担任技协工作中，多次参加外省市技术交流推广会，一次在推广会中，从废品中就创收了 40 多万元的经济效益。

顾家源的先进事迹和科技发明成果先后在《北京日报》、《工人日报》、《解放日报》、《重庆日报》、《福州日报》、《甘肃日报》、《兰州日报》、《甘肃技协报》等报道刊登；他的关于《微型机夹精镗刀》获得了甘肃省先进刀具论文三等奖。

顾家源于 1996 年 9 月退休。

郭振光　1978 年全国先进科技工作者

郭振光（1927.3—　），福建仙游人，1978 年全国先进科技工作者，中航工业长沙中传机械有限公司（简称中航工业中传）技术员。1949 年 6 月参加中国人民解放军华东随军服务团，任警卫班班长，后任中共惠安县委干事。1951 年调到共青团福建省委任编辑。1952—1957 年，在华东航空学院（现西北工业大学）学习，毕业后分配到国营湘江机械厂（现中航工业南方）任工艺员。1966 年调到湘西沅陵国营五一机械厂（现中航工业中传），担任工艺技术员。郭振光把专业知识和坚韧不拔的精神运用在工艺技术改革创新上，和同事潜心研究，持续改进，经过多次的试验研究，创造出“蜗杆式珩齿”，并发展“内啮合珩齿”新工艺，改革了传统的“滚—剃—珩”为“滚—珩”工艺过程，缩短了生产周期；延长了珩磨轮使用寿命，降低了工具费用，实现了用珩齿代替磨齿加工和研齿加工的创举。1978 年出席全国科学大会，被授予“全国先进科技工作者”称号。1985 年 10 月离休。

1952 年，应航空工业建设的需要，郭振光被选送到南京市华东航空学院学习。1957 年毕业后，分配到国营湘江机械厂工作。1966 年响应国家支援“三线”建设的号召，到湖南省沅陵县刚刚组建的国营五一机械厂工作，从事齿轮工艺技术工作。

郭振光在几十年的工作中，把坚韧不拔的精神运用在工艺技术改革创新上。齿轮珩磨工艺，是苏联留下的一种旧工艺，生产效率低，干活又脏又累，而且只能改善齿面粗糙度，不能提高齿轮的精度。针对这一技术难题，郭振光和同事潜心研究，持续改进，经过多次的试验研究，创造出“蜗杆式珩齿”，并发展“内啮合珩齿”新工艺。通过实践证明，该新工艺技术可以有效地提高齿轮的精度，打破了“珩齿工艺只能降低齿面粗糙度”的传统观念，并将此技术成功地应用于生产，从而使珩齿工艺得到新发展。这项齿轮精加工技术，具有广阔的前景和较高的经济效益，可广泛应用于航空、汽车、机床、摩托车等机械加工领域。

采用该项新工艺，提高了珩磨轮的精度和速度，以增强修正齿轮误差的能力；改革传统的“滚—剃—珩”为“滚—珩”工艺过程，缩短了生产周期，延长了珩磨轮使

郭振光（中）指导操作人员使用珩齿新工艺

用寿命，降低了工具费用等。据不完全统计，国营五一机械厂从 1967—1988 年间，共有 102 种齿轮应用新型珩齿工艺，取得了显著效果，淘汰了落后的研齿加工，提高生产率 5～10 倍，实现了用珩齿代替磨齿加工和研齿加工的创举。

20 世纪 70 年代，在试制“航空无人机”的齿轮时，由于齿轮模数小，精度要求高，当时没有小模数齿轮磨齿机床，就采用“蜗杆式珩齿”新工艺加工，顺利完成试制任务。

郭振光改革创新这种新型珩齿工艺技术，在湖南省科学大会上荣获科技成果奖。新工艺的研究成果论文于 1979 年在第二届全国机械加工学术年会上宣读，并在《航空工艺技术》、《机床》、《汽车技术》、《齿轮》、《机械制造》、《航空制造工程》等多个杂志上发表，引起机械制造行业的广泛关注。湖北长江机床厂根据这一新工艺原理，与工厂合作开发出“Y4732 型蜗杆珩轮珩齿机”，该机床不但能珩直齿、斜齿圆柱齿轮，还可珩鼓形齿轮、小锥度齿轮，对被珩齿轮各项精度均有不同程度的提高，促进了该项新工艺的推广和应用。该机床为国内首创，填补了我国齿轮加工机床的空白，荣获 1987 年湖北省科学技术进步奖二等奖。该新工艺技术还入编《机械加工工艺手册》、《齿轮手册》等书刊上，有力地推动该新工艺的全国推广应用，使这项科研成果迅速转化为生产力。

1996 年，郭振光的业绩被收录当代中国人才库《中国专家人名辞典》。

郭振光于 1985 年 10 月离休。

胡　忠　1978年全国先进科技工作者

胡忠（1921.12—1996.10），江苏江阴人，1978年全国先进科技工作者，时任第三机械工业部科技局冶金处负责人。中共党员，高级工程师。1933—1939年先后在无锡铸造厂，苏州、上海铸造厂当工人；1940年参加新四军，先后任特务连班长、军工科铸造组组长、军工部股长、军械部副科长、机器所主任等职；1953—1955年在国营第120厂（现中航工业哈飞）冶金科任副科长兼车间主任；1955年8月—1958年9月在北京工业学院、北京航空学院学习；1958—1964年国营陇西铸造厂（现中航工业制动）任总冶金师；1964—1968年国营秦岭电工厂（现中航工业电源）任总工程师；1968年4月起先后任第三机械工业部41所（热加工工艺研究所）负责人，三机部生产指挥部副部长，三机部科技局冶金处负责人，热加工工艺处处长。1980年被西北工业大学聘为材料科学与工程系兼职教授。胡忠是热加工（铸造）工艺的专家，攻克了形状复杂、质量要求高的高难度铝镁铜合金铸件科研生产中的一个又一个技术难关，解决了国防工业的急需。1965年与张锡卿、朱世良合著《铝镁合金铸造实践》，1990年与张启勋、高以喜合著《铝镁合金铸造工艺及质量控制》。1951年荣立华北军区后勤部政治部二等功；1953年荣获第二机械工业部东北区劳动模范、哈尔滨市先进工作者；1978年参加全国科技大会，获“全国先进科技工作者”称号；1979年获三机部先进工作者；1991年获航空航天部劳动模范称号。1982年12月离休。1996年10月去世。

胡忠作为航空工业热加工（铸造）工艺的专家，在技术上能够刻苦钻研，勇于实践，大胆创新。他经常在部内外奔波，与全国各地有关工厂、研究单位和学校攻克了飞机、坦克发动机、鱼雷发动机、航空发动机、导弹、原子弹、核潜艇、卫星等形状复杂、质量要求高的高难度铝镁铜合金铸件科研生产中的一个又一个技术难关。

20世纪50年代初期，胡忠创造了利用氯氟石砂模镁合金铸造法，为我国第一次试制成功镁合金铸件。

1952年，胡忠创造渗透溶解法，制造磷铜中间合金，提高了磷铜质量，降低成本2/3。此方法推广到各工厂广泛应用。

胡忠帮助国营第511厂（现中航工业金城）试制汽化器铸件。由于零件形状复杂，质量要求高，技术难度大，长期过不了关。经过改进浇铸系统和熔化工艺、模具温度等工艺参数，不到一个月的时间攻克了难关，得到航空工业局和工厂的好评。

1964年，胡忠帮助国营西安机械厂（现中航工业西控）试制航空燃气铜转子铸件，改变了苏联工艺，将原来10%的合格率提高到80%以上。

1963年在国营陇西铸造厂（现中航工业制动）由胡忠兼任科研组组长，领导并参加了顺序结晶新工艺的研究工作，经过两年的努力，终于铸出了大型薄壁，每年可为国家节约几十万元，直到现在此工艺仍在使用。

1968年，胡忠与北航组成攻关小组，采取普通砂型代替顺序结晶新工艺，成功地铸造了比红旗一号导弹壳体还要复杂的靶机机身的大型镁铸件，在国内是首创。

1978年帮助国营峨嵋机械厂（现中航工业成飞）攻克大型镁铸件技术难关，使某产品合格率由10%提高到90%以上。同年帮助国营安吉铸造厂（现中航工业安吉精铸）攻克铝合金导弹挂件的铸造难关，使合格率达到80%以上。

20世纪70年代，胡忠还帮助国营东安机械厂（现中航工业东安）攻克某发动机机匣镁铸件问题；帮助第621研究所（现中航工业航材院）解决某直升机大型镁铸件技术难题；以及七机部人造卫星井字梁大型镁铸件；五机部坦克发动机大型汽缸件、铝合金铸件质量问题；第二机械工业部原子弹大型镁铸件问题等，解决了国防工业的急需，为国家节约了大量的财富，同时创造了很大的经济效益和巨大的社会效益。

胡忠工作照

胡忠在担任国营陇西铸造厂和国营秦岭电工厂总冶金师和总工程师期间，负责组织领导试制、生产和技术管理工作，组织各种机种的飞机轮毂和大型飞机发动机镁合金铸件的生产，圆满完成了任务。

胡忠于1982年12月离休，1996年10月去世。

嵇钧生 1978 年全国先进科技工作者

嵇钧生（1936. 5— ），江苏镇江人，1978 年全国先进科技工作者，时任第三机械工业部精密机械研究所（现中航工业北京航空精密机械研究所，简称中航工业精密所）技术员。1960 年毕业于清华大学精密仪器系，并任教。1962 年调第三机械工业部精密机械研究所，从事光学精密仪器、测试技术、视景模拟等工作。1987 年起任研究员，是享受国务院特殊津贴专家。嵇钧生主持过 10 多项科研项目。主要获奖项目有：光学工具技术、劈锥检查仪，1978 年获全国科学大会奖；光学探头，1979 年获部科技进步二等奖；歼 6 飞行模拟机（总体组成员、视景分系统负责人），1983 年获部科技进步一等奖，1985 年获国家科技进步一等奖；汽车驾驶训练模拟系统，1990 年获国家级新产品证书，1995 年获航空工业总公司科技进步二等奖。嵇钧生曾获得 1963 年北京市五好职工奖章。1978 年参加全国科学大会，并获得“全国先进科技工作者”称号。10 余次获部、所先进工作者、优秀共产党员等称号。嵇钧生任北京市光学学会理事、中国兵工学会光学分会委员、部科技局预研专家及北京市科委咨询专家。著有《光学工具技术》、《英汉光学术语释义词典》，兼任《航空精密制造技术》杂志编委，主持编译技术文集数本，发表科技论文 30 余篇。1996 年退休后继续从事科研工作，完成 CCD 器件拼接仪等科研成果。1999 年任首都国庆 50 周年群众游行总指挥部专家。2010 年任中国工程院“抗疲劳制造与长寿命关键基础构件研究发展”咨询研究项目总体组成员。

飞机型架是飞机部件和整机组装的重要部件，要求精确装配并有足够的刚性。用光学仪器安装型架，关键是要有一整套的“光学工具”，包括测微准直望远镜、坐标经纬仪、直角头、各种光学目标等仪器和装置。通过光学工具组成空间三维测量定位系统，进行型架构件的精确安装。这些工具依靠进口，需要大量外汇，且受制于人。第三机械工业部刘鼎副部长指示精密机械研究所研制。嵇钧生担任课题负责人。

这套设备的特点是精度高（秒级、微米级），不但光学系统的调焦直线性精度很高，而且光学视线和机械轴线要高度重合，以保证利用机械镜管定位时，光学视线能精确瞄准定位。为尽量减小工作场地面积，适应不同距离型架构件的安装要求，准直望远镜需具有从零距离到无穷远精确调焦的功能。光学设计难度大，需对不同距离的目标消除像差。当时靠对数表和手摇计算机计算，工作量很大，几乎每天都要加班加点。此外高精度镜管加工、光学直角头和光学目标的制作，以及长距离直线性的测量都是难题。嵇钧生团结课题组同志及工人师傅，利用精密所具有强大的光、机、电和设计、工艺综合能力的基础，协调一致，克服种种困难，完成了任务，达到了国外同类产品的水平。在陕西机械厂（现中航工业西飞）的工艺试验中取得很好效果。

为了推广这项技术，课题组举办了全国飞机制造厂工艺员培训班，使光学工具在各个型号飞机，特别是如轰 6、运 10 等大型飞机的型架安装中得以应用。此项技术后来转到国营永红机械厂，批量生产了数百套，对我国型架安装工艺的改造做出了贡献。

为使这项技术在航天及大型机械设备的安装调试中也得到应用，嵇钧生和课题组同志编著了约 30 万字，400 幅插图的《光学工具技术》一书，出版后获得普遍好评。1978 年，此课题获得了全国科学大会奖。

1976 年，国防科工委下达了歼 6 飞机模拟机的研制任务。第三机械工业部航空研究院当即成立研制办公室，组织全国百家单位参加，并成立由北京航空学院、国营曙光电机厂（现中航工业曙光）和精密所组成总体设计组，下设分系统研究组。嵇钧生被任命为总体组成员及视景模拟分系统负责人。其中关键设备有两项：一是光学探头，要设计观察距离从零到无穷远的光学系统，同时要设计一套与光学系统配合，能对不同距离模型调焦，且能模拟飞机横滚、俯仰姿态的运动机构。另一项是单枪式油膜光阀彩色投影系统，牵涉到光学、电子学多种学科，这些技术当时是 GE 公司的独有技

嵇钧生工作照

术。理论分析、设计和制造难度都很大，嵇钧生承担了光学系统和相关部件的设计。通过和中科院电子所的协作，设计了含有输入输出共轭机械光栅光阑的光学系统，对光线进行分离和阻隔，投射到油膜光栅，使不同色光衍射后在大屏幕上合成彩色图像，形成模拟飞行视景。

歼 6 飞行模拟器完成后装备了空军，是我国第一台先进的飞行训练模拟器，1983 年获得航空工业部科技进步一等奖，1985 年获得了国家科技进步一等奖。嵇钧生作为主要参加者获得了个人奖状。

除此之外，嵇钧生先后主持和参加过 10 多项军、民品科研课题，专业范围涉及光学精密仪器、测试技术、模拟仿真和微细加工等。有的填补了当时的国家空白，有的获得了国家级新产品称号，有的解决了生产、科研单位难题。

1996 年嵇钧生退休后，于 1999 年编著出版《镇江沦陷记》，2001 年编著出版《风雨人生路——嵇直纪实传奇》，在全国主流报刊发表各类文章百余篇。

陆孝彭 1978年全国先进科技工作者

陆孝彭（1920.8—2000.10），江苏常州人，1978年全国先进科技工作者，飞机设计专家，中国工程院院士，时任国营洪都机械厂（现中航工业江西洪都航空工业集团有限责任公司，简称中航工业洪都）强5飞机总设计师。1937年，考入重庆中央大学航空工程系，1941年毕业。1944年12月起，赴美国、英国航空企业实习。1949年在上海华东军区航空处研究室工作，1950年10月在北京南苑飞机修理厂任主管工程师，1958年8月调国营洪都机械厂工作，历任主管设计师、设计室副主任、飞机设计所副所长、所长、工厂副厂长、科技委主任、强5飞机总设计师等职。1980—1982年兼任南昌航空学院院长。

陆孝彭是我国自行设计的第一架喷气式教练机及超声速喷气式强击机的主管设计师，并参加了歼12飞机的设计工作。强5飞机的诞生揭开了我国自行设计制造超声速喷气式强击机并大量装备部队的序幕，填补了中国航空工业的一项重要空白。陆孝彭曾主持变后掠技术重大课题研究，在气动布局、机翼优化设计、驱动机构和飞控系统方面取得突破，获国家科技进步奖二等奖。还主持高超声速空天往返载人系统第一级总体方案课题研究等，并获得多项成果。陆孝彭1978年参加全国科学大会，被授予“全国先进科技工作者”称号；1984年获航空工业部先进工作者称号；1990年获国务院政府特殊津贴专家；1991年获得首届航空金奖；1992年获江西省科技精英奖，同年被航空航天部授予有突出贡献专家称号。曾当选为第四、第五、第六届江西省政协副主席，第四、第五、第六、第七届全国人大代表，江西航空学会理事长，名誉理事长，江西省科协副主席、航空工业部科技委委员，中国航空学会第二、第三届常务理事等职。1995年7月当选中国工程院院士，2000年8月成为中国工程院资深院士。2000年10月因病在北京去世。

主要事迹见《中国航空工业人物传·专家篇①》。

潘善明 1978年全国先进科技工作者

潘善明（1937.10— ），广东顺德人，1978年全国先进科技工作者，时任第三机械工业部第四设计院（现中国航空规划设计发展有限公司，简称中航工业规划设计）工程师，是享受国务院特殊津贴专家。1962年毕业于华中工学院热能动力装置专业，1962年8月—1985年7月第三机械工业部第四设计院（现中航工业规划设计）任动力科助工、工程师；1985年7月—1997年10月任高级工程师、研究员。1997年10月退休。

潘善明一直从事民建供热工程专业设计与科研工作。1977年主持采用水力加速循环澄清池进行锅炉给水镁剂除硅处理的工业试验和工程设计获得成功。1978年因参加研制“PW型旋风式除尘器”和主持研制“舌板式锁气器”获全国科学大会奖，出席全国科学大会，并被授予“全国先进科技工作者”称号。1982年因主持研制“XPX－Ⅱ型下排水烟式旋风除尘器”获得航空科技成果二等奖，并被城乡环保部和机械工业部选入全国环保科技成果汇编及《工业锅炉产品配用旋风除尘规程》JB/Z218—84中12种优选除尘之一。1987年因参加援朝工程获得朝鲜三级国旗勋章。1989年设计的“安全快速汽－水混合加热阀”获中国专利，并被入选《中国专利技术精选》与《中国最近短平快专利技术3000项》。1994年主持修编全国通用建筑标准设计图集《舌板式锁气器》，其中新设计的“带连杆闭锁机构”获中国专利。2003被全国勘察设计注册工程师委员会聘为全国注册公用设备工程师（动力工程）执业资格考试专家组成员。2006年被全国勘察设计注册工程师委员会评为优秀专家。2009年3月因主持编制国家建筑标准图“锅炉房风烟道及附件”在2008年度全国优秀工程勘察设计行业中获建筑工程标准设计三等奖。

潘善明于1997年10月退休。

沈祖显　1978 年全国先进科技工作者

沈祖显（1916.8—1986.9），湖南湘乡人，1978 年全国先进科技工作者，航空仪表、电气专家，我国航空仪表、电气技术奠基人之一，时任第三机械工业部第 301 研究所（现中航工业综合技术研究所，简称中航工业综合所）工程师。长期从事仪表、电气元器件的研究及新技术攻关和推广工作。1936—1940 年在湖南大学学习。1940 年毕业后进入成都空军仪器修理所、修造厂，担任技术员。1943—1944 年在成都空军机械学校高级班学习。1944—1946 年在空军从事飞机修理工作。1946 年被派往美国空军机械学校学习，1947—1948 年，在南京国民政府空军驻华盛顿办事处任职，1948—1949 年在南京国民政府空军驻斯立克航空公司任驻厂检验员。1949 年回国并投奔解放区，历任空军机务处副工程师，空军工程部修理处工程师，航空工业局生产处三科工程师、副总工艺师、副处长，第三机械工业部航空仪表处总工艺师、副处长，综合技术研究所副总工程师、副所长、总工程师、科技委主任等职。1964 年当选为第三届全国人民代表大会代表，1978 年起当选为第五届和第六届全国政协委员。1978 年参加全国科学大会，并获得“全国先进科技工作者”称号。1979 年加入中国共产党，1984 年被评为航空工业部劳动模范。1984 年 11 月离休。1986 年 9 月去世。

20 世纪 50 年代初期，我国航空电位器使用的铂铱合金奇缺，影响型号装备的生产交付。为了解决此问题，沈祖显查阅大量资料，进行对比分析，提出了采用金基合金代替铂铱合金的建议。但是，采用金基合金需要解决一系列工艺、技术等难点问题。为了解决这些为问题，沈祖显积极奔走于科研、生产、用户之间。1967 年，他先后在昆明和北京召开了多次金基合金的技术交流会和航空材料有关标准的审定会。1975 年，金基合金不仅成功地广泛应用于航空工业有关产品上，而且还被推广到全国其他一些部门，并于 1978 年被纳入国家标准。金基合金的采用，仅在第三机械工业部国营第 221 厂（现中航工业太航）平均每年就为国家节约外汇 80 多万美元。

1973 年秋，在北京举办的法国展览会上，沈祖显看到了一种质量好、可靠性高、具有发展前途的线簧式插孔，从国外引进需要 800 万元，引进成功后还要支付利润分成。为了给国家节约外汇，沈祖显下定决心自行攻关。在他的指导下，河南伊川航空接插件厂成功地研制出了线簧插孔自动装配机。这种接插件不仅在航空行业广泛应用，而且也被邮电、铁路、计算机、造船和无线电等行业所采用，得到使用单位的一致好评。沈祖显不仅促进了我国航空接插件的更新换代，同时使我国航空接插件的生产具备了从仿制转向独立设计的能力。

电刷的磨损直接影响航空电机的使用寿命，苏联制造的有色电刷寿命短，而黑色电刷换向性能好，寿命可高达3000小时。为了攻破这一难关，沈祖显协助国营曙光电机厂（现中航工业曙光）研制了一台电刷地面模拟试验机提供给电碳厂所试验，采用二硒化铌固体润滑剂加石墨的电刷运转良好，从而延长了航空电机的寿命，解决了多年未能解决的电刷磨损、换向火花大等技术关键。

沈祖显总是把国家和集体的利益放在第一位。1976年，他因病住院期间，把经办的15项技术问题逐条写出意见，并做好相关安排。他十分惦记国营武汉航空机械仪表厂（现中航工业武仪）进行的电位器电刷摩擦力矩试验情况，大病初愈就再次前往武汉，而且冒着雪步行走了3个多小时。

1951年，他把国家发给他的奖金全部上交；三年困难时期，他多次写信要求降低自己的工资；1966年，家乡办厂需要钱，他寄赠1000元；1976年，他拿出600多元买了一架照相机，放在工作单位供大家翻拍各种资料；1982年，组合夹具学习班上，录音机不够用，沈祖显又拿出1000多元买了10台录音机和10盘磁带，连同自己家里的一台电视机亲自送到学习班，供大家使用。

沈祖显工作照

1984 年 11 月，沈祖显离休，但他人离心不离。1986 年在全国政协会议上提出对制冷压缩机生产线引进问题进行考察的提案，他先后到西安、黄石等地出差 20 余天；为了解决航空模具材料问题，又到陕西兴平考察；6 月，参加航空工业部科技委在广西召开的工作会议。

1986 年 9 月 27 日，沈祖显在参加国家计委的工作会议上，心脏病突然发作，经抢救无效，与世长辞。

王仁智 1978年全国先进科技工作者

王仁智（1932.8— ），山东烟台人，1978年全国先进科技工作者，中航工业北京航空材料研究院（简称中航工业航材院，航材院）研究员，享受国务院特殊津贴专家。1956年毕业于哈尔滨工业大学机械系金属学热处理专业，同年分配到第二机械工业部第六研究所（现中航工业航材院）工作。在40多年工作中，一直坚守在航空工程技术科研第一线上，利用掌握娴熟的常规力学和物理的以及现代的X衍射仪、透射与扫描电镜等测试工具，主要从事航空材料及其零件的疲劳断裂专业基础理论研究，依据这些基础理论从事改善金属材料/零件疲劳断裂抗力的各种表面处理工艺技术的试验研究。先后在国内外刊物上发表论文200余篇，主编出版《机械产品失效分析丛书》11部，主编出版6国文字《金属材料词典》1部。2011年出版个人专著《金属材料的喷丸强化与表面完整性论文集》1部。1978年出席全国科学大会，并获得“全国先进科技工作者”称号；1979年获航空部授予的全国先进工作者奖状；1992年航空部授予有突出贡献专家证书。曾获得国家科技进步一等奖1项、二等奖1项、三等奖4项。被美国工程师协会收入1995年“世界工程师名人录”（第9版），被国家科委收入1996年电子版的“中国科技名人录”。1997年离休。

1960—1962年，涡喷5发动机涡轮叶片第1榫槽开裂故障率一度曾高达20%～30%。第三机械工业部与空军共同商讨决定，由新中国自己培养的年轻工程技术研究人员接手解决叶片榫槽开裂故障的瓶颈难题，航空材料研究所金属物理研究室王仁智参加了此项工作。他采用X射线背反射照相法，对叶片榫槽表面用电抛光去层法测定每一层多晶体特定晶面的X射线谱线衍射线积分宽度（β）随叶片榫槽深度的变化，找出问题的原因，并采用“去层电抛光工艺”翻修叶片榫槽。用该工艺处理的叶片通过发动机长试后，经检验无一片榫槽发生开裂，效果非常良好，很快获得上级主管部门批准使用。

“去层电抛光工艺”一诞生，因每次返修榫槽厚度需减薄1.45mm，翻修几次其厚度就减薄到图样规定的下限尺寸而致使叶片报废，造成较大的经济损失。为了寻找更好的方法，王仁智把近百年来能找到的新老表面处理工艺做了一次盘点，对比分析，最后决定采用表面喷丸工艺。经反复试验完成了新叶片、使用不同寿命叶片的多种实物叶片榫槽的高温疲劳断裂试验。其结果清楚地表明：新叶片榫槽的疲劳断裂寿命高于使用过的叶片的寿命，但经过喷丸处理的旧叶片开裂寿命又高于新叶片的寿命。最后，把采用发生过 1 ~ 2 次开裂的同台发动机中选出一批未产生开裂的叶片进行喷丸处理，然后装在发动机上进行长试，结果无一个榫槽发生开裂。从 1965 年到 1968 的 3 年多里，共完成了 4 批 3 个种类的疲劳试验，从不同角度不同方法获得的试验结果一致证明，喷丸强化完全具备了在不影响榫槽部位厚度尺寸的条件下，能够改善叶片叶身（700℃、750℃）与其榫槽应力集中部位（550℃）的高温疲劳断裂抗力。至此，北京航材院与空军 16 厂联合向空军后勤部工厂管理部递交了以新研发的“表面喷丸强化工艺”取代去层电抛光旧工艺的批准申请报告，并较快地得到上级机关批准。

从 1969 年 12 月 26 日起，空军 16 厂、17 厂、24 厂 3 个厂分别采用喷丸工艺翻修叶片叶身与榫槽。之后，经过喷丸强化修理的叶片，其使用寿命由苏联原定的 640 h，延长至 1250 h。经过一段使用时间，又从 1250 h 延长到 1450 h。1962 年以前根据苏方提出的“叶片持久强度下降论”的论点而误定报废但未毁掉而是在仓库内保管的那些良好叶片，经过喷丸处理后又装上发动机使用，无须再向航空制造厂购买新叶片，为空军修理厂节省了一笔可观的维修费用。

喷丸强化工艺在改善叶片高温疲劳断裂抗力的应用研究中，王仁智发现了喷丸强化机理中另一种新的强化机制，即“显微组织结构强化机制”的客观存在。经过多年的研究，王仁智把该理论上的严谨证明等全部定格在《金属材料的喷丸强化原理及其强化机理综述》论文中，该论文已被《中国表面工程》杂志编辑部选定为 2011—2012

2006 年王仁智（右一）与航材院党委书记沈德官在一起

年度优秀论文（2012年第6期）。弹簧业内3位专家在评审该论文的评语中写道，喷丸强化处理除了“应力强化机制”之外，被王仁智先生新提出的另一个“组织结构强化机制”，标志着半个多世纪以来喷丸强化工艺技术发展到了一个新的里程碑。

王仁智在航空工业乃至我国整个机械制造工业中完善了喷丸强化工程的建立，系统地研究了喷丸引入材料表层残余压应力场和表层循环塑性变形组织结构与材料室温和高温疲劳断裂抗力之间的关系。除了原有的为世界喷丸届共认的应力强化机制之外，由此王仁智又提出了另外一个新的“组织结构强化机制”。编写并出版了一整套实施喷丸强化工艺技术必须遵循的指导性技术文件、技术规范、喷丸手册以及喷丸处理标准（HB/Z 26—81、92）。主持设计并制造了近30台各种类型（航空零件、装甲车零件、汽车零件、石油机械零件、齿轮与弹簧基础件等）的喷丸强化设备及其工艺装备。在我国10余个机械工业部门（其中包括航空航天工业、核工业、兵器工业、汽车工业、石油工业、汽轮机工业、矿山机械、机车工业、齿轮与弹簧基础制造业等）中推广应用喷丸强化工艺技术。为上述各工业部门开办了喷丸强化工艺技术训练班。

作为中国最早一批从事机械产品失效分析专家，王仁智在学术上肩负着领导、组织和培养该领域青年专业人员的义务。为此，在当时国家经委主任朱镕基的支持下，在中国机械工程学会材料学会的领导下负责主编并由机械工业出版社出版了我国第一部11本系统阐述《机械产品失效分析丛书》专著。这套丛书于1986—1993年陆续出版完毕，曾被许多筹办失效分析短训班作为教材使用。

王仁智于1997年离休。

谢　础　1978 年全国先进科技工作者

谢础（1935.9—　），浙江绍兴人，1978 年全国先进科技工作者，时任中国航空学会秘书长。1958 年从北京航空学院航空发动机设计专业毕业后留校工作。1949 年加入中国新民主主义青年团，1956 年加入中国共产党。1962 年参与筹建中国航空学会，先后担任该会理事、常务理事、副秘书长、秘书长、名誉理事。1963 年起主持新中国第一本航空航天科普期刊《航空知识》的编辑出版工作，先后逾 40 年，历任该刊副主编、主编、社长，现为名誉主编。是享受国务院特殊津贴专家。1978 年参加全国科学大会，并被授予“全国先进科技工作者”称号。1988 年荣立航空工业部三等功，1991 年被评为中国科协先进工作者，1996 年被北京市科委、科协、人事局联合授予北京市先进科普工作者，1997 被评为首届全国百佳出版工作者，2008 年被授予《航空知识》创刊 50 周年终身成就奖，2009 年被评为新中国 60 年有影响力的期刊人。2004 年退休。

《航空知识》原由北京航空学院于 1958 年创办，1960 年因纸张供应紧张而停刊。1962 年 11 月，国家科委副主任兼中国科协党组书记范长江约见北航王俊奎、谢础二人，听取关于创立中国航空学会的意见。1963 年元旦，谢础写信呈送范长江，建议在筹建中国航空学会的同时，恢复《航空知识》的出版，他在信中阐述了航空科普刊物的积极作用。范长江很重视，中国科协将中国航空学会成立和《航空知识》复刊的意见，向国务院副总理聂荣臻元帅做了报告，得到批准。聂荣臻指示：《航空知识》出版后，可由中国航空学会主办。1964 年，《航空知识》正式复刊，著名科学家钱学森为该刊撰写发刊词。范长江亲笔给谢础写信，表示“中国的航空事业是大有希望的，我愿助你一臂之力。”

从此，谢础始终领导该刊编辑全过程，包括组稿、改稿、配图、划版、校对、付印等一期期循环。他要掌握编辑方针，统筹安排选题，审读全部定稿，监督出版发行，工作夜以继日。他说：“科普期刊的任务，就是要在青少年心中点燃热爱祖国蓝天的理想之火。”40 多年来，他坚持这一信念，将《航空知识》打造成中国航空科普期刊的旗帜。许多青少年读者受该刊影响，走上献身祖国航空航天事业的人生道路。

谢础（右二）1984 年访美时与吴健雄（左一）在一起

在谢础的带领下，《航空知识》从一本发行千余份的小杂志发展成为国内著名科普期刊，每期发行量曾近 40 万份，居国内航空航天类报刊之首。周培源、常乾坤、钱学森、吴大观、朱光亚等老一辈科学家，曾为《航空知识》撰稿。《航空知识》创刊 25 周年时，国务院副总理方毅题词“壮志凌云”相赠，中央军委副主席杨尚昆、聂荣臻表示祝贺。国务院副总理张爱萍曾给谢础亲笔写信，托他转交给一位《航空知识》读者的复信，这位读者是湖北一名普通的农村教师，新华社和《光明日报》都报道了这段普通读者和国家领导人之间书信交往的佳话。

在谢础主持下，1985 年《航空知识》获得国际航空联合会（FAI）颁发的荣誉奖，成为国内第一家获得国际奖励的科普杂志。该刊连续获得中国科协科普报刊先进集体奖（1991）；首届国防优秀科技科普类唯一的一等奖（1991）；国家科委、中宣部、新闻出版署颁发的全国首届和第二届优秀科技期刊评比一等奖（1992、1997），中国航空工业总公司颁发的航空优秀科技期刊评比一等奖（1993），国防科工委颁发的“八五”期间办刊成绩显著的“优秀国防科技期刊”奖（1996），国家科委、中国科协授予的“全国先进科普工作集体”（1996）；荣获新中国成立 50 周年首次设立的我国期刊最高奖——首届国家期刊奖（1999）；被新闻出版署选入“中国期刊方阵”的“双奖期刊”行列（2001）；蝉联第二届国家期刊奖（2003）。

谢础热心传播航空航天成果和知识，曾当选中国科普作家协会副理事长。曾应聘担任中央人民广播电台科技宣传顾问，中国人民解放军出版社特约编审，航空工业总公司出版专业高级职务评审委员会副主任，北京航空航天大学航空发展史硕士研究生答辩委员会主席，中国科协科技期刊审读小组成员，《光明日报》兼职记者，美国纪念航空百年庆祝活动国际咨询专家组成员等社会兼职。多年来，谢础曾应邀到中央电视台、中央人民广播电台、解放军总后勤部、军委空军司令部、北京军区，以及院校、工厂、少年宫等单位作过几十次航空航天科普报告。他还积极宣传和支持群众性航空体育活动，被选为中国航空运动协会副主席；1982 年，他主持创办了祖国大陆第一本航模专业科普杂志《航空模型》，并兼任主编。

谢础长期坚持科普创作，已出版《飞行员》、《星际航行与火箭》、《海湾上的空战》等科普图书 10 余种；在全国性报刊上发表科普文章 300 余篇，100 余万字。其撰写的《超低空突防》（载《光明日报》）获全国首届国防科普创作评比一等奖，《我国第一个飞行家和飞机设计师冯如》（载《航空知识》）获全国新长征优秀科普作品奖，《巾帼凌空豪情在》（载《人民日报》）获航空工业部优秀文学作品奖。所著《飞向蓝天》（江苏教育出版社出版），2000 年被科技部、中国科协、中科院联合向公众推荐为“100 部近 20 年科普佳作”之一。主编的《航空航天技术概论》（北京航空航天大学出版社出版），2006 年被国防科工委选为“十五”国防特色专业优秀教材。参与编写的《科学的丰碑》（山东教育出版社出版）获国家图书奖。

鱼　龙　1978 年全国先进科技工作者 1979 年全国劳动模范

鱼龙（1942—？　），四川成都人，1978 年全国先进科技工作者、1979 年全国劳动模范，时任国营云马机械厂（现中航贵州飞机有限责任公司，简称中航工业贵飞）技术员。1968 年大学毕业，1970 年春来到“三线”工作。他刻苦钻研技术，向工人群众学习，初步掌握了车、铣、刨、磨、数控下料铣床的操作技术，出色地完成上级交给他的有关设计任务。1975—1977 年连续三年获得贵州航空管理局标兵、劳模；1977 年获得贵州省先进工作者；1978 年获航空部先进工作者，同年获“全国先进科技工作者”称号；1979 年被国务院授予“全国劳动模范”称号。

鱼龙为了学会手工编程，他把电子计算机的逻辑图和电路图挂在家中墙上刻苦研究，基本掌握了数控下料机床的手工编程技术。1974—1977 年，他和其他同志一起攻克了过去电磁模座吸力不够的难关，搞了 3 种电磁模座，为国家节约了资金，提高了生产效率，缩短了生产周期。经过认真调查研究，他用 A3 钢代替 45 号钢，使板模制造简化一半工序，每个机种可节约 1 万多工时。并把板模推广应用于黑色金属，为国家节约 10 多吨钢材，2 万多工时，价值十三四万元。他还和其他同志一道，吸取兄弟厂经验，改进设计了一台大型有色金属板料下料铣床，现已投入使用，性能比苏制回臂下料铣床好。为解决工装设计满足不了生产需要的矛盾，在利用兄弟单位经验的基础上，他和其他同志共同研究编制了“钣金模具无图制造生产说明书”，使 25% 的型模胎不用画图，而且使型模胎工装制造施工典型化。

张彦仲 1978年全国先进科技工作者

张彦仲（1940.3—　），陕西三原人，1978年全国先进科技工作者，时任第三机械工业部计量测试技术研究所（现中航工业北京长城计量测试技术研究所，简称中航工业计量所）副所长，英国剑桥大学博士，中国工程院院士。1960年入党。1962年西北大学物理系毕业，分配到第三机械工业部计量所工作。1968年下放当锅炉工两年，1973年任所党委常委，1978年任副所长。1981年留学剑桥大学三一学院研究信息技术，1984年获博士学位后回国。1985年任航空工业部副总工程师兼科技局局长，1986年任航空工业部总工程师。1988年任航空航天工业部总工程师，1989年任悉尼大学客座教授。1993年任中国航空工业总公司副总经理兼中国航空研究院院长。1999年任中国航空工业第二集团公司总经理、党组书记，2003年兼任中航科工董事长。2004年以后先后任中国航空工业第二集团公司、中国航空工业集团公司科技委主任。2008年任国家大型飞机重大专项专家咨询委员会主任。

张彦仲在振动冲击、故障诊断、信号处理及系统工程方面做出突出贡献。主持完成若干飞机、导弹、雷达、直升机和重大预研项目的立项和研制工作。获国际奖2项、全国科学大会奖2项、部级奖9项。出版中英文专著10部，英汉字典1部，论文200多篇。培养博士20多名。张彦仲兼任北航教授、博导；国际航空科学理事会（ICAS）理事、学术委员会委员；全国信号处理学会理事长；中国航空学会、宇航学会、振动工程学会、高科技产业化协会副理事长；1986年获国家级有突出贡献的科技专家称号；1991年获全国优秀留学人员奖；2000年获剑桥国际中心廿世纪科学成就奖。2004年获全国企业管理精英人物奖。2001年当选中国工程院院士。张彦仲是中共十三届、十四届中央候补委员；1985年党的全国代表会议代表，中共十三、十四、十五、十六大代表；全国政协九、十届委员。

主要事迹见《中国航空工业人物传·专家篇①》。

赵渠森 1978年全国先进科技工作者

赵渠森（1936.12—2003.1），浙江湖州人，1978年全国先进科技工作者，时任第三机械工业部第625所（现中航工业北京航空制造工程研究所，简称中航工业制造所）工程师，国际著名复合材料专家，享受国务院特殊津贴专家。1954年10月—1956年8月，浙江省工业厅保卫干事，保卫科临时负责人；1959年9月调第一机械工业部第九所（现中航工业制造所），历任非金属工艺组组长、化学专业组组长，碳纤维复合材料组副组长、组长，科技委副主任。赵渠森一直在科研第一线，把获得的成果用于武器装备的研制和生产，为我国的先进树脂基复合材料技术做出了卓越贡献。他先后发表论文28篇，翻译、编译、合作专著共9本，归档技术报告8份。带硕士3人，合带博士1人。1978年被国务院授予“全国先进科技工作者”称号；1987年获国家科技进步二等奖；1987年获航空工业部“有突出贡献的专家”称号；1991年获部“七五”预研三等功；1992年获某型号个人二等功；1993年获国家科委科技进步三等奖；1993年获光华科技基金二等奖；1994年获总公司科技进步二等奖；1994年获总公司科技进步二等奖；1999年获总公司科技进步二等奖。1999年11月退休。2003年1月去世。

20世纪60年代初，赵渠森从事雷达罩、航空电机修复和铝化学氧化研究，他研制出的铝氧化槽液配方被列入原航空部标准并推广到各航空工厂，在应用中提高工作效率6~7倍。1971年研制出第一束连续长碳纤维，随后研制成功风扇叶片、混杂纤维进气道外侧壁板和全复合材料垂尾静力件等。试验证明自制的碳纤维是可行的，特别是全复合材料垂尾的相继试飞成功，开创了我国飞机使用复合材料时代；复合材料外侧壁板获全国科学大会奖，赵渠森获“有突出贡献科学工作者”称号。1985年，赵渠森研究出的双马树脂QY8911成功满足某型号需求。1990年，继航空型8911树脂后又开发了航天8911Ⅱ、韧性8911Ⅲ、RTM8911Ⅳ、高韧性9511和RFI9512，构成了8911树脂系列，达到国际先进水平。其工艺性、耐湿热性和抗冲击韧性三者兼优，现已广泛在型号任务中得到应用，它是国内第一个在各种机型应用最广的材料。1994年，8911受到国防科工委军用新材料组通报表扬。赵渠森还针对纤维混杂、复合材料变形和相形

赵渠森（右二）工作照

貌等问题提出理论新解，在外侧壁、垂尾和 QY9511 树脂中见效，QY9511 已成功用于“九五”翼身融合体项目。1995 年，赵渠森在国家科委安排的对外合作项目中被指定为中方首席专家，他首次成功地用 RTM 方法制造出 30mm 厚 1300×1300 板材，提出了模具构型，可在线观察出捉摸不定的树脂流向。该项目已获得专利。

赵渠森时时关注行业发展新方向，跟踪国际上最先进的技术。自 1982 年他参加了中国航空研究院/瑞典航空研究院的首次科技合作项目，与美国 Applied Polym 合作研究中温树脂取得成功后，还应邀赴我国台湾省和香港大学、香港理工等大学作学术报告，多次参加美国先进材料与工艺协会学术活动，并成为该协会会员。他发表了论文 28 篇，翻译、编译、合作专著共 9 本。经他编译和合编的《高强度高模量碳纤维》、《复合材料》、《复合材料飞机构件制造技术》、《复合材料工作手册》等著作，是国内相关技术的第一书，为推动复合材料的普及迈出了第一步。

赵渠森 1999 年 11 月退休，2003 年 1 月去世。

张荫锡 1978年全国先进科技工作者

张荫锡（1937.9— ），江苏无锡人，1978年全国先进科技工作者，时任第三机械工业部第六研究院第612研究所（现中航工业空空导弹研究院，简称中航工业导弹院）技术员。1963年毕业于西安交通大学，同年分配到国防科委第六研究院第五研究所（现中航工业导弹院）工作，先后任技术员、工程师 、高级工程师、研究员。张荫锡长期从事空空导弹引信的研究设计工作。他以严谨的科学态度与锲而不舍的精神，和他的同事们对引信仿真试验方法进行了积极探索，有效地提高了武器系统的作战效能，并承担了国家多项科研课题研究，其成果被广泛应用。1978年被国务院授予“全国先进科技工作者”称号；1979年获三机部先进科技工作者称号。先后当选为第四届、第五届、第六届全国人民代表大会代表。1997年10月退休。

第六研究院第五研究所建所初期，导弹引信的试验手段非常落后，张荫锡和他的同事们对引信仿真试验方法进行了积极探索。当时为了测量引信与飞机的交会参数，把真实的引信架高2米，飞机在引信上空超低空（5～15米）飞行，测量引信与飞机的交会参数。飞行员冒着极大的危险飞行。为了改变这种危险状况，张荫锡和他的同事们开动脑筋想办法，将引信架高10米，用高速通过引信下方的小轿车作目标与引信交会进行试验。无论是采用风险较大的飞机作运动目标，还是采用小轿车作运动目标，都由于引信固定不动，均不能考核运动中各种因素对其工作状态的影响。后来他们又将引信固定到火箭橇上，把目标固定，使火箭橇的速度达到159米/秒，引信随着火箭橇运动，通过目标时产生交会。但因铁路的平直度低和火箭橇设计也不理想，试验结果仍不满意。但他们并未停止探索，又开始研究柔性滑轨试验，即把载有引信的火箭滑行体在两根钢丝绳上以接近200米/秒的速度实现引信与预置目标的交会。在这个过程中张荫锡表现出严谨的科学态度和锲而不舍的精神，他结合正在研制的PL－3空空导弹引信遇到的问题，分析了影响提高产品性能的诸多因素，发现接近目标时的相对速度影响最为严重，如能根据实际相对速度来实时自动调整产品的相应参数，就能大幅度地提高产品的性能，从而提出自动测速的原理和实时控制的方案以及相应的技术实现途径，并参照模拟计算机技术的某些方法，完成了方案设计并亲自装调出了相应的产品。该项技术有效地提高了武器系统的作战效能，设计上有较大的创新，并经靶场试验取得成功。该项技术1978年在全国科学大会上获得表彰，1979年获得国防工业重大科技改进一等奖。

在国家“六·五”期间，研究所开始研制PL－5乙空空导弹，其中引信故障是困扰该型号的关键部件之一。引信的主要故障是早炸和拒炸，从1966年开始直到1984年，引信技术攻关几乎没有间断。张荫锡任该空空导弹无线电引信关键技术攻关组组长、主任设计师，他带领攻关组分析故障原因，采取各种改进措施，如改进电池焊接工艺，解决电池掉电、漏气、噪声大等问题。他在近20年的时间里，仅到试验基地做试验就达26次，累计在戈壁滩的工作时间超过7年。功夫不负有心人，1984年10月—1985年1月，在空中靶试中，全部引信合格，攻关终于取得成功，空军党委和航空工业部致函祝贺，张荫锡因此获得重奖。该型号于1986年完成设计定型，随即装备部队。为此，张荫锡领导的攻关组荣立集体一等功，获部三等成果奖。

张荫锡在国家“七·五”期间，承担了国防科工委跨部门重点预研课题“中红外引信技术研究”和“打靶计算机仿真技术研究”两个课题，任课题组组长。在“中红外引信技术研究”中，对引信总体系统设计、光学系统设计方面采用单片微机技术来实现数字化信息处理和自适应技术进行了深入的研究与验证，均有创新和较大技术进步，获部科技进步成果二等奖和光华科技基金三等奖。在“打靶计算机仿真技术研究”中，因在导弹与目标空间交会状态的物理数学模型研究中，发现了空间多物体高速相对运动中存在的普遍规律，并推导建立了相应的数学方程。该模型具有独创性的数学物理模型，比现有国内外所能见到的描述同类物体运动关系的其他模型更为简捷、精确、直观，并消除了现有相对模型中存在的难以用数学方程正确描述的弹道弯曲问题。并在此基础上在国内首先完成了此种运动关系的动画显示，因而获部科技进步成果三等奖。

张荫锡工作照

该模型在国内相应领域内已作为基础理论的方法之一，在多个新课题研究和多篇发表的学术论文中被广泛应用。

张荫锡在国家“八·五”期间，承担了科工委跨部门重点预研项目“双色组合目标探测技术研究”，任课题组长。该项目在国内相应研究领域内，开拓出了新的技术途径。获部科技进步成果三等奖。

张荫锡在国家“九·五”期间，承担了科工委跨部门重点预研项目“红外简易成像引信技术研究”和“红外/毫米波双模引信”两个课题的研制任务，任课题组副组长。该课题通过了国内专家的评审与验收，与会专家给予了很高的评价。

在工程化激光引信的方案设计中，他大胆地提出了“包容法”探测原理的设计思想，使得工程化激光引信产品的探测灵敏度提高了 30%，还降低了工程化引信的调试难度，从而提高了引信产品的合格率，降低了引信的研制成本，缩短了研制周期，确保了工程化引信的按质、按期完成。

张荫锡于 1997 年 10 月退休。

阎德义 1979年全国劳动模范

阎德义（1929.2—1989.11），天津市人，1979年全国劳动模范，中航工业沈阳黎明航空发动机（集团）有限责任公司（简称中航工业黎明）氩弧焊工、工人工程师。1949年3月参加工作，在空军工程部东北总厂第三厂（现中航工业黎明）冲焊厂23车间氩弧焊工。1949年10月加入中国共产党，1952年晋升为工人工程师，任“氩弧焊班”班长，是闻名全国的“焊接大王”。入厂30多年，阎德义以高度的主人翁精神刻苦钻研焊接技术，大胆革新，勇于攻关，先后革新攻关100余项，实现较大技术革新8项，多次解决工厂及其他兄弟单位的生产关键和难题。先后荣获沈阳市劳动模范两次、沈阳市特等功劳动模范一次、辽宁省劳动模范一次，1979年被国务院授予“全国劳动模范”称号，并先后当选为第五届全国人大代表、第五届全国人大常委会委员、第六届全国人大代表。1989年11月去世。

作为享誉全国的焊接大王，阎德义先后参加了中航工业沈阳黎明航空发动机（集团）有限责任公司（简称黎明公司）歼5、歼6、歼7和14号机的试制和批生产工作。在日常工作中，阎德义立足岗位，处处想在前、走在前、干在前，把党员的身份亮出来，技能显出来，形象树起来。焊接中，他忍受着焊枪上千度的高温，忍受着一层层红肿痱子的奇痒，经常是手和脖子上的皮被烤脱。工作中，他总是把积累多年的焊接技艺和绝活毫无保留地传授给徒弟。

阎德义带头钻研技术，练就了一身响当当的绝活和不服输的劲头。他凭着多年练就过硬的业务本领，为公司解决了多种航空发动机特种材料焊接难题，填补了国内空白，为公司创造价值近千万元。阎德义还支援全国焊接关键企业，帮助贵阳、新乡、辽阳化工厂等多个企业解决了焊接技术难题。并参与了毛主席纪念堂起塔架焊接攻关项目。

阎德义一生艰苦朴素、严谨踏实，乐于助人。在当时及其贫困、不能保证温饱的生活、工作环境下，他总是以高度的责任感无私奉献。在职期间，阎德义当选为全国人大代表。为了发挥自己的代表作用，为职工办一些力所能及的实事，阎德义曾多次

阎德义工作照

帮助困难职工解决生活问题，可他从不向组织提出任何要求。

阎德义在30多年的焊接生涯中先后荣获沈阳市、辽宁省和全国劳动模范，并先后当选第五届、第六届全国人大代表。1989年11月因病去世。

顾诵芬　1988 年全国先进工作者

顾诵芬（1930. 2—　），江苏苏州人，1988 年全国先进工作者，飞机设计专家，中国科学院院士、中国工程院院士，时任航空工业科技委副主任。1951 年毕业于上海交通大学。曾任沈阳飞机设计研究所所长兼总设计师，1986 年调航空工业科技委任副主任，现任中航工业科技委副主任、航空研究院副院长、中国航空学会常务理事。顾诵芬是第六届、第七届全国人大代表；第八届、第九届全国人大常务委员会委员、全国人大教育科学文化委员会委员。

顾诵芬长期从事飞机设计和研究工作。20 世纪 50 年代，顾诵芬曾参与我国第一个飞机设计机构——沈阳飞机设计室的组建，成功地完成了我国第一架喷气式亚声速教练机——歼教 1 飞机的气动力设计并建立了实用的飞机气动设计方法。主持、参与了初教 6 等 10 余种飞机以及多项重大任务的气动布局和全机的设计、研究。曾任歼 8 副总设计师、歼 8 Ⅱ 总设计师。其科研成果曾获国家科技进步特等奖、国家科技进步一等奖、中国人民解放军科技进步二等奖、航空工业部科技进步二等奖、航空航天工业部航空金奖、何梁何利科学与技术进步奖等多项奖项。曾发表过《设计超音速高性能飞机中的一些气动力问题》、《关于航天飞机研制和发展的综述》、《2000 年前后歼击机的发展趋向》等论文，并著有《飞机总体设计》、《航空航天科学技术》、《世界航天发展史》等著作。顾诵芬 1988 年被国务院授予“全国先进工作者”称号。1991 年当选中国科学院院士，1994 年当选中国工程院院士。

主要事迹见《中国航空工业人物传 · 专家篇①》。

陈忠淑 1989 年全国劳动模范

陈忠淑（1930— ），浙江宁波人，1989 年全国劳动模范，时任贵州黎阳机械厂（现中航工业贵州黎阳航空发动机（集团）有限公司，简称中航工业黎阳）工人技师。1946 年 8 月在上海参加工作，1952 年支援国家重点项目建设到国营 111 厂（现中航工业黎明）工作，1967 年支援“三线”建设到贵州黎阳机械厂工作。在工作中，他克服重重困难，出色地完成了各项任务，受到了大家的称赞。1984—1987 年的 4 年间完成了相当于 13 年的工作量，1988 年完成了近 6 年的工作量，1989 年又完成了近 5 年的工作量。由于成绩突出，多次荣获工厂、公司先进个人、标兵荣誉称号；1987 年荣获全国五一劳动奖章；1988 年荣获贵州省特等劳模称号；1989 年被国务院授予“全国劳动模范”称号。1990 年 7 月退休。

陈忠淑于 1967 年支援“三线”建设来到贵州黎阳机械厂工作。1975 年在一次意外的车祸事故中，他的右腿被压成粉碎性骨折，经医治，借助腿内的一根不锈钢钉站了起来，回到了生产一线。在工作中，他克服重重困难，努力工作，出色地完成了各项任务，受到了大家的称赞。仅 1984—1987 年的 4 年间就完成了相当于 13 年的工作量，1988 年完成了近 6 年的工作量，1989 年又完成了近 5 年的工作量，被干部职工称为“走在时间前面的人”。

作为一名普通的老工人，陈忠淑经常说；“我干工作的时间不多了，我要为党和人民做最后的努力”。正是在这种精神的激励下，在他的作息表上似乎没有“休息”这两个字。每天凌晨五六点钟，他便一瘸一拐地来到车间，等到上班铃响时，他已经干了一阵活了；晚上下班铃响，他仍然在机床旁忙碌着。随便吃点儿晚饭后，一干就是深夜十一二点。星期天，工厂和车间的领导进厂检查工作时，经常看到他在车间忙于生产，每当领导劝他休息时，他总是说：“任务这么紧张，我的压力也大，有压力，躺在床上我也躺不住，倒不如进厂来干活。”春节是我国的传统节日，陈忠淑为了工厂的生产任务，连续多年春节都是在车间里以机床为伴，以零件为伍，在马达轰鸣的伴奏声中度过。

1986 年，陈忠淑所在的车间接到了制造 13 台八头磨的任务，对车间来说任务量是相当大的，而且在刨床、铣床上加工的零件又多，陈忠淑操作的大刨床是车间唯一的一台龙门刨。经过测算，这台刨床要承受 3 倍的工作量，加上车间里的刨工、铣工又缺，使需要进行刨、铣加工的零件一时成了关键。为了零件不在刨床、铣床上“卡壳”，陈忠淑干脆睡在车间，白天、晚上连轴干，困了在车间眯一会；醒了，聚精会神继续干；家里人把饭送到他的机床旁。就在他甩开膀子大干时，几年前受伤的腿又复发了，病情十分严重，迫不得已，陈忠淑住院接受治疗。但当他听到工厂提出“大干 70 天，确保全年任务提前完”的消息后，干脆放弃了住院治疗，又回到车间，投入到大干的行列中。工厂考虑到他的身体，几次安排他去疗养，但他为了生产任务，几次都把疗养指标让给了别人。

陈忠淑不仅这样地拼命干，同时他还利用自己娴熟的技术加以巧干。陈忠淑所在的车间任务重、人员少，他根据大刨床加工大零件走刀时间长的特点，先把走刀时间算准确，保险定好位，做好一切安全措施之后，利用大刨床走刀时间，再去操作小刨床、铣床来加工其他零件。就这样，他运用多年积累的实践经验，在时间上做了科学的安排，经常是同时操作两三台机床，既做到了安全操作，又加工了合格的零件。由于他的苦干、实干加巧干，1988 年一年，完成了相当于 6 年的工作量，1989 年又完成了近 5 年的工作量。

陈忠淑生活照

陈忠淑不但在生产上是把好手，在技术上也是一流的。为了提高产品质量，他经常自制夹具、模具，利用小改小革来保证产品质量。一次，车间加工车床床头箱内油泵摆杆上面的一个孔，开始在车床上加工，但孔的精度总达不到技术要求，最后，这道工序只好让陈忠淑帮助解决。他根据图样要求，自制了一个夹具，既保证了质量，又保证了进度。在加工八头磨主轴时，由于轴长，铣床工作台短而无法加工，他没有就此而推给车间，而是利用自己娴熟的技术，加长工作台，顺利地把主轴加工出来，保证了产品质量和生产进度，还攻克了因设备不足而无法加工的关键问题。

陈忠淑操作的刨床，使用多年，电机轴磨损严重，需要停机修理，当时，需要这台设备加工的零件很多，停机修理势必要影响生产进度。于是，陈忠淑就自己想办法，利用自己的经验和技术对电机轴进行修理，使这台龙门刨只停机一天，便又投入了工作。在龙门刨上加工八头磨机身时，因刨床的刀架限位开关高度不够，只好把床身放倒加工，这样使加工出来的床身面偏移0.6毫米，保证不了图样要求，为此，每加工完一台床身，都要两名钳工在刨床上刮削两天，才能保证床身符合图样要求，既费工，又增加工人的劳动强度。陈忠淑细心研究，提出了把限位装置升高28毫米，这样床身就可以立起来进行加工的合理化建议。建议经采纳后，做到了既节省了人力，又提高了工作效率，还为车间节约了9500多元资金。1983—1989年，陈忠淑小改小革15项，为工厂解决了不少的加工技术上的关键和难题，确保了工厂生产任务的顺利进行。

陈忠淑于1990年7月退休。

侯建武　1989年全国劳动模范

侯建武（1932.4—　），河南武修县人，1989年全国劳动模范，时任航空工业部成都飞机公司（现中航工业成都飞机工业（集团）有限责任公司，简称中航工业成飞）总经理。1952年1月毕业于河南郑州高级工业职工学校，1962年加入中国共产党，研究员级高级工程师，部级专家。1952年6月—1959年9月，担任第二机械工业部主管工程师；1969—1975年，调贵州011基地工作，先后担任飞机组和质量组副组长；1976年6月—1992年3月，调国营峨嵋机械厂（现中航工业成飞）工作，先后任总工程师、办公室主任、生产处第一副处长、生产指挥长、副厂长、厂长、总经理等职；1992年3月，调航空航天工业部任科技委副主任。1996—2003年4月，任成飞公司高级顾问。侯建武在国防建设方针调整、企业面临着严峻的形势面前，团结领导班子一班人，在成飞公司“军转民，内转外，攻关加合作”的发展道路上做出了重要贡献。侯建武1960年获共青团中央国家机关青年红旗手称号，1984—1987年连续被评为成都市劳动模范，1986年被评为航空工业部劳动模范，1988年被授予四川省优秀企业家称号，被中共四川省委、成都市委授予优秀共产党员，并被选为党的十三大代表，是中共四川省委第四届、第五届委员会委员，1989年被国务院授予“全国劳动模范”称号。1995年3月退休。

1976年6月，侯建武从贵州011基地调国营峨嵋机械厂工作。在担任生产指挥长期间，负责全厂的生产指挥、技术组织和综合协调工作，对“十年动乱”后工厂的恢复生产和企业整顿做了大量实质性的工作。在任副厂长期间，主管生产技术工作，在当时工厂任务重、品种多、时间紧、技术条件和生产能力不足的情况下，协助厂长和总工程师工作，充分发挥综合协调的组织才能，理顺生产中的各个环节，并妥当处理好多品种、多机型、军民品平行交叉作业的复杂局面，突出歼7M、歼7Ⅲ型新机的研制，统筹安排歼7Ⅱ、歼教5和民品批生产，为“六五”期间工厂的迅速发展做出了贡献。

1983年9月，侯建武任峨嵋机械厂厂长。1984年实行厂长负责制后，侯建武正确处理党、政、工三者之间的关系，使厂长全面负责、党委保证监督、职工民主管理的领导体制得到了很好的贯彻，促进了企业的发展。1985 年工厂交付飞机 148 架，产值达 4.7 亿元，利润 5951 万元，达到了历史的最好水平。

1986 年，随着国防建设方针的调整，峨嵋机械厂军品任务陡然下降 2/3，2 万人的企业面临着严峻的形势。面对困难，侯建武团结领导班子一班人，不畏艰难，强调“事在人为，关键在为”、“自强是成飞的脊梁，自强是成飞的希望”，稳定了干部职工队伍，表现了一个共产党员和企业主要负责人良好的精神风貌和领导水平。他还善于集思广益，根据成飞的实际，主持制定了“军民结合，航空为本，军工第一，走向世界”的指导方针，确立了“产品开发是龙头，调整改造是关键，配套改革是保证”的工作部署。从宏观决策到方案实施上统一了思想，统一了步调，表现了较强的组织才能和战略意识。

在产品开发上，侯建武认为大企业要干大事，航空为本不能动摇。因此，成飞把着力开发高水平的航空产品放在突出的位置。通过几年的努力，成飞的航空产品形成远、中、近相结合，高、中、低相搭配的格局，实现了预研一代、研制一代、生产一代。同时，为了结合成飞的优势搞好军转民，把服务于民用航空领域作为企业的战略发展方向。1986 年侯建武开始把眼光瞄准了国际航空零部件生产市场，1988 年 7 月，与美国麦道公司签订合同，承接美国 MD 机头的转包生产。

在调整改造上，侯建武提出了“一要生存、二要发展”的经营指导思想，正确处理了当前与长远，军品与民品，国家、企业和职工之间的关系。着力于增强企业后劲，

侯建武工作照

瞄准世界先进水平，进行打基础上水平的技术改造。10 年间共自筹资金 2.3 亿元进行技术改造，保持了高科技的发展势头，增强了公司的发展后劲和跻身于国际转包商行列的实力。1989 年经国家“863”高技术专家委员会鉴定，成飞被国家正式确定为 CIMS（计算机集成制造系统）工程的重点应用和合作研究中国式的 MRP（制造资源管理系统）的基地。

在配套改革上，侯建武遵循的原则是：任何时候成飞都不能忘记军工企业的地位和责任，坚持在企业的整体优势上下功夫。大企业的优势绝对不能因划小核算单位而被肢解；在推行经济承包责任制中，既注重承包，更注重管理。在理顺企业内部运行机制上，坚持系统工程的观点，注意了 6 个有机结合，即：单项治理整顿与综合治理整顿有机结合，制度建设必须与思想建设相结合，思想教育必须与执行纪律相结合，职工民主管理必须与加强监督监察有机结合，完成科研生产任务必须与加强管理有机结合，一般号召必须与个别指导有机结合。

侯建武重视质量、安全，并十分注重管理的基础工作，他提出把“质量、安全、纪律、整洁”作为企业的四项基本功加以训练，并注重推行现代化的管理办法。1988—1989 年，成飞连续获部安全生产先进单位称号。1990 年，成飞获得国家二级企业称号和国家质量奖。

侯建武注重自身的学习和提高，严于律己，不谋个人特权和私利，从不多吃多占，时刻以一个共产党员和党员干部标准要求自己；他严格按原则办事，关心职工生活，职工生活条件逐步得到改善；他依法办事，正常经营，保证了公司持续健康稳步的发展。侯建武撰写的论文《军工企业实践战略转变的三个对策》获得《经济日报》、《改革》杂志、中央人民广播电台联合授予的改革十年创新奖。

侯建武于 1995 年 3 月退休。

蒋辅臣 1989年全国劳动模范

蒋辅臣（1940.12— ），四川乐至人，1989年全国劳动模范，中航工业成都发动机（集团）有限公司（简称中航工业成发）铣工。1958年，以优异成绩考入成都第二航空技校铣工班，毕业后分配到国营新都机械厂（现中航工业成发）干铣工。蒋辅臣精湛的铣工技术、丰富的机械加工专业知识，年年优质高产，为他赢得了众多的荣誉，多次被评为单位先进生产者、劳动模范、优秀共产党员，成都市优秀共产党员。1982—1987年三次被评为成都市劳动模范；1984年、1989年两次被评为四川省劳动模范；1986年被评为航空工业部劳动模范；1987年获五一劳动奖章和全国革新能手称号；1988年被评为四川省优秀共产党员；1989年被国务院授予“全国劳动模范”称号；1994年被评为四川省十大杰出劳动模范；1995年被授予全国技术能手称号；1996年被评为中国航空工业总公司劳动模范。蒋辅臣曾当选成都市第九届、第十届人大代表；1993年当选为第八届全国人大代表。

1958年，蒋辅臣以优异成绩考入成都第二航空技校铣工班。学习期间，他明白了学好理论和技术的重要性，掂量出新中国工人肩负的历史责任。蒋辅臣如饥似渴地汲取书本上的知识，从铣工技术、操作原理到机械制造、公差配合等，为他干铣工奠定了坚实的基础。

蒋辅臣到国营新都机械厂工作以来，参加了WP6、WP13、FT8等军品及各种民品的试制和生产。在生产中由于他十分注重在工装、刀具量具和操作方法上不断地进行小改小革，从而极大地提高了工作质量、产品质量和生产效率。据不完全统计，仅从1981—2000年他实现的小改小革335项，平均每年工作量为7000小时，相当于3年多的工作量。

蒋辅臣搞革新、求效率。由于他技术好，车间的一些攻关项目很多都交给他来完成。蒋辅臣认识到，没有技术进步，靠拼体力是不能保持高效率、高质量的。几十年来他始终坚持在生产岗位上“实干和巧干”，大搞技术革新和小改小革，来保证生产进度。例如：加工FT8涡轮盘、烟气机盘件等，这些零件材料价格贵、精度高、材料硬，

蒋辅臣工作照

而且易变形，蒋辅臣开动脑筋完成了任务。1992年车间开发像高温余热余压发电（TRT）产品这种高效益的民品产品，但很多产品在试制中难度大，外委不出去，如TRT的GT9-6轴的螺旋齿槽加工及TRT的GT5-2定距块50工序的加工。他在一个月内通过小改小革两次攻关成功，为生产获得宝贵时间。正是靠革新、靠巧干，产生了高效益。据统计1981—1990年累计完成定额工时86999小时，相当干了39年的工作量。

蒋辅臣不仅自己搞革新，还主动帮助和支持其他同志搞革新，凡是车间内铣工加工的难题，不分本工段、外工段，无论谁求他解决生产难点，探索技术革新中的难题等，他都不讲条件、不计报酬，总是有求必应，甚至放下自己的工作和大家连续奋战。

言传身教，不断进取，蒋辅臣长期以来受人尊重还在于他严格要求自己，不断更新观念，努力进取。多年来，蒋辅臣按照自己提出的“新、快、拼、好、帮”5个字去做，做到改革中不断更新观念树立“新”字，生产中突出“快”和“拼”字，产品质量突出“好”字，对同志突出一个“帮”字。他虽身患血小板减少症，但他始终以自己的模范行为带动和影响周围同志，自觉无条件加班突击，每年加班达数百小时，星期天和节假日也很少休息，从来不要换休补贴和报酬。

蒋辅臣精湛的铣工技术、丰富的机械加工专业知识，年年优质高产，为他赢得了众多的荣誉，知名度越来越高。这些年来，许多厂家纷纷慕名而来，聘请他当高级技术顾问。有的厂提出，只要他每月抽几天时间去现场指导一下，月薪可高达5000余元。这么高的待遇，却一而再、再而三地被蒋辅臣婉言谢绝。他说：“我不愿意去。因为我是党员，我的今天是国家、公司给的。我不能不顾公司大局，贪图个人利益。”

刘英卫 1989 年全国劳动模范

刘英卫（1942.12— ），江西奉新人，1989 年全国劳动模范，中航工业江西洪都航空工业集团有限责任公司（简称中航工业洪都）研究员级高级工程师、部级专家。1966 年加入中国共产党，1967 年毕业于清华大学数学力学系，同年参加工作，历任中航工业特飞所、512 厂、国营洪都机械厂设计员、副组长、主任设计师、高级工程师、航空航天部部级专家。1979—2003 年在国营洪都机械厂飞机设计研究所任组长、主任师、强度室副主任、所科技委主任。1986 年获得工学博士学位，成为我国培养的第一批在职工学博士。他主持并参与了我国航空航天多个产品型号的结构强度设计工作以及来自航空航天领域的多项结构强度课题研究工作，此外还主持并参与了我国海洋石油平台结构、重型工程机械结构及桥梁的结构强度分析。在结构有限元分析及可靠性等方面取得了一系列具有国际、国内先进水平的技术成果，其中“飞机结构分析和优化设计”等 10 余项科研成果获国家、科工委及部级重大科技成果奖。在国内外发表论文 90 余篇，其中在国际上发表论文获一等奖，并参与编写了《航空结构有限元分析指南》等 10 余部专著。1980—1986 年多次评为航空工业部、江西省劳动模范。1989 年被国务院授予“全国劳动模范”称号。2011 年获得中国航空工业集团公司新中国航空工业创建 60 周年航空报国突出贡献奖。2003 年 1 月退休。

刘英卫具有世界先进水平的飞机结构分析与优化设计的研究成果，早就扬名海内外的学术界。1994 年，在中国与俄罗斯联合举办的“飞机结构强度学术交流会”上，他宣读的《序列响应面法及其在飞机结构可靠性分析中的应用》新论文，受到专家的赞扬，这一方法对解决工程中各种随机问题具有重大意义，把序列响应面法应用于航空结构可靠性分析及研制的实用软件系统，在国内外尚属首次。1996 年此文获江西省 1994—1996 年 3 年期间省内各专业领域在国内外发表的论文一等优秀论文。

刘英卫早在 20 世纪 70 年代就潜心钻研，叩开了“有限元”的大门，使飞机总体强度分析基本实现了有限元素化，成为我国最早将“有限元素法”用于飞机强度计算的科技人员之一。1978 年在我国首次召开的“全国有限元素法学术会议”上，他登台宣读了 6 篇论文，其中《全机振动有限元素分析》一文被推荐为大会报告论文；在分组宣读的论文中，《复杂结构稳定有限元分析》一文被大会评为优秀论文。

有限元素法可以准确地分析结构，但它不能直接用于设计结构。刘英卫经过反复探索，反复实践，提出一种“同步迭代”方法，成功地攻克了应力设计中的这一关键，被航空工业部确定为重点推广的优化设计程序之一。

刘英卫在求索中深切体会到，要使我国飞机结构分析与优化设计达到世界先进水平，必须具有更深更扎实的理论作基础。1983 年他作为全国第一个跨越硕士研究生阶梯的在职博士生，被中国力学理事会会长、大连工学院院长钱令希教授破格录取。在钱令希教授的指导下，他撰写的《三维形状优化设计程序》论文，1984 年在法国召开的第 14 届国际航空科学理事大会（ICAS）上宣读；他与程耿东教授合作的“拟解析敏度分析”技术研究成果，于 1986 年 9 月在美国召开的第一届世界计算结构力学会上交流，引起了国际优化界的瞩目。他以取得多项重要科研成果的优异成绩，摘取了我国计算结构力学工学博士的桂冠，《现代飞机结构分析与优化设计》博士论文，被专家们认为达到国际前沿水平。

丰硕的成果，并没有使刘英卫陶醉、满足。应美国 ASCE 结构安全与可靠性委员会主席、凯斯大学摩塞斯教授的邀请，刘英卫于 1989 年 11 月以访问学者身份赴美从事“结构可靠性”专题研究。在美国两年间，他完成新课题研究共 15 项，其中由美国、瑞士、加拿大产业部门提出的 10 个研究项目，已得到应用；5 个由美国科学基金会支持的理论研究项目，顺利完成。由此他荣获“博士后研究科学家”。1991 年刘英卫

刘英卫工作照

谢绝了摩塞斯教授的再三挽留，如期回归祖国，并立即投入航空工业部南昌飞机制造公司（现中航工业洪都）项目的攻关。

“以最少的时间，获取最大的效果”。这是刘英卫在科研工作中遵循的一条准则，他从不浪费点滴时间。他经常出差，同志们都感慨地说：“跟老刘出差，就好像打仗，不掉几斤肉是回不来的”。刘英卫一心搞科研，常常连自己的病痛都无暇顾及。1983 年元旦前，摸拟件图样急需发出，当时他正感冒发烧，硬是带着病痛突击了两天，按时完成了任务。

刘英卫于 2003 年 1 月退休。

邵国斌　1989 年全国劳动模范

邵国斌（1932. 6—1992. 3），辽宁铁岭人，1989 年全国劳动模范，时任西安飞机工业公司（现中航工业西安飞机工业（集团）有限责任公司，简称中航工业西飞）总经理。1951 年考入北京工业学院，1954 年毕业后被分配到国营第 112 厂（现中航工业沈飞），担任型架车间工艺员、值班主任。1958 年 11 月调陕西机械厂（现中航工业西飞）工作。历任车间代主任、厂技术科副科长等职，1974 年 6 月加入中国共产党。1976 年任工装设计科科长，1980 年任设计所所长，1983 年 6 月任国营红安机械制造公司（现中航工业西飞）总经理。邵国斌任总经理 6 年间，西飞公司工业总产值增长 4. 3 倍，利润增长 13. 4 倍，全员劳动生产率增长 3. 7 倍，商品产值增长 5. 9 倍，出口创汇增长 58. 4 倍，国外转包生产累计创汇 2600 多万美元。1990 年初春，西飞顺利通过全国一级企业的考核，各项指标突飞猛进。1984 年邵国斌被陕西省政府授予劳动模范称号；1988 年 3 月荣获省市优秀企业家称号，1989 年，先后被评为陕西省优秀改革者和全国优秀企业家，1989 年被国务院授予“全国劳动模范”称号。1992 年 3 月在阎良因病去世。

邵国斌于 1958 年 11 月随着支援大西北的洪流来到一片荒凉的阎良，成为中航工业西飞第一代创业者，先在型架车间当工艺员，后担任了车间代主任、技术装备总厂技术科副科长等职。1976 年，邵国斌被调到工装设计科任科长，他思想敏锐、敢于创新，狠抓了三件事：科研创新、工作环境和职工福利的改善。1980 年，邵国斌任西飞设计所所长。1983 年，51 岁的邵国斌就任国营红安机械制造公司（西飞）第五任总经理。

20 世纪 80 年代初，国有大企业军品任务陡降，纷纷开始转型干起非航空民品。邵国斌上任伊始首次提出：“我们不和民营企业抢饭吃，要挣外国人的钱。”他积极抓住开放搞活的契机，提出了西安飞机制造公司发展民品的战略：工艺相近、航空为本，利用设备和技术优势，重点发展铝型材系列等支柱民品，同时采取投资入股、联营办厂等方法，在沿海城市打开西飞的“窗口”，兼收集国外信息，为民品打入国际市场作

邵国斌（前排左三）在某新机试飞现场，为军队领导介绍情况

准备。1984 年初，邵国斌提出了走出国门发展外向型经济三步走：一是搞“三来”加工；二是出口飞机；三是参加国际招标。1984 年国庆节前，他带人飞赴北京为工厂开拓经营筹集资金 1500 万美元，购买成套铝型材挤压、表面处理设备和 2100 吨铝型材，从建线到投产仅用了一年多时间，设备和产品质量达到当时国内一流水平。

1980 年 9 月，西飞与加拿大航空公司签订了第一份转包生产合同，承揽 CL215 森林灭火飞机 7 个部件的来图来料加工，迈出具有历史意义的第一步。为了开发出高技术含量的航空产品，邵国斌继续坚持航空为本，军民结合，加强技术改造，扩大转包生产的方针。1984 年、1987 年他两次出国，续签了 100 架波音垂直尾翼的生产合同，波音公司决定将 737 飞机水平尾翼、机身尾段交给西飞公司生产。西飞通过转包生产，企业实力得到增强，在国际航空制造业中的知名度得到提高，一些欧洲飞机制造厂商纷纷前来洽谈业务，项目不断增加，规模越来越大，为国产飞机的研制打下了良好的基础。西飞以国外先进的飞机制造技术为标准，投入大量资金进行技术改造，充实了必须的资源和基础设施，研制支线、干线客机等新型号飞机。

1986 年 4 月 29 日，中国制造的运 7 飞机在合肥机场首航运营载客，外国客机垄断中国航线的局面宣告结束。为了这一时刻的到来，邵国斌和一代西飞人卧薪尝胆，制订了“航空为本，飞机为主，科研先行，面向国际，集团竞争，军民结合，大上民品”的“五步棋”规划，采取了一系列措施。1983 年 9 月新华社记者的文章在《国内动态清样》上发表。中央领导批示：今后国内民航支线一律用国产飞机。国务院对运 7 飞机采取了经济保护政策，“六五”期间，民航购买了 15 架运 7 飞机。

1985 年 9 月，第一架运 7－100 飞机在香港改装成功。1986 年 10 月 22 日，西飞首次召开运 7 飞机订货会，国家民航局又订购了 40 架运 7 飞机，部分省、市地方航空公司也签订了飞机的购销合同。继合肥民航局开航以后，武汉、内蒙古、西安等民航局相继用运 7 开航。运 7 飞机一度成为国内航线最大的机群。

邵国斌大胆改革开拓，使西飞步入振兴、发展的良性循环轨道，为新世纪的腾飞奠定了雄厚的物质、文化基础。1985 年春，他“主刀”进行西飞有史以来第一次“精简机关，简政放权”机构改革，撤销了 19 个职能机构，500 多名非生产工人充实到一线。他十分重视生产、技术管理工作，积极推行现代化管理。关注生产组织，抓各项基础管理和专业管理，工厂实现了航空产品的计算机辅助设计制造一体化，提高生产效率，使工厂一年有两种新型飞机试制上天。

邵国斌关心精神文明建设，带领一班人多渠道增强企业凝聚力。对职工进行财力投资、智力投资、感情投资，创造良好的工作环境、生产环境和生活环境。

邵国斌 1992 年 3 月 15 日在阎良因病去世。

沈瑞源 1989 年全国劳动模范

沈瑞源（1932. 2— ），江苏武进人，1989 年全国劳动模范，中航工业贵州天义电器有限责任公司（简称中航工业天义）铣工、工人技师。1947—1954 年在康乐铣床厂、上海永昌良铣牙厂等单位当技工、铣工；1954 年在国营第 115 厂（现中航工业津电）四车间铣工；1965 年参加三线建设到贵州遵义天义电工厂（现中航工业天义）二车间继续从事铣工。沈瑞源在 20 世纪五六十年代，仅针对技术加工难题进行的小改小革就多达 100 余项；七八十年代，他带领车间的同志们完成小改小革 210 项。他先后被评为厂级和 011 基地先进生产（工作）者，并出席 011 基地和遵义市群英大会；1979 年加入中国共产党；1981 年被航空工业部授予先进生产者称号；011 基地授予优秀共产党员称号；贵州省总工会授予四化建设标兵、贵州省五一劳动奖章、贵州省劳动模范；1989 年被国务院授予“全国劳动模范”称号。1992 年 2 月退休。

沈瑞源于 1965 年支援三线建设，来到贵州遵义天义电工厂工作。这位身材瘦弱的铣工师傅，几十年勤勤恳恳、任劳任怨，奋斗在祖国的军工战线，在自己平凡的岗位上为我国航空工业的发展，为社会主义建设事业做出了不平凡的贡献。

沈瑞源从小受过不少苦，饱尝了生活的艰辛。他深知工作的来之不易，从心里感谢党、感谢祖国给了他成为国企正式职工的机会。从参加工作时起，他就勤勉踏实、兢兢业业。他利用自己在上海私人五金工厂学到的知识和经验，投身于社会主义重点工程项目的建设。他热爱学习，善于钻研，并不断追求进步。在天津国营第 105 厂工作的 10 年中，仅针对技术加工难题进行的小改小革就多达 100 余项，为当时工厂的发展做出了很大贡献。

到遵义天义电工厂工作后，沈瑞源继续钻研业务，不断学习和总结，无论什么活他总要亲自动手干，哪里有问题他就出现在哪里。他是车间的“革新迷”，对每个技术难题，他都认真思考，废寝忘食，直至成功为止。1978—1988 年，他带领车间的同志们完成小改小革 210 项，为工厂节约和增加收入 123 万元。仅 1988 年一年，他就完成了 12 项技术改造，应用于 5 个产品的 12 个品种，创造价值上万元，为全面完成车间的生产任务起到了积极作用。

在工厂保军转民时期，沈瑞源主动承担了车间电度表、电表箱、节油阀等民品工装的制造任务。在较短的时间内，他充分利用废旧材料，采取土法上马的办法制造出结构简单、使用方便的工装 70 余套，解决了生产急需，为工厂节约原材料、工时价值达万余元。1982 年，为确保完成电度表的批量生产，他把某零件的加工工序由三道改为一道完成，节省工时 21.66 万小时，计价节资 54.17 万元。另外，他还将电冰箱蒸发器生产过程中的铝封管，改车床下料为铣床半自动切割，提高工效 5 倍，节省加工费用 2.5 万余元；他改进加工方法，将 M3－16 螺钉铣槽变为冷镦十字槽连螺杆一次成形，提高工效 10 倍；改进基架钻二斜孔半自动操作以及改 M4 零件加工为冲孔并安装自动落料装置等，这几项革新节省工时 9.4 万小时，计价 17 万余元。同时，他先后设计制造各类工装 60 余套，车工刀杆 70 余把，机夹组合刀头 80 余件，砂轮刀工具 10 余套，统计节省刀具费用近万元。他设计制造的 36 套工装被工厂定为“沈氏结构”，仅此就为工厂节约工装工时费 50 万余元。

沈瑞源工作照

沈瑞源把整个身心都投入到了工厂的生产和工艺装备的革新创造工作中，他在航空工业战线上奋斗了 38 个春秋，直至退休，他都念念不忘工厂的生产发展和技术进步，他就是这样一个在工作上无私奉献，敢于挑战自我的人。由于他工作业绩的突出，在广大技术工人中起到了很好的模范作用。他连续 7 年被评为厂级先进生产者和生产标兵，多次出席 011 基地先进代表大会，三次被评为厂级优秀共产党员，连续三年被评为 011 基地优秀共产党员。1986 年，他被航空工业部授予先进生产者称号，又获得贵州省五一劳动奖章；1989 年，他被国务院授予“全国劳动模范”称号。

沈瑞源非常重视对青年人的传、帮、带，毫无保留地把自己一生积累的经验和技术传授给了年轻人。他平易近人，不但在技术上毫无保留，而且在政治上也非常关心青年工人的成长。他所在班组的年轻人大多是他带出来的徒弟，业务上个个是强手，也继承了他一丝不苟，严谨求实、求新、求精的工作作风。

沈瑞源于 1992 年 2 月退休。

吴沈铎 1989 年全国劳动模范

吴沈铎（1930.11— ），浙江嘉兴人，1989 年全国劳动模范，时任航空工业部南方动力机械公司（现中国南方航空工业（集团）有限公司，简称中航工业南方）董事长、高级经济师。1952 年毕业于上海财经学院，同年分配到中央第二机械工业部航工工业局第 331 厂（现中航工业南方），1952 年 9 月—1954 年 2 月任车间会计；1953 年 12 月加入中国共产党。1954 年 3 月—1956 年，任会计科副股长；1956—1966 年，任计划科副科长、科长；1966—1973 年，任分厂副厂长；1974—1977 年，任厂计划生产处处长；1978—1983 年，任厂副总工程师、总工程师；1983 年 5 月—1993 年 11 月任南方公司总经理，1993 年 11 月—1997 年 10 月任董事长。吴沈铎自 1983 年出任南方公司总经理以来，面对企业产品落后、设备陈旧、资金严重短缺的困难局面，大胆决策，贷款经营，开发了一代新产品，改造了 3 条生产线，搞活了一个万人军工企业。1988、1989 年获湖南省劳动模范称号；1986 年获航空工业部劳动模范称号；1988 年获全国五一劳动奖章；1989 年被国务院授予“全国劳动模范”称号。1997 年 12 月退休。

吴沈铎 1952 年毕业来到株洲第 331 厂工作，为了尽快熟悉和掌握航空发动机制造技术，他一边工作一边在工厂业余大学攻读航空发动机设计与工艺专业知识，很快成为独当一面的骨干。他经历我国第一台摩托车发动机、第一台航空发动机、第一枚空空导弹以及第一台燃气轮机等产品的研制工作，由于工作勤奋，业绩突出，得到了组织的重点培养，两年时间就从一个普通的会计，提拔为副股长。此后，担任了计划科科长、副厂长、生产处处长、副总工程师、总工程师等职务，成为一位精通业务、娴熟外语、作风民主、善于抓住机遇、敢于创新的改革者。1983 年被任命为南方公司总经理。

吴沈铎自出任南方公司总经理以来，面对企业产品落后、设备陈旧、资金严重短缺的困难局面，为了摆脱困境，他大胆决策，贷款经营，开发了一代新产品，改造了 3 条生产线，搞活了一个万人军工企业。在他的主持下，公司测绘研制了霹雳 7 武器系统，改造了空空导弹生产线。霹雳 7 导弹在 1986 年实战靶试时 4 发 4 中，1987 年 4 月通过国家技术鉴定，引起了军委高层领导的重视，国防部长张爱萍亲自写信祝贺。

吴沈铎（右三）陪同江泽民主席视察生产现场

在吴沈铎的主持下，公司引进法国“海豚”直升飞机发动机制造技术，改造了航空发动机生产线，研制出涡轴 8 发动机，为我国武装直升飞机和支线客机提供了最新动力装置；研制了军民都适用的新一代中型摩托车，改造了摩托车生产线，适应了大批量生产的要求。他审时度势，在产品开发和市场开发中坚持高起点，立足国产化，及时下马停产了公司早期开发的一批小民品，集中力量开发燃气轮机、高档中重型摩托车等高技术民用产品。1986 年以来，先后推出了 5 个系列 10 多个型号具有世界先进水平的新产品，并迅猛扩大新产品的生产批量，使企业经受了国民经济宏观调整和军品陡然下降两个方面的考验。他提出了“纵向抓开拓，横向创水平”的综合创优办法，狠抓产品质量。几年来，公司年年出新机，年年创优质，先后有 3 项获得国家金质奖，3 项获国家银质奖，16 项获部、省级优质奖。南方－125 摩托车在 1988 年全国摩托车厂牌赛中，获 100～125 毫升级越野赛团体冠军，单项第一、第二、第四名和外观第一名。

在吴沈铎担任总经理的短短几年中，公司产品更新了一代，形成了军民结合以民为主的产品结构；技术改造上了台阶，主干产品的工艺技术达到了 80 年代初的国际先进水平；企业管理上了等级，成为国家二级企业和一级计量单位；精神文明建设推出了新格局，被评为全国思想政治工作优秀企业；经济效益连年创历史最好水平，1988 年与 1982 年相比，工业总产值增长了 2.16 倍，利税增长了 2.36 倍，职工人均收入增长了 136%，固定资产原值增长了 66%。

吴沈铎出任总经理期间，对理顺党、政、工三者的关系也做了大量工作，使公司党、政、工三者之间逐步形成了互相尊重、心和气顺，互相支持、亲密合作的良好氛围。

吴沈铎于 1997 年 12 月退休。

张续泉 1989 年全国劳动模范

张续泉（1927. 1—2006. 2），天津市人，1989 年全国劳动模范，中航工业天津航空机电有限公司（简称中航工业津电）副总工程师、总质量师。1951 年在天津津沽大学学习；1952—1955 任中央电工器材制造西厂（现中航工业津电）工艺科工艺员；1956 年起历任国营第 105 厂（现中航工业津电）工艺科副科长、副总工程师、总质量师。张续泉积极推进企业全面质量管理，结合企业实际主持编写出版 21 万字的《质量管理手册》，在生产中发挥了积极作用。张续泉 11 次当选天津市劳动模范，1 次当选天津市先进生产者；天津市总工会授予他“七五”和“八五”立功奖章，全国总工会授予他优秀科技工作者、五一劳动奖章。1984 年当选天津市红桥区第四届人大代表，1989 年 9 月被国务院授予“全国劳动模范”称号。1992 年 1 月退休。2006 年 2 月去世。

张续泉是一位把毕生精力和全部心血倾注在航空工业的优秀知识分子。他于 1958 年开始担任工厂总质量师，不顾自己视力微弱，积极推进全面质量管理，认真组织贯彻《军工产品质量管理条例》，并结合企业实际主持编写出版了 21 万字的《质量管理手册》，该手册在生产中发挥了积极而重要的作用。

张续泉积极主张加强制度建设。1987 年，他组织制定了工人持证操作、持证上岗等 5 项制度，从而进一步健全了公司的质量保证体系。与此同时，张续泉积极推动群众性技术攻关小组活动。在他的指导、组织和参与下，有 3000 多人接受了 TQC 教育、600 余人参加电教学习班，共组织成立了 464 个 TQC 活动小组，其中有 22 个小组先后获得部级优秀小组称号，累计创造经济效益 200 多万元。由于成绩突出，天津航空机电公司被天津市评为市级“电教”优秀单位。天津航空机电公司在 1986—1990 年间均超额完成国家下达的质量指标。

张续泉经常深入生产一线，及时有效地解决科研生产技术难题。1986—1990 年他直接解决技术难题 100 多项，仅 DE－6 断路器中一项部件结构的改进就减少了镀铜、淬火等两项工序，一年可节约 7 万个工时，降低废品率 15%，产量也由原来的 20 万台提高到 40 万台。

张续泉工作照

作为总质量师，张续泉不遗余力地努力组织开展产品创优达标工作，组织推动公司内部查处国家明令规定的淘汰产品，落实“五不准”。张续泉担任天津航空机电公司总质量师期间，从1985—1989年公司有11个系列160种产品获得部、市优产品称号，达到国内同行业先进水平。其中全自动牛奶包装机、PXT系列配电箱、电冰箱蒸发器等7项主要产品分别达到了20世纪80年代初国际先进水平。优质产品率达到历史最好水平，超国家一级企业标准。全自动牛奶包装机还获得了1988年国家银质奖，当年销售了270台，获利约300万元，占全年利税总额近1/3。

张续泉为公司开展全面质量管理、产品创优工作呕心沥血，做了大量艰苦细致的工作，并取得显著成绩。1984—1988年，天津航空机电公司72项支柱产品达到国际先进水平，获市、部、国优称号。其中，PXT系列配电箱获1984年市双优；QPJ－1生物病理切片机获1986年部、市级双优；GLB－10过流保护器获1987年部、市级双优；NBJ85－1、2全自动牛奶包装机获1987年部、市级双优，1988年国优产品。

1986年，张续泉受公司委托全面负责并组织实施企业升级工作，寒冬腊月，他冒雪带队赴外地学习企业升级经验。回公司后组织7个升级专业组，制定落实措施1030项。在他的组织推动下，公司完成了800万元利润目标，1988年6月通过晋升国家二级企业的考评，同时被评为国家一级计量单位，获部、市质量管理奖。

张续泉不仅工作一贯认真负责，作风严谨，一丝不苟，严于律己，宽以待人，而且生活作风俭朴，高风亮节。他身为高级工程师，出差在外地，不仅退掉软卧座席，连硬卧也不坐，和同事一道挤硬座车；他从不向组织伸手要待遇，他的奖金水平不到厂里工人的80%。尽管如此，张续泉还是热心为群众服务，忠实履行市人大代表的义务，被职工誉为“老黄牛”式的实干家。

张续泉于1992年1月退休，2006年2月去世。

关　桥　1989 年全国先进工作者

关桥（1935.7—　），山西襄汾人，1989 年全国先进工作者，焊接专家，中国工程院院士，中航工业北京航空制造工程研究所（简称中航工业制造所）研究员，所科学技术委员会副主任。1953 年在苏联莫斯科包曼高等工学院学习，获工程师称号。1959 年回国分配到第一机械工业部第九研究所（现中航工业制造所）；1959 年底—1963 年在苏联莫斯科包曼高等工学院读研究生，获博士学位。1963 年回国后在中航工业制造所工作，历任专业组长、研究室主任、研究员、所科技委副主任等职。1987—1988 年应英国皇家学会邀请，在剑桥英国焊接研究所（TWI）从事合作研究。1993 年后担任所国防科技重点实验室学术委员会主任。

关桥长期从事航空制造工程中特种焊接科学研究工作，是我国航空焊接专业学科发展的带头人，国际著名焊接专家，是“低应力无变形焊接”新技术的发明人。他提出的“内拘束度”概念，丰富了焊接力学学科的内涵，发展了“焊接瞬态热应变高温云纹测试技术”；给出了控制焊接不协调应变的物理数学模型；揭示了主动控制瞬态应力与变形的必要条件和充分条件，突破了板壳焊接变形“不可避免”的传统认识，发明了全截面热拉伸效应和局域热拉伸效应的低应力无变形焊接新技术，解决了影响壳体结构安全与可靠性的焊接变形难题。

关桥在国内国际先后获得全国科学大会奖、中青年有突出贡献专家、全国先进工作者、航空金奖、航空报国突出贡献奖、光华科技基金奖一等奖、何梁何利基金技术科学奖、中国焊接终身成就奖、国际焊接学会终身成就奖、英国焊接研究所布鲁克奖章、中国机械工程学会科技成就奖、乌克兰功勋勋章等。关桥曾当选为中共十一、十二、十三大代表；第六届全国人大代表；第九、第十届全国政协委员；北京市第十届人大代表；1994 年当选中国工程院院士。1989 年被国务院授予“全国先进工作者”称号。

主要事迹见《中国航空工业人物传 · 专家篇①》。

刘夏石　1989年全国先进工作者

刘夏石（1937.11—　），福建福州人，1989年全国先进工作者，时任航空航天工业部第602研究所（现中航工业直升机设计研究所，简称中航工业直升机所）设计员。1954年在南京航空学院飞机系学习；1958年在国营伟建机械厂（现中航工业哈飞）飞机设计室任设计员；1961年8月在国防部第六研究院第一研究所（现中航工业沈阳所）任设计员；1969年12月起在直升机设计研究所历任设计员、研究室任主任、科技委副主任等职。刘夏石是我国最早将计算机技术应用于飞机设计的科研人员之一。他的多项研究成果先后获全国科学大会奖3项，国家技术发明二、三等奖3项；国家星火计划二等奖1项；国家科技成果二等奖2项；省、部级科技进步一等奖4项；中国专利优秀奖1项。发表4本专著和100多篇论文。1978年荣获江西省先进工作者，1979年获第三机械工业部先进工作者，1980年获国防科技工业系统先进工作者。1986年国家人事部授予中青年有突出贡献的科技专家；同年国家科委授予国家级有突出贡献的科技专家。1986年获全国五一劳动奖章，并被授予“全国优秀科技工作者”称号。1987年获江西省劳动模范；1989年被国务院授予“全国先进工作者”称号。刘夏石是第七届、第八届、第九届全国人大代表。2004年3月退休。

刘夏石是我国最早将计算机技术应用于飞机设计的科研人员中的一员。他率先进行矩阵法和有限元法的应用研究，并成功应用于歼8机机翼；最先开展金属胶接、蜂窝结构与整体壁板的研究，并应用于高超声速歼击机；在飞机设计中大胆突破使用载荷下应用塑性设计的禁区，使高应力区能按设计意图分散应力，从而降低设计难度；引入国外先进技术，首次在歼击机机翼上采用塑性接头和齿板连接设计；领先开展“复杂航空结构最佳设计”研究，建立首套飞机结构优化设计方法。

刘夏石将大量的新成果成功应用到歼8机机翼设计上，开创了将自行开发的新技术成果直接应用到型号的新风气，受到试飞领导小组的高度评价。1977年专家组一致鉴定：“接近世界先进水平，开创中国航空计算力学之先河，对我国航空发展起到先驱和推动作用。”该项成果1978年获全国科学大会奖。

20 世纪 80 年代初仿制某大型直升机，在全机进行试验时机身提前断裂，引起巨大震动。刘夏石挺身而出，在国内首次开展高难度的全机承载能力仿真研究。当时国内尚缺大型计算机，刘夏石大胆地用小型机实时仿真模拟，研制出能贴合飞机双曲面外形的翘曲元，在计算机上重现全机静力试验加载过程，实现损伤随加载过程动态破坏实时仿真，结果与实际试验相当吻合，从而发现了问题的症结。该成果经专家鉴定：试验仿真工作意义重大，是开创性的研究成果，居国际先进水平。此项成果获国家技术发明三等奖。

复合材料旋翼与动部件对直升机是核心技术，刘夏石的“复合材料自适应辨识建模技术”攻克复合材料旋翼设计、计算难题，受到国际航空界重视，获国家技术发明二等奖，开创了中国直升机计算力学之先河。

刘夏石还针对各类型直升机特点开展科研，获得多项重点突破。对舰载直升机研究液固耦合与机舰相容性，以处理在波涛汹涌的海面及起伏不平的舰面上起降所涉及的着水着舰难题；对武装直升机开展布局优化，建立非线性吸能技术，提高耐坠性；对军用直升机进行“任务效能研究”，以指导背景机设计。这一系列研究分获多项部科技进步一、二、三等奖。刘夏石担任“中国直升机发展战略研究”组长，《中国直升机发展战略研究报告》成为获部科技进步一等奖的《2000 年的中国军用航空技术》发展战略研究报告的分报告。随后，他着手新概念直升机研究，提出无尾桨、潜水、高速直升机等新方案。

刘夏石在军转民上也做出了杰出的成绩，尤其在农业与陶瓷研究中取得令世人瞩目的重大科研成果。其农业研究成果被国家专利局和农业部作为首批推荐用于农业方

1995 年 12 月刘夏石（前一）陪同国防科工委副主任王统业（右二）等军方领导视察直升机所

面的专利技术项目，由国家计委、财政部列为国家重点农业新技术推广项目，同时获国内外发明展览会多项金奖。他所研究的高效节能无污染窑炉获得部节能降耗优秀成果奖，其创造的巨型陶瓷花瓶创大世界吉尼斯纪录，为我国农业、陶瓷、科学与艺术发展做出了杰出贡献。

1985 年，刘夏石作为中方 5 位高级专家之一参加中美 CAE 与 NASA 联合举行的航空航天领域高级别的科技交流活动；1988 年，赴法参加国际高技术博览会；1995 年应邀赴加拿大、马来西亚、美国等地进行科技交流活动；1996 年，执行中巴两国政府科技合作第十三届会议认定项目，率团赴巴基斯坦进行“土壤识别与优化施肥”技术合作和作专题讲座。

由于刘夏石的突出表现，1986 年 1 月，他在中南海怀仁堂受到党和国家最高领导人的亲切接见。1989 年刘夏石入选国家级专家。他系中国科协第三届委员、中国航空学会、中国力学学会与中国复合材料学会理事、南京航空航天大学兼职教授，曾任景德镇市政协副主席，景德镇市人大常委会副主任，被聘为福州高新技术开发区特约研究员、九江市政府顾问、景德镇市智囊团成员。2004 年 3 月退休。

高世然 1989年全国优秀党务工作者

高世然（1934.2— ），吉林乾安人，1989年全国优秀党务工作者，时任国营平水机械厂（现中航工业贵州平水机械有限责任公司，简称中航工业平水）党委书记。1955年8月参加工作，在沈阳航空喷气发动机厂（现中航工业黎明）历任30车间检验值班长、宣传部干事。1969年6月支援三线建设，到贵州省平坝县平水机械厂，先后担任宣传科长、政治部副主任、主任、党委副书记、厂长、党委书记、调研员、高级政工师等职。高世然随着党委在企业中地位的转变，把思想政治工作做到一线上，做到管理上，做到经营上，甚至做到市场上，团结带领广大干部职工从1989年到1991年，连续3年实现利润超过千万，一举夺得贵航集团人均创造利润“三连冠”的桂冠。1988年、1989年连续两年荣获贵州航空工业管理局优秀党务工作者称号；1989年分别被授予航空航天部、贵州省优秀党务工作者称号，同年被中共中央组织部授予“全国优秀党务工作者”称号；1991年被评为航空航天工业部劳动模范。1994年2月退休。

新中国诞生不久，高世然怀着一腔报效祖国的深情来到了哈尔滨工业学校，并以全优的成绩走出了校门，步入沈阳航空喷气发动机厂工作。不久，正当他在生产一线值班工长岗位上恪守职能时，组织上调他任党委宣传部干事，从此他便开始了从事思想政治工作的生涯，并与之结下了不解之缘。

1969年，高世然响应国家支援三线建设的号召，放弃优越的城市生活，携带一家老小奔赴贵州高原。初来贵州，映入眼帘的是：怪石奇洞，荒山秃岭。面对这番情景，高世然深深地体味到了创业就意味着艰苦奋斗。“政治工作是一切经济工作的生命线”，高世然信奉这一格言并付诸行动，不改初衷。他从干事到科长、从政治部副主任到副书记，又从厂长到书记，在长达30多年之久的思想政治工作生涯中，始终没有忘记我们党的优良传统。

“做好思想政治工作，必须吃透‘两头’”。这是他多年实践的深刻体会。他对党务部门的同志讲：“‘一头’在上面，另‘一头’在下面，把这‘两头’吃透了，就能找到两者的最佳结合点，真正发挥思想政治工作的强大的威力。”因此，工作越忙，他学习越刻苦。他认真阅读马列主义和毛泽东著作，学习邓小平同志等老一辈无产阶级革命家的重要著作和党的方针政策。1989 年他看到发生的政治风波给职工思想带来的影响，心里非常不安。提出“关注、学习、坚守岗位”的要求，并以“如何正确分析认识大气候与小环境的关系”为主题，反复进行思想教育。在他的正确引导下，使工厂秩序井然，当年的5、6 月完成总工时23 万多小时，创造了同期历史的最高纪录，平水机械厂无一人卷入这一动乱。

随着党委在企业中地位的转变，高世然把职工思想政治工作做到一线上，做到管理上，做到经营上，甚至做到市场上。经过平水机械厂领导班子和全体职工的顽强拼搏，终于开发出横包机等 3 个新产品，使平水人看到了腾飞的希望。为研制新品，高世然蹲在生产现场，带领职工日夜奋战。

生产横包烟机需要每个机组送到厂家后，还要派人去调试，难度大、要求高、周期长。能否按期交付并投入使用不仅用户关注、着急，而且也牵动着全厂职工的心。为了调动调试人员的积极性，鼓励他们热情服务，高世然组织开展了多种活动，使全体调试人员受到了鼓舞，从而保证了每个批次调试任务的顺利完成。这一举措，获得了航空工业部思想政治工作成果奖。

从 1989 年到 1991 年，改革的春风吹来了平水人久盼的“黄金时期”，平水人终于像一匹黑马，冲出了低谷，连跨三大步，跃居贵航集团效益之首，连续三年利润超过千万，一举夺得了贵航集团令人赞不绝口而又备受青睐的人均创造利润连续 3 年第一的“三连冠”。1988 年工厂被评为局级思想政治工作优秀企业，1989 年被贵州省评为思想政治工作优秀企业。

高世然工作照

1990 年是平水厂的第二个夺冠年。刚刚步入 56 岁的高世然并不为已经拿到手的“金牌”沾沾自喜，也不安于在领导的“宝座”上泰然处之，他把心思放在工厂的长远发展上。他认为增强工厂发展的后劲，最根本的途径是更多地启用年轻人，向组织诚恳地请求退居二线，让比自己年轻的同志早点挑起重担。

关心下一代健康成长，是高世然念念不忘的大事。他首先推出“平水希望工程”的构思，还提出了党政工团齐抓共管的帮教具体运作思路和要求。对离退休的老同志，他更是一往情深。1993 年，工厂开办老年经济实体，他奔赴河南、广东，讲技术、出点子，整天和老同志干在一块，率领大家共同开发了荧光灯电子节能器和亚超声遥控开关投放市场，使老同志“老有所为”，生活变得更充实了。

高世然于 1994 年 2 月退休。

庞泉水 1989年全国企业优秀思想政治工作者

庞泉水（1935.6— ），河北曲阳人，1989年全国企业优秀思想政治工作者，时任航空工业部成都发动机公司（现中航工业成都发动机（集团）有限公司，简称中国工业成发）党委书记。1956年8月—1963年7月在哈尔滨市中国人民解放军103部队学员连任党支部书记。1958年8月—1963年7月在北京航空学院学习。1963年8月毕业后分配到国营新都机械厂（现中航工业成发）工作。1964年6月—1968年3月历任厂政治部干部处干事、政治部工会主席；1968年4月—1970年5月在71车间当工人；1970年6月后历任厂组织部干事，设计所党支部副书记、书记、副所长，教育中心党委书记，厂工会主席等职；1984年10月—1993年5月任厂党委书记。1989年被中共中央宣传部、中共中央组织部、国家经济贸易委员会、中华全国总工会联合授予“全国企业优秀思想政治工作者”称号；1991年荣获航空航天工业部劳动模范称号。1988—1998年被选为四川省政协第六届、第七届委员。1998年11月离休。

1984年庞泉水任党委书记职务不久，即按照中央部署，在全厂组织开展整党工作。庞泉水团结率领党委班子，经过宣传动员、学习文件、对照检查、组织处理、总结验收等工作阶段，认真全面地完成了整党任务，使工厂的整党工作取得了很好的成效，受到成都市委整党指导小组的好评，在《成都晚报》的头版位置介绍了成发厂整党工作好的典型和经验，并多次在四川省、成都市有关会议上做了发言。

在庞泉水任党委书记的9年时间里，工厂处于不断改革、产品结构不断调整、军品不断减少、有的民品尚未形成气候的局面。工厂经营困难、效益低下，工作的难度和压力可想而知。但他不怕困难，保持了良好的精神和稳定的心态，积极发挥思想政治工作的优势。成立了工厂思想政治工作研究协会，每年都定期召开工厂政治工作会议，在职工中开展理想、纪律教育，开展政治、业务和有关法规的培训，提高职工队伍整体素质，促进各级干部和职工队伍的思想稳定，保持工厂的安定团结，为工厂的改革以及生产和经营奠定了良好的基础。

庞泉水工作照

庞泉水认真抓好党的建设，坚持按制度和规定检查指导党员的发展和干部队伍建设，重视改善党员和干部队伍年龄、文化结构，重视解决多年形成的知识分子入党难的问题。按照党群组织的组织法规定，监督、指导党团各级组织的换届选举工作。认真贯彻执行党的干部路线和“四化”方针，促进工厂各级领导班子的建设。

庞泉水注意搞好党政之间的协调与配合，支持厂长对工厂生产、经营的统一指挥，积极参与重大行政工作，协助厂长制订年度生产经营计划和工厂各级改革方案和措施。为争取更多的军品任务和民品项目，维持工厂的正常运转，身为党委书记的庞泉水协助行政领导去上级主管单位和部队跑科研经费，争取产品“预付款”，争取有关项目资金，到有关企业追欠款和促进民品销售等方面都做了大量工作。

工厂由于扎实的思想政治工作和生产、经营上较好的成效，成都发动机公司曾多次被评为先进单位，文明单位。

庞泉水于 1998 年 11 月离休。

贾印印 1995 年全国劳动模范

贾印印（1948.7— ），陕西西安人，1995 年全国劳动模范，中航工业西安飞机工业（集团）有限责任公司（简称中航工业西飞）车工、高级技师。1969 年由西安航空技校毕业分配至国营红安机械制造公司（现中航工业西飞）机加 33 厂车工。1976 年加入中国共产党。贾印印以其精湛的技艺、高尚的品格和无私奉献的精神，先后荣立一等功 4 次、二等功 3 次、三等功 4 次。自 1971 年起，连续 30 多年被评为分厂、公司级先进个人；1979 年起，连续 20 多年被评为西飞公司优秀共产党员；1983 年以来，先后被评为部、局先进生产者、质量标兵、优秀共产党员、劳动模范；名字载入《航空教育读本》；1987 年，成为西飞公司第一批部级高级技师之一；1995 年被国务院授予“全国劳动模范”称号；2000 年，作为全国范围内遴选的 7 名全国劳动模范代表之一，对古巴进行友好访问；2000 年，在北戴河受到党和国家领导人的亲切接见；2006 年，被中国一航授予航空工业突出贡献奖；2008 年，在西飞建厂 50 周年之际被授予特别贡献奖；2011 年中航工业成立 60 周年之际，被授予航空工业突出贡献奖。贾印印是西安市阎良区第五、第六、第八届人大代表。2008 年 7 月退休。

贾印印自 1969 年进国营红安机械制造公司以来一直从事车工工作，他几十年如一日，每天提前 20 分钟来到车间。从 1992 年开始，车工一年正常考核是 2448 个工时，而他每年完成上万工时，相当于一个人完成了 4 个车工全年的定额指标。在 1982—1995 年 13 年里，贾印印累计完成 8.13 万个工时，相当于干了 33 年的活，提前 20 年跨入了 21 世纪。

贾印印在工作中是个认真细致的有心人，30 多年的车工生涯练就了一身精湛的技艺，但他并没有因此而丝毫放松产品质量。多年来他一直承担着波音等国外转包产品的车工关键工序，他说：“这些产品要交付给国外，代表着中国的形象，必须万无一失。”在工作中，他有几个著名的“三”，即“三快”（脚快、手快、说话快），每一个动作，好像时间总是在后面追赶着他似的；“三勤”（勤看、勤量、勤检查）；“三不开工”（即图样消化不透不开工，图样、工艺、流量、路线卡片不到位不开工，刀夹量具有毛病不开工），这就充分保证了零件的加工质量。贾印印在工作中始终保持着优质高产，从未出过废品，检验合格率为100%，被公认为“质量信得过的人”，他的产品被定为“免检产品”。贾印印在工作中勤于钻研、善于动脑，先后进行较大的技术改造20多项，仅在运7某型机的研制生产中，他一人就搞了10多项技术革新，使工作效率成倍增长。

贾印印不仅自己干得好，还热心传授技艺，毫无保留地将自己的绝招技艺传授给车间的青工。20世纪80年代以来，贾印印带出的徒弟有20多个，各个都得到他的真传。不管是徒弟、班组其他工友，还是本厂和外厂的工人，只要向他请教，性格温厚的他都耐心地给予指导。有的青工看不懂图样，他就不厌其烦地给予解答；对于复杂活，他更是耐心讲解、亲手示范，干完一件检查合格后才离开。车工讲究“三分技术七分刀”，刀磨得好坏，直接关系着干活的效率和质量。贾印印常常守在砂轮机手把手教徒弟磨刀，青工有了难题，首先想到的就是找贾师傅。

1989年以来，贾印印带了多个徒弟，人人都成才，有的还获得西飞比武佳绩。“名师出高徒”，一个贾印印带出了好多个“贾印印”。贾印印和爱徒们的机床一字排开，形成了33厂车工技术核心的阵容。1988年前，33厂车工工序仅有贾印印一人具有加工美国波音垂尾零件的操作合格证，在他的传带下，他的徒弟们也先后获得了波音资

贾印印工作照

格的操作合格证，都能独立承担起这些高难度的外协加工任务。同时，贾印印和接受他传、帮、带的青工们既是师徒，又是朋友，下班后或星期天，师徒们在一起打扑克、钓鱼，生活充实而又丰富有趣。

由于长期在车工生产一线从事繁重的生产任务，贾印印患有颈椎病、高血压 、高血脂等疾病。西飞对劳模采取保护政策，2005 年让他由生产一线退下来担任分厂技术顾问，对青工的技术进行精心指导，直至 2008 年退休。

贾印印虽然是一名普通工人，但他关心企业、社会和国家的大事。他是分厂的政治宣传员、西飞职代会主席团成员，还是西安市阎良区第五、第六、第八届人大代表，对于群众生活问题、干部廉政问题、社会治安问题、体制改革问题等，他广收意见，向有关部门反映解决，成为群众生活中的贴心人，仅在阎良区第五届人大代表一届，就书面反映群众意见 30 多条。

贾印印于 2008 年 7 月退休。

梁木森 1995年全国劳动模范

梁木森（1948.9— ），江西南昌人，1995年全国劳动模范，中航工业江西洪都航空工业集团有限责任公司（简称中航工业洪都）钣金工。1967年8月分配至国营洪都机械厂（现中航工业洪都）钣金加工厂工作。在生产工作中几十年如一日，积极努力，以主人翁的精神奋勇拼搏，勇挑重担，努力完成领导交给的各项生产、科研任务，每年都超额几倍完成生产任务。工作中还经常动脑筋、想办法，实现上百条合理化建议，小改小革，不断改进操作方法，自制各种土模具、夹具，自制毛料样板，节约大量原材料，提高工作效率2~10倍，减轻劳动强度，提高产品质量，创价值近10万元。在生产中特别重视产品质量，做到优质高产。由于工作努力，成绩突出，获得20多次厂先进工作者、10次劳模和多次工厂与市级优秀共产党员、南昌市劳模、江西省劳模称号。1995年被国务院授予“全国劳动模范”称号；1996年获航空工业总公司劳动模范标兵奖状。2008年10月退休。

1967年，梁木森从半工半读学校毕业分配到国营洪都机械厂，当了一名钣金工人，从此便与榔头、橡皮、剪刀结下不解之缘。梁木森所在的车间二工段，主要生产飞机上的大型框架零件，品种多，批量少，零件外形复杂，技术要求高。由于机械化程度低，许多零件主要还是靠手工成形，劳动强度可想而知。并且随着青年工人的增多，技术力量一时还跟不上。作为一位老师傅，一名工人技师，一个共产党员的梁木森深知自己肩膀上担子的份量，工时紧、技术难度大的关键件、复杂件、特急件，他几乎包了。

有一年，梁木森因公外出不慎脚背扭伤，疼痛难忍，医生诊断为骨折，给他上了夹板，嘱咐休息一个月。当他听说车间里突击强5飞机的不锈钢机尾罩正处在紧张时刻，就再也坐不住了，休息不到10天，便一瘸一拐地赶到车间参加战斗。1990年5月，梁木森因工作长久站立造成静脉曲张，住院开刀，但躺在床上的他总是牵挂着月底还有几项配套零件要完成，居然趁开刀前医生做手术准备的两天时间，溜回车间操起了榔头，直到完成了任务才安心接受手术治疗。

1992年国庆前夕，大家都在忙着打扫卫生，准备过节，突然传来佳木斯的农5飞

梁木森工作照

机告急，机上的鲸鱼形蒙皮急待更换。梁木森二话没说，很快吊来了模胎。一时找不到安放模胎工作凳，为了争取时间，他干脆将模胎放在地上，他一会蹲在地上，一会儿弯着腰一直干到 10 月 3 日把急件突击完工。回家正想躺下休息，又接到强 5 大修机隔板的急件任务，为确保急件按时完成，车间决定还是请他出马。梁木森没有半句怨言，支撑着疲惫的身子赶忙来到初装车间，一干又是五六个小时。

年复一年，梁木森就是这样视完成任务为己任，把辛勤的汗水毫不吝惜地抛洒在自己的岗位上。仅从 1992—1995 年，梁木森有记录可查的加班就达 1100 次，平均每 4 天就有 3 次加班，完成工时 29436 小时，相当于 11 年零 8 个月的工作量。

“军工产品，质量第一”，在他念书时就如雷贯耳。那一件件、一桩桩因忽视质量而造成事故的教训，更使梁木森刻骨铭心。注重质量的这根弦在梁木森心中从未松过。无论是生产大零件还是小零件，无论加工关键件还是一般零件，梁木森都一丝不苟认真对待。对照图样、模具、样板、检查原材料，直到所有的条件都符合工艺指令才开工是他的“法定程序”。

梁木森加工的产品，质量全优不仅仅是因为他认真细致，一丝不苟，更重要的是他始终坚持技术革新，用科学的方法来达到确保产品质量，提高工作效率。

某型飞机一块腹板，上面有许多弯边孔，按以往的工艺加工方法是先弯边，后爆炸成形，再送去淬火，最后用手工校形，用这种方法零件淬火后变形大，用手工很难校贴模。而且零件表面榔头印迹多，质量和生产进度都要受影响，梁木森接过零件图号时，认真查找其他同志生产该零件质量差的原因，并对操作规程反复进行推敲琢磨，于是大胆地提出了先弯边后淬火再送去爆炸成形，最后用手工校形的加工方法。实践证明，这种方法不但保证了产品质量，而且提高工效 2 倍以上。

K8飞机有两项整流罩零件，外形不大，要求拉伸高度却达47毫米，而且转弯半径和上下底口边都很小。用落锤模拉伸，零件便起皱裂纹。为不影响装机，过去只好将裂纹补一下了事，严重影响了零件外观质量。1993年，梁木森接到该整流罩的加工任务后，又开动了脑筋，自制了两套塑料模具，用于零件半径最小的部位加压，然后收缩横向部位，改变了原先在横向部位加压，纵向部位收缩的老办法，解决了零件起皱、破裂这个难题，拉伸高度和表面质量完全符合技术要求，攻克了一项多年未解决的技术难关。

梁木森自参加工作至今，参与生产、试制的航空产品10余种，生产交付的零件10万余件，没有出过一件废品、超差品，是一位名副其实的生产产品质量信得过的人。

梁木森于2008年10月退休。

林菊凤 1995 年全国劳动模范

林菊凤（1956— ），上海人，1995 年全国劳动模范，时任贵州西南工具总厂（现中航工业贵州西南工具（集团）有限责任公司，简称中航工业西工）工人。1977 年参加工作，在西南工具总厂干铣工。林菊凤工作 25 年来，一直工作在刃磨机床旁，勤学苦练，练出了一手好技术，只要凭手感和眼睛及磨削时的声音，就能把各种不同的刃具在不同角度一次准确地磨出来，而别的同志往往要试磨两三次才能合格。由于她的突出表现，1993 年获得全国总工会授予的“全国先进女职工”称号；1994 年全国五一劳动奖章获得者、贵州省十大杰出青年、贵航集团劳动模范；1995 年获得省委省政府授予的贵州省劳动模范称号、贵航集团优秀共产党员称号，同年被国务院授予“全国劳动模范”称号；1996 年获得航空工业部劳动模范标兵称号；1998 年被贵州省国防工业工会评为职业道德标兵；1998 年被授予“全国十大杰出工人”称号。2001 年 10 月退休。

1977 年 4 月，21 岁的林菊凤告别了 3 年的知青生活，踏进了工厂的大门。

初进厂，林菊凤对一切都是那么的新奇和陌生。她什么都想学，哪台机床都想动一动，恨不得马上就能上机床操作，看到小组里一位仅比她年长几岁的青年，刃磨得又快又漂亮，心里直痒痒，性格倔强的她暗下决心：我要赶上她。

一天，组长安排她和另外两人包干一项立铣刀，刃磨的所有工序都由她们来完成。林菊凤心想，这有什么难的！就不假思索，痛痛快快应承了。没想到，开端面齿时，他们碰上了“拦路虎”。这种出口立铣刀，对端面齿形状有特殊要求，他们谁也没有干过。横下一条心闯关吧，不行！干砸了，于己于厂都无法交待，正应验了那句“没有金刚钻，揽不了瓷器活”的名谚。林菊凤不得不硬着头皮去求助别人加工。任务算完成了，羞愧却深深刺痛了林菊凤的心。她感到自己技术上的差距。林菊凤更加发狠了！磨周齿，开端齿，凡是没有干过的她都要学一学。一有空隙，就找来各种类型的废刀具照着练。小组和车间领导见林菊凤干活麻利、实在，也就格外关照她，有什么难活、急活就总想把她带进去，使林菊凤多了不少在技术上长进的机会。

加工一种比筷子头还小的微型立铣刀的周齿后角是刀具刃磨中的难题之一，加工精度要求高，公差一般只有千分之几毫米，仅相当于一根头发丝的1/10。刃磨这种活好比在机床上搞微雕，费眼神不说，稍不留意，尺寸就超差。一般人要么不敢干，要么刃磨效率很低，废品率高。而林菊凤所在车间的这种小立铣刀特别多，任务往往“卡”在周齿后角工序上，常常令车间领导“头痛”。针对微型立铣刀的刃磨特点，林菊凤从磨削余量的选择到进刀力度和速度的把握，一次一次寻找规律，一点一滴积累经验，终于摸索出一套独到的加工方法。原来需要试磨好几次才能合格的产品，现在她只需凭手感，听磨削时的声音，看磨削时的火花，就能将不同刀具的不同角度一次准确地磨出。生产效率提高了两三倍，合格品率达98%。

有一次，一位外商拿来一件韩国的立铣刀，分厂领导请林菊凤当场磨制周齿后角。第一次见到这种立铣刀的林菊凤随即楞了一下，但马上就镇静下来，她拿过刀具，自信地目测出后角的大小，然后从装活、调整机床，到进刀、退刀、卸活，整个过程轻快自如，动作娴熟协调，犹如一位功底熟谙的画家的洒脱手法。经检测完全符合要求，一次磨制成功。外商竖起大拇指，连称“OK”!

过硬的技术使林菊凤在生产中如虎添翼，干同样的产品，工效比别人高出一倍多，在小组里，她一人要顶两个半人。平时，别人不干的她干了；别人嫌工时少，技术难度大的，她完成了。在技术殿堂里，她当之无愧地获取了国家级工人技师证书。

凡熟悉刃磨的人都清楚，刃磨工的劳动是非常艰苦的。干活时要靠在齐胸高的磨床上，双手协调动作，一靠就是几个小时，任务紧急时，一干就是10多个小时，苦脏

劳动模范林菊凤

不说，一天下来手臂常常青肿酸痛抬不起来，半拉身子发木，站时间长了腿肚就涨痛。每天刃磨间飘着抽风机难以吸尽的粉尘，干活时必须戴口罩，可是一戴口罩，一会儿就捂得浑身是汗，汗水和着粉尘顺着脖子和脊梁往下淌，那个难受劲就别提了。遇到抛光活和长钻头磨钻尖，更是又脏又累，有的男同志都吃不消，她却包揽下来，为此双手经常打起血泡，手臂常青一块紫一块的，头天的伤痛还没好，第二天又得忍痛继续干。

因此，有的人干不多久就提出调换工种，或者对脏活难活不沾边。林菊凤却迎着困难上，她常说："当工人就要当个好工人，干活哪有不吃苦的。如果大家都不干，工厂哪来的效益。"

就是这样，林菊凤工作 25 年来，一直工作在刃磨的机床旁，从参加工作到退休，她工作兢兢业业，只要一进车间就像个"拼命三郎"，一头扎进生产中，她干活、交检都是快节奏、高效率的。

林菊凤于 2001 年 10 月退休。

唐乾三 1995年全国劳动模范

唐乾三（1933.7— ），湖南长沙人，1995年全国劳动模范，时任沈阳飞机工业（集团）有限公司（简称中航工业沈飞）董事长兼总经理。1952年4月毕业于湖南楚怡高级工业学校，同年分配到国营第112厂（现中航工业沈飞）工作。1955年加入中国共产党。在沈飞工作期间历任厂总值班调度，37厂车间调度室主任，车间副主任、主任，厂检验处处长，厂生产办公室主任，总调度长等职。1978年任副厂长，1979年任公司副经理，1982年8月任公司经理。1994年6月—1995年5月，任沈飞公司董事长、总经理。1995—1997年10月辽宁省经贸委顾问。唐乾三担任沈飞公司总经理期间，发扬开拓创新的精神，紧密团结公司党政领导班子，依靠广大职工，使沈飞公司在航空工业企业的“第二次创业”中率先成为军民结合型企业。1985年、1987年、1989年被评为沈阳市劳动模范；1986年、1987年被评为航空工业部劳动模范，1988年、1990年被评为航空航天工业部有突出贡献专家；1987年、1989年、1992年被评为辽宁省劳动模范；1988年荣获全国总工会五一劳动奖章；1992年荣获第三届全国科技实业家创业银奖；1993年被评为沈阳市特等劳动模范；1994年获第五届全国优秀企业家称号；1994年被评为辽宁省优秀创业者；1995年被国务院授予“全国劳动模范”称号。1997年10月退休。

唐乾三担任沈飞公司总经理期间，沈飞公司一方面军机批生产任务大幅度减少，军机生产结束了仿制，进入了自行研制的时期，新机品种多、数量少，难度大，科研试制任务艰巨，航空工业企业必须在“保军”的前提下完成“军转民”、“内转外”的战略转变；另一方面，又必须积极改革企业的管理体制，完成由计划体制向市场经济体制的转变，以及经济增长方式由粗放型向集约型的转变。唐乾三发扬开拓创新的精神，紧密团结公司领导班子，依靠广大职工，使沈飞公司在航空工业企业的“第二次创业”中率先成为军民结合型企业。

唐乾三上任初期，正是我国自行设计制造的高空高速歼击机——歼8飞机（白天型和全天候型）处于生产定型和设计定型以及歼8Ⅱ型飞机试制的紧张时期。歼8白天型飞机是1980年12月开始装备部队的，为解决该型飞机在使用中出现的技术质量问题，唐乾三和驻厂总军代表亲自到部队走访，抓好关键件、关键工序的质量控制，组织技术攻关，使该型飞机于1986年2月20日通过了生产定型。与此同时，他领导创建了军机生产的质量保证体系，狠抓创优规划的落实，组织蜂窝结构、雷达舱温度高等重大技术问题的攻关，使歼8全天候型飞机于1985年7月27日通过了设计定型。这两种型号的歼击机于1985年10月双双获得国家科技进步特等奖。

歼8Ⅱ型飞机虽然是歼8Ⅰ的改进型，但改动量达35%以上，可以说是一种新型飞机。该型飞机1980年9月立项，1984年初进入紧张的总装与实现首飞阶段。唐乾三作为现场指挥部的总指挥，精心组织，运用系统工程的方式，实施科学管理，并采取技术经济承包责任制的办法，使歼8Ⅱ型飞机比计划提前110天首飞成功，被空军首长称为“创造了一个奇迹”。随后仅仅用了3年多的时间就实现了设计定型。这在我国歼击机研制史上是少有的高速度。歼8Ⅱ型飞机1991年获部级科技进步一等奖。在原型机的基础上，歼8Ⅱ型飞机有多种改型，形成了歼8系列飞机。1992年7月，唐乾三积极组织了航空系统的部分厂、所，以自行投资、自担风险的联合体方式，研制歼8ⅡM出口型飞机，成为我国歼击机研制史上的新创举。此外，唐乾三还领导组织了“八二工程”、歼8Ⅲ、歼8B、歼8D等型飞机的研制与生产，以及歼8ACT的科研工作，均取得了丰硕的成果。

1984年以后，沈飞公司的军机生产任务陡降，使得沈飞公司的生产经营产生极大的困难。唐乾三率领公司领导班子审时度势，坚决果断地实施了“军转民”的发展战略，

1990年10月31日唐乾三（左三）陪同中共中央总书记江泽民视察沈飞公司

采取公司集中资金发展支柱民品，各生产单位积极发展“短、平、快”民品这样两条腿走路的办法，以扎扎实实的作风和措施，大力发展民品生产，使企业很快走出了困境。

1985 年 5 月初，沈飞公司确定了重点抓好汽车、铝型材、烟草机械、通路地板等支柱民品的开发。唐乾三积极筹措资金，先后进行了大客车、铝型材、轻型越野车等生产线的技术改造，成立了沈飞公司汽车厂、铝合金分公司、民用电器厂、汽车二厂等民品专业厂，一批年产值上千万元的支柱民品形成了规模。与此同时，鼓励有开发手段的单位承揽了大量的适销对路的自揽民品。1985 年，沈飞的民品年产值由几百万元一举突破了 1 亿元大关。1985—1989 年，其民品产值平均每年以 61.7% 的速度递增，产值累计达到 9 亿多元。“八五” 期间，沈飞的民品年产值每年递增近亿元。

唐乾三在狠抓民品发展的同时，积极实施“内转外”的战略方针，于 1991 年 3 月开始，先后同波音公司、英国宇航公司等 7 国 13 家的航空公司签订了转包生产合同。“八五” 期间，合同金额达 3.65 亿美元。特别是 1995 年初，同波音公司签订了转包生产波音 737 – 700 飞机尾段的合同，并先后通过了美国 FAA 的 3 次审计。2000 年 6 月 8 日交付了波音 737 – 700 首架尾段，标志着沈飞公司成为世界一流的民机零部件供应商。

1985 年 3 月，沈飞公司率先在航空系统实行了以目标利润递增为核心的经济承包责任制，并不失时机地对干部、人事、劳动、工资、住房、医疗等制度进行了改革。同时，广泛开展了“抓管理、上等级，全面提高企业素质”的管理升级活动，专业管理和综合管理水平有了明显的提高。

唐乾三于 1997 年 10 月退休。

滕树沅　1995 年全国劳动模范

滕树沅（1951.5— ），湖南常德人，1995 年全国劳动模范，中航工业国营长江动力机械厂（简称中航工业长江）车工、技师。1968 年 12 月参加工作，1971 年 5 月在长江动力机械厂四分厂干车工，2006 年调车间调度室工作，1988 年 9 月加入中国共产党。1986—1994 年，8 年时间干了 24 年的活，被誉为“航空战线的尖兵，跑在时间前面的勇士”。1978—1985 年连续被评为厂先进工作者；1986—1998 年连续 13 年被评为厂劳动模范。1990 年以来曾多次被评为工厂和岳阳市优秀共产党员，先后多次获技术革新能手、质量能手、新长征突击手称号。1993 年 5 月被中华全国总工会授予全国优秀业务能手称号和全国五一劳动奖章，同年湖南省人民政府授予省劳动模范称号；1995 年 5 月被国务院授予“全国劳动模范”称号。2011 年 5 月退休。

三寸长车床摇把在滕树沅的心中有多重，谁也掂量不准，只知道他一猫下身来抓住摇把，就立即进入一个属于他的王国，一台 C620－3 普通车床摇把他整整握了 34 个年头，1986—1994 年，他 8 年干了 24 年的活，被誉为“航空战线的尖兵，跑在时间前面的勇士”。

滕树沅朴实、憨厚，待人和气，看上去像个书生，可干起活来浑身都是劲。20 世纪 80 年代初期工厂干涡喷 6 航空发动机火焰筒，为了加工 100 个耐高温的不锈钢合金材料急件，他和磨工配合，在厂房整整干了两天一夜。干完活后，他躺在厂房的长凳上睡着了，第二天，总工程师一大早来到工房，看到此情景，鼻子一酸，赞叹道：“真是好汉一条，硬梆梆的拼命三郎啊！”

滕树沅为了多干活，他每天都是提前半小时上班，晚上干到 11 点，中午不回家休息，星期天也贴上了。他每年完成定额工时居全厂车工之首。

领导分配给滕树沅的往往是一些高难度、高精度的关键活和紧急件，他都能以顽强的毅力和惊人的速度出色地完成。1979 年中越自卫反击战前夕，他负责加工紧急军品 85 微旋破甲炮弹中几道精度要求高、难度大的工序。由于只能利用小拖板手动加工，进刀快，必须使用足量的冷却液。他接受任务后，二话不说，头戴斗笠，衣袖上捆着塑料布，任凭周围 5 米^2 的乳化油溅如雨淋，一丝不苟地操作。一天下来虽然拿下 400 多件产品，但他浑身骨头像是散了架，吃饭连筷子都握不住了，可是，第二天又照常上班。他就是这样凭着一股牛劲，连续干了 3 个月，终于圆满地完成任务。

滕树沅业余时间坚持系统地学习专业技术，向分厂名师请教，逐渐成为一名技术精湛的样板车工，多次在厂内外车工技术比武中夺冠，1987 年成为质量自控工人（产品免检），1989 年、1996 年先后被聘为车工助理技师与车工技师。

多年来，他凭着技术绝活“滕氏夹具”、磨刀“滕八级”，成功地实现了 750BD107 零件内槽刀的改进、7204316 变速把手孔的钻铰刀加工方法改进、WP－11 石墨油圈的技术改造、微旋炮弹活塞型面加工工艺的改进等技术革新项目 36 项。尤其是在干 723005 零件时，他设计的“滕氏夹具”提高工效 5 倍，多项技术革新为工厂创造了良好的经济效益，并使他成为航空工业系统小有名气的技术革新能手。

20 世纪 90 年代初期他在干外贸产品——喷水泵叶轮轴时，一种加工难度很高的不锈钢长件有 25 道工序，相关尺寸 12 处，要求公差为 0. 02 毫米，两处外圈跳动为 0. 01 毫米，端面跳动为 0. 05 毫米，比一根头发丝还细。军代表和美国客商看到滕树沅能在普通 C620－3 车床上干出如此高精度的绝活，无不惊喜万分，赞叹不已。

滕树沅工作照

滕树沅有一手绝活，人称“滕八级”，但他从不把自己的技术和绝招当做个资本，而是点点滴滴、尽心尽责地传授给徒弟。他要求徒弟像战士爱枪、人们爱护自己眼睛一样爱护自己的车床。俗话说，车工是“三分技术，七分刀子”。滕树沅磨刀子有绝活，教授徒弟也很得法，不仅有示范动作，还有如数家珍的磨刀诀窍。他教导徒弟磨刀一次不行就两次，两次不行就三次，就是这样反复练习，直到成功为止。

滕树沅带徒弟不光带技术，而且还带思想、带作风。对于少数不安心工厂工作的徒弟，他经常与他们促膝谈心，现身说法，帮助徒弟解开思想、工作上的疙瘩，安心一线工作，并且进步很快。他带的 20 多名徒弟现在大部分成为工厂的生产骨干，其中有一名成为工厂的劳动模范，另一名被提拔为分厂中层干部。

滕树沅身为共产党员，时时刻刻严于律己，爱厂敬业，一心扑在车床上，他在车床旁一站就是 34 个年头，不仅多次拒绝领导给调换工种，也多次拒绝外面大公司高薪聘请。滕树沅就是这样，以摇把当笔，书写出人生的辉煌，以车床为琴，弹奏出一曲雄壮的奉献者之歌。

滕树沅于 2011 年 5 月退休。

袁耀辉 1995年全国劳动模范

袁耀辉（1945.10— ），江西丰城人，1995年全国劳动模范，时任昌河飞机工业公司（现中航工业昌河飞机工业（集团）有限责任公司，简称中航工业昌飞）总经理兼党委书记。1964年9月—1969年8月，考入北京工业学院无线电工程专业学习。1969年9月—1973年3月，任船舶工业部483厂技术员、室主任。1973年3月—1984年5月，任国营昌河机械厂（现中航工业昌飞）技术员、政治部干事、车间党支部副书记、厂团委书记。1984年5月—1995年8月，任工厂副厂长、党委副书记、党委书记、厂长、总经理兼党委书记。1995年8月任江西省经济贸易委员会主任、党组书记。1997年8月任中国民航总局体改法规企管司、规划科技司副司长。1998年11月任中国国际航空公司党委书记兼副总经理。2000年12月任中国民航总局政策法规司司长。是享受国务院特殊津贴专家。袁耀辉就任昌飞公司总经理以来，仅用3年时间使昌飞公司生产经营主要经济指标都保持着65%以上的年增长速度，累计实现利税23571万元，并在1993年、1994年经济效益跃居航空工业前三位，主机厂第一位。袁耀辉荣获全国优秀企业思想政治工作者等多项荣誉称号，并当选中共第十五次全国代表大会代表。1995年5月被国务院授予“全国劳动模范”称号。

袁耀辉是昌河飞机制造厂的第五任厂长，上任于1992年6月。当时企业面临的形势是：直升机面临着竞争激烈的严峻形势，微型车市场更是呈现出“七国争雄”的局面。在“七国”中，有5家企业的年产量已超过了1万辆，而昌河车1991年的产量还只有3700辆。

如此大的差距就如同一块巨石，沉重地压在袁耀辉的心头。他深知产量上不去，企业就只有死路一条。经过慎重思考，袁耀辉大胆地提出了一个雄心勃勃的“四上”目标，即：直升机和汽车上质量、上批量、上水平，企业上效益。

改革和发展并非一帆风顺。首先遇到的难题，就是一些人的“冷漠症”。袁耀辉经过仔细分析后，发现病根出在分配制度上，职工干多干少一个样，自然是缺乏工作热情和进取精神。于是他果断决定进行分配制度的改革。具体举措是：拿出工资的50%

与奖金、津贴等捆在一起，按职工的生产数量和质量进行二次分配，多干多得，少干少得，不干不得。告别了“铁工资”的职工们，呈现出空前高涨的生产积极性。由于实行了分配制度改革，职工的月收入差距从过去的几十元，一下子拉大到几百元，真正起到了奖勤罚懒的激励作用。为了解决生产能力不足和缺少必要的生产手段等问题，袁耀辉带领干部职工采取有力措施，积极组织自行设计制造汽车模夹具；补充完善冲压、焊接、喷漆、总装设备；调整生产组织，成立专业化分厂，并推行三班制作业。

改革收到了显著成效。从1992年开始，公司连续三年迈出了三大步。当年，昌河汽车产量超过8000辆，实现利税3742万元；1993年，达到13165辆，实现利税8629万元；1994年，汽车产量再创历史新高，首次突破了两万辆大关，实现利税1.12亿元。快速增长的经济效益，不仅使昌飞公司跨入了全国500家最大工业企业行列，而且还被国家技术监督部门评为“中国名星企业”。

从昌河汽车试制伊始，昌飞公司各届领导就把质量作为了企业的生命线。到了袁耀辉这一任，这根“生命线”被绷得更紧，也更具现实意义。针对用户反馈的各种质量问题，袁耀辉责令质量部门先从内部“开刀”，将有质量缺陷的成品车放到公司大门前“曝光”，追究责任者。然后开设“质量门诊”，请有关技术专家前来会诊，提出整顿措施，限期攻关。为提高质量，袁耀辉把质量一票否决权的“尚方宝剑”授予质量部门，从法规上强化职工的质量意识。任何职能处室和生产车间一旦出现重大质量问题，就会奖金被扣，评先无缘，有的主管领导甚至还会丢掉“乌纱帽”。

袁耀辉（右四）工作照

袁耀辉是从1984年开始走上公司领导岗位的。1987年任党委书记，1992年任厂长，之后是党政“一肩挑”。在“七五”期间，昌河靠民品效益投入军品技改2800万元，“八五”期间又投入11000万元。

对此，有很多职工包括一些领导都不赞成将汽车生产创造的利润投入到直升机的研制中，认为汽车也要扩大发展。但是，在袁耀辉心中却始终坚定着这样一种信念：党和国家是叫我们干直升机的，来自五湖四海的7000多名公司干部职工正是为此走到一起来的。为了国家的利益，无论是从长远来看，还是从根本上讲，只有为我国的直升机事业多做贡献，才是航空企业的立业之本。正是在他的积极倡导和不懈引领下，工厂全面确立了“军民结合，军品第一，机车齐上，技工贸结合，全方位发展”的经营理念和企业发展总方针。继直8首飞后，昌河在1994年12月22日又创造了新中国航空工业史上一项新的全国第一，这便是我国首架两吨级轻型直升机直11的成功诞生。从直11开始进入实际生产研制，到实现首飞仅用了一年半时间，研制速度之快，这在我国直升机研制史上是绝无仅有的。

为加速企业发展，昌河开始逐步加大对外合作的发展步伐。曾先后与法国、俄罗斯等十几家国外公司就谋求相互合作展开过商洽。仅从1992年以来的两年间，工厂就与国外公司和代表团来往150余次，以此积极寻求航空领域的国际合作。1995年9月21日，袁耀辉代表昌飞公司与美国西科斯基公司正式签订了联合生产S－92直升机的合作协议，由此开辟了公司在直升机领域对外合作的新纪元。

“不重视精神文明建设，就不配当一把手。”这是袁耀辉常挂在嘴边的一句话。由他首倡的“主题教育活动”，现已成为昌飞公司始终坚持做好职工思想政治工作的有效途径，这项活动收到良好效果，并逐步形成了公司思想政治工作的一大特色，曾受到了中央领导及总公司和省市领导的高度评价和充分肯定。

袁耀辉1995年5月被国务院授予“全国劳动模范”称号。

张景奎　1995年全国劳动模范

张景奎（1948.8—　），河北唐山人，1995年全国劳动模范，中航工业沈阳黎明航空发动机（集团）有限责任公司（简称中航工业黎明）钳工、高级技师、首席技能专家、公司“模具大王”。1968年参加工作，是国营黎明机械制造公司（现中航工业黎明）工装制造厂模具工部钳工。40年来，张景奎刻苦钻研、勤奋苦练，练就了一身过硬精湛的钳工技能，被人们誉为“模具大王”。1989年以来，他曾连续12年被评为公司劳动模范，连续三次被评为沈阳市劳动模范，两次被评为航空部劳动模范，1994年获得辽宁省第二次创业五一劳动奖章，同时被评为省国防工办工人阶级的楷模。1995年被评为辽宁省劳动模范，同年被国务院授予“全国劳动模范”称号。1995年在14#机研制中被总公司评定为三等功，1996年获航空总公司技术能手，全国技术能手称号。2008年退休。

张景奎在40年的工作中，刻苦钻研、勤奋苦练，练就了一身过硬精湛的钳工技能。他生产加工的模具种类繁多，型面繁杂，形状各异，精度高，几乎涉猎了现代化工业中各类型的模具。他加工的模具上万件，最大的几吨重，最小的只有纽扣大，生产实践使他养成了一股钻劲，经他加工出的模具质量好，精度高，受到了好评和嘉奖，他在工作中练就了 一套模具加工绝活，凭着超人的毅力完成各项任务，为祖国的航空事业增了光添了彩，人们称他为“模具大王”。

在某新机无余量蜡模的攻坚和某发动机及大修机工装战中，张景奎勇挑重担，专啃“硬骨头”，一人承担10套蜡模中难度最大的6套，而且加工难度大到一套模具就由数十个型面需要反复修研，模具形状异常复杂，精度高到无余量，时间紧到三个月内完成一年的任务量，于是他琢磨、研究，凭借他精湛的技术，经过多次的实践，每天工作10多个小时。为了抢任务，他大年初一早晨就从苏家屯的父母家打车回到工厂大干，春节放假10天他都是在钳工台案旁度过的 。此外，他还先后攻克了采用电脑设计的新技术，对产品加工精度和质量要求高、模具加工难度极大的多项发动机导向叶片蜡模。

多年来，素有模具大王称号的张景奎一心扑在航空工业新机和大修机等生产第一线上。充分发挥他的技术优势，上千次完成关键任务。40 年来，他生产的模具几乎涉及了现代工业中的各类型的模具。他先后攻克了公司重大攻关项目、三大叶片的模具任务；攻克了公司两型机、某大修机等无余量叶片蜡模、无余量叶片陶瓷型芯模、收扩喷口蜡模、高涡叶片蜡模、中介机匣蜡模等 20 多项重点任务，为国产化研制做出了突出贡献。他提出用镶块组合加工，双向不固定，磁铁定位等新的加工方法，解决了模具上数控机床无法加工的细小沟槽、转接直角等无法加工的技术难题，提高了产品合格率，节约了大量的制造费用，创造了巨大的经济效益。在市场经济大潮的冲击下，一些个体经营的老板得知他有高超的技术，便纷纷找上门来，以高薪外加三室一厅住房的优厚待遇聘请他，他都婉言谢绝了。他说："我是黎明人，黎明培养了我，我要把我的技术贡献给黎明，贡献给祖国的航空事业，党和人民给了我很高的荣誉，我要对得起劳模这个称号。"

张景奎在严格要求自己、默默奉献的同时，他还经常利用加工复杂模具时给同志们上课，边讲边干，把精湛的技术传授给青年同志，现在他的徒弟们都已成为专家能手。

2008 年张景奎退休后，毅然回到需要他的公司，公司考虑到他年纪大了不让他加班延点，但是每当接到紧急任务，张景奎都主动请命，勇担重任。一次接到公司技术中心某新机科研试制任务，主要承担四、五级整体叶盘的钳工抛修任务。这批某新机整体叶盘为公司加工首次采用整体叶盘、叶片加工，这种加工方法为国际上的先进叶

张景奎工作照

片加工技术。采用这样加工的整体叶盘振动小、稳定性好，但是初次试验加工整体叶盘数控铣加工留量为0.1mm，最后要求加工公差为0.03mm，因此数控铣加工后还需要钳工对其修抛，并由于型面复杂需要手工抛光。手工修抛复杂精密公差零件是张景奎的拿手好戏，他二话不说主动承担下来。晚上连班到9点多钟，双休日也放弃休息，就这样紧锣密鼓地干了五六天，终于出色完成了任务。张景奎就是这样发挥着他的光辉和余热。每当工厂出现紧急任务，攻关难题的时候都能看到他的身影。

张景奎于2008年退休。

张　军 1995年全国劳动模范

张军（1946.1—　），山东临沂人，1995年全国劳动模范，时任红阳机械厂（现中航工业贵州红阳机械（集团）公司，简称中航工业红阳）厂长。1969年毕业于哈尔滨军事工程学院航空工程系航空电器专业。中共党员，研究员级高级工程师，享受国务院政府特殊津贴专家。曾任中国贵州航空工业（集团）有限责任公司（简称中航工业贵航）总经理、副董事长、党委副书记、监事会主席等职务。在20世纪80年代中期，张军担任红阳机械厂厂长，为贯彻军转民方针，带领干部职工，转变等、靠、要观念，从日本引进汽车密封条生产线，经过拼搏努力，使红阳机械厂成为“高起点、专业化、大批量、高质量”的汽车密封条生产基地。红阳机械厂密封条产量占据全国市场的50%，产品品种扩展由最初的15种迅速扩展到300多种。在担任中航工业贵航总经理期间，扭转了贵航集团经济效益多年徘徊不前的低谷状况，集团形象和企业凝聚力极大增强，经济运行质量显著提高，所属工业企业经济效益综合评价指数首次超过国家标准，集团持续保持了良好的经济发展势头，开始步入良性发展的新阶段。2008年4月退休。

张军一直教育广大干部职工，建设强大的国防，加强三线地区的战略地位，是航空报国理念的具体体现，贵航集团一定要实现跨越式发展。特别是2003年，张军与广大贵航员工一道共同奋斗、顽强拼搏，以航空报国的理念和激情进取、志在超越的精神，把新机研制摆在突出位置，克服了一个又一个困难，将贵航研制开发的“山鹰”新型高级教练机和多用途无人机如期送上蓝天，实现了首飞成功。

“山鹰”高级教练机是贵航集团根据国防建设需要和市场需求，按照企业化、市场化运作，自加压力、自筹资金、自主开发的军用飞机。“山鹰”飞机研制中最大的难点是时间太紧！从零部件制造、部件装配、总装首飞，每个节点只有3个月的时间，加上各项重大试验、材料采购等，特别是当时又正是“非典”肆虐时期，都给研制带来了重重困难。为此，张军多次到有关生产厂、科研所现场办公，统一思想，消除顾虑，协调一致，全力确保研制一线，有力地保证了新机生产研制工作有序推进，并按节点要求完成了目标任务，成功实现了研制首飞。

张军工作照

张军在对贵航集团自身条件和优势进行深入调研的基础上，按照建立现代企业制度的要求，积极推进企业改革，建立和完善母子公司体制，建立健全公司法人治理结构和国有企业管理体制，深化内部改革，转换企业经营机制，积极推进三项制度改革。他担任总经理期间，贵航集团所属企业经营机制发生了根本性变化，基本上都建立了较为规范的企业法人治理结构，企业全部实行了年薪制，极大地调动了企业经营者的积极性。贵航集团总部从 1998 年第一次改革到 2002 年的第二次改革，在岗人员全员竞聘，干部岗位全部实行招聘、竞争，分配制度实行岗效工资制。使贵航集团总部从根本上彻底扭转了长期形成的陈旧观念，建立了用人、分配的新机制，在三项制度改革的实践上取得显著成效。

贵航集团民用产品新的经济增长点初步形成。2002 年，集团试制成功了具有自主知识产权的大型自走式采棉机，为集团进入农用机械行业打下了坚实基础，使中国成为世界上少数几个能生产这种大型机械设备的国家。2004 年实现了整机销售。贵航控股的三鑫玻璃幕墙装修业，其业绩快速成长，承揽了当时首都国际机场三期、广州白云机场、上海浦东机场、重庆江北机场及不少城市上亿的大工程。年营业额从 2001 年的两亿多元，到 2005 年达到 9 亿多元。积极跟踪汽车零部件、研究相关新技术，加强新品研制和预研，以提升技术档次和配套能力，巩固和扩大汽车零部件配套市场占有率，使集团汽车零部件达 100 余项共 2000 多种产品，配套于各大汽车厂的主要车型。2001 年 12 月，贵航部分汽车零部件生产企业与地方有关企业进行重组改制后，成立了“贵州贵航汽车零部件股份有限公司”并在上海证交所挂牌上市，使贵航集团汽车零部件产业获得了新的发展；在锻铸件、发动机叶片、散热器、标准件、航空零部件等专业化产品上，面对全球化发展趋势，努力开拓国际国内两个市场，加强专业化技术的纵横向发展，积极开发上下游新产品，拓宽市场定位，取得了显著成绩；2005年，集团开始进入煤矿机械行业，当年形成工业产值2270万元，空调压缩机滑片、新型特种合金锻件、环保机构等新产品朝着系列化、规模化方向发展。

1997—2005年，张军担任总经理的9年间，贵航集团工业总产值由24.9亿元增长到67.68亿元，翻了一番多；销售收入由28.4亿元增长到71.1亿元，也翻了一番多，利润由0.06亿元增长到1.03亿元；工业增加值由8.3亿元增长到20.7亿元，翻了一番多；出口交付由2415万美元增长到12.23亿美元，增长了4倍多。集团形成了航空产品转包生产、工程机械零部件、医疗器械零部件、高档工量具、空调压缩机滑片、汽车零部件等一批机电产品出口的骨干企业；资产总值由71.1亿元增加到126亿元。

张军于2008年4月退休。

张天佑 1995年全国劳动模范

张天佑（1949.8— ），山西文水人，1995年全国劳动模范，时任中国航空工业总公司太行仪表厂（现中航工业太原航空仪表有限公司，简称中航工业太航）工人、高级技师。1969年参军，1971年2月分配到国营第221厂（现中航工业太航）工作，先后从事设备维修电工、波纹管成形工、波纹管膨胀节分厂厂长、数控维修中心主任等工作。张天佑勤恳工作，刻苦学习，潜心钻研新知识、新技术，在自己熟悉的平凡岗位上，坚持不懈地进行了技术创新和改造，在众多军民品生产的关键元件波纹管的生产制造工艺上不断突破，填补了国际、国内关于波纹管生产工艺的空白，专项技术达到国际先进水平，累计实现技术革新40余项。张天佑1991年获得全国五一劳动奖章；1995年4月被国务院授予"全国劳动模范"称号；1997年12月被国家劳动部授予全国技术能手；2004年12月被劳动保障部授予中华技能大奖，获山西省特级劳动模范、航空报国杰出贡献奖等多项省、部级荣誉称号，并当选中国共产党第十五次、第十六次代表大会代表。2009年8月退休。

张天佑参加工作近40年来，先后从事过波纹管成形工、设备维修工、电工、技术革新组长和数控维修中心主任等工作。在工作实践中，他不断充实理论，总结岗位操作技能，先后成功研制新型波纹管成形机－电磁波纹管半自动成形机、波纹管坯管快速拉伸机、波纹管PLC电脑控制成形机、多波纹管自动成形机；在技术创新领域中发明了"多铁体在单一磁场等距离排列"的新技术、"铰链式液压开合模机构"、半自动成形程序电气控制系统、框架式床身双缸对项成形技术、上料成形分离安全技术、半自动液压控制系统、无动力自动夹头、减轻热处理坑式炉与油淬炉相互干扰等技术革新。

20世纪80年代中期，工厂为某单位提供的温控器波纹管，由于对方需求量大，原有的老式油压式成形全靠手工操作，劳动强度大，三班倒生产都满足不了需求，张天佑结合自己的本职工作，向电、磁领域开始进军。凭着对工作的执着追求，通过多年的艰辛攻关，1987年研制成功新型波纹管成形机——电磁分模波纹管半自动成形机。

新成形机比原成形机提高工效 6～8 倍，获得太原航空仪表有限公司科技成果一等奖，航空航天部科技成果三等奖，并获得国家专利。电磁分模波纹管半自动成形机一经运用，为公司民用温控器波纹管规模生产起了很大的推动作用。这期间，张天佑又研制成功“波纹管坯管快速拉伸机”，其最大的优点是高效、安全、延寿。此机床合理计算和设计了最大拉伸力，减少了活塞对模具的惯性冲击，延长了模具的使用寿命，降低了能耗。原 25 吨、40 吨和 60 吨拉伸机，电功率消耗 5～12kW，而革新后为 2.2～3kW。特别是由于过去的拉伸机吨位与实际拉伸力相差过大，经常发生模具崩裂、碎片飞出，造成伤人事故，新研制机床具有超负荷时自动停止拉伸的功能，一则保护了模具，更重要的是保证了操作工人的人身安全。由于半自动电气控制系统的作用和液压系统应用直接换向的技术，拉伸主缸的合理设计，使拉伸速度和频率大大提高，拉伸速度比原拉伸机提高 3～8 倍，由原来每分钟拉伸 10～30 次提高到每分钟 80～120 次，由此，波纹管坯管的年生产量由年产十几万只提高到 300 万只。

1999 年，张天佑又在原电磁波纹管半自动成形机的基础上继续攻关，采用计算机控制波纹管成形，实现了可编程 PLC 控制下波纹智能化的自动成形。本机床创新了塔型弹簧分模技术，提高了成形技术，应用了非接触感应位置传感器，除上下料外，全部实现波纹管成形自动化，解决了波纹管大批量生产的关键问题，为国内首创，成形速度和产品质量进一步提高。

2000 年初，张天佑负责数控维修中心筹建工作，完成了维修硬件配置、维修检测仪器仪表和维修工具等工作。在他的带领下，积极完成数控设备维修的技术准备，建立数控设备维修技术档案，组织提出翻译和复制数控设备资料、参数、图样等，学习

张天佑工作照

消化进口数控设备机械和系统控制原理，制定操作人员具备条件和操作注意事项，帮助各分厂用好维护好数控设备。他本人先后完成了国内外数控设备的操作、维修、学习培训任务，并取得国外几家大公司的操作维修资格证书、西工大数控设备维修技术高级研修班的结业证书和北京 FANUC 系统维修资格证书。参加了太航公司某重点工程进口数控设备的安装与调试工作，完成了数控设备精度检测机床性能和控制系统的检验。公司热处理坑式炉与油淬炉工作时相互干扰，产品质量长期受影响，经他艰苦琢磨后，对症攻关使问题彻底解决。公司购进一台真空淬火炉，由于设计和使用环境方面的原因，经常发生故障，厂家多次派人也未能解决。张天佑主动请缨，仔细分析研究设备结构，将原设计的电路加以改进，解决了难题，确保了生产科研任务顺利完成。

张天佑于 2009 年 8 月退休。

冯培德 1995年全国先进工作者

冯培德（1941.4— ），广东恩平人，1995全国先进工作者，飞行器导航、制导、控制专家，中国工程院院士，时任中国航空工业总公司第618所（现中航工业西安飞行自动控制研究所，简称中航工业自控所）所长。1957—1963年在北京大学力学系一般力学专业学习，1963—1967年在南京航空航天大学自动控制系陀螺及惯性导航专业读研究生。1967年毕业后被分配至第三机械工业部第六研究院第30所（现中航工业自控所），曾任课题主管、专业组长。1981—1983年赴美进修。1983—1984年任惯性导航系统研究室主任，1984—2001年任自控所所长，2001—2002年任所科技委主任。2002年后任中国航空工业第一集团公司、中航工业集团公司科技委副主任，同时任北京航空航天大学教授、博士生导师，国家大飞机工程专家咨询委员会成员，中国科学院工程院机械运载学部副主任。

冯培德作为总设计师主持了航空惯性导航系统国家专项的研制工作，为国家填补了空白。该系列惯导已装备众多机种，形成了明显的社会效益和经济效益。他还在捷联式惯导、组合导航、激光陀螺、微机电系统方面做了很多开创性、奠基性的工作。冯培德是中国惯性技术学会副理事长兼系统和测试专业委员会主任，中国航空学会理事，他曾先后获国家科技进步特等奖、二等奖各一次，发明三等奖一次，国防科工委和部、省级科技进步一、二、三等奖12次。曾先后被评为陕西省企事业优秀领导干部、国家级有突出贡献的中青年专家、航空工业劳动模范、航空金奖、中国一航优秀领导干部，1995年被国务院授予“全国先进工作者”称号。2008年担任第十一届全国政协委员。2001年当选中国工程院院士。

主要事迹见《中国航空工业人物传·专家篇①》。

李东生　1995 年全国先进工作者

李东生（1938.1— ），山东青岛人，1995 年全国先进工作者，时任北京航空材料研究所（现中航工业北京航空材料研究院，简称中航工业航材院）副总师。1962 年 7 月于北京航空学院航空材料科学与工程专业毕业，分配到国防部第六研究院第六研究所（现中航工业航材院）工作，研究员，享受国务院特殊津贴专家。40 多年来一直在第一线从事航空摩擦材料及刹车装置、摩擦学特性及其测试方法研究。先后获国家级，省、部级科技成果奖 16 个奖项，其中国家科技进步二等奖和国家发明三等奖各 1 项，全国科学大会奖 2 项；部委级科技成果一等奖 1 项，二等奖 6 项，三等奖 5 项；获国家发明专利和实用新型专利各 2 项，已申请专利 4 项。研制的 6 种民航进口飞机国产刹车盘被评为“国家级新产品”。担任中国机械工程学会摩擦学分会理事和中国高科技产业化研究会理事。1991 年被航空航天工业部授予有突出贡献专家称号，1995 年被国务院授予“全国先进工作者”称号。2006 年 1 月退休。

直接关系到飞机使用和安全的机轮刹车装置，其核心技术是高性能摩擦材料及其制造技术。1962—1975 年，李东生参加了歼 7 和负责歼 8 及水轰 5 飞机摩擦材料的研究。歼 7 是我国第一个使用多盘式刹车装置的飞机，歼 8 和水轰 5 飞机是当时的国防重点项目。歼 8 用 FS01 - 01 铜基金属陶瓷摩擦材料，满足了歼 8 机轮设计要求。通过对越南战场击落敌机的刹车盘取样试验证明，其摩擦、磨损等性能与美国 20 世纪 60 年代的王牌战斗机 F - 105D 及 F111 的摩擦材料相当。继歼 8 之后，FS01 - 01 材料推广用于强 5、歼 6、歼 7E、“飞豹”、运 7、运 8、运 12 和“新舟”60 等飞机。

水轰 5 是我国第一代水上轰炸机，要求摩擦副材料耐海水腐蚀并具有较高的动、静摩擦因数。当时，正值“文化大革命”时期，经过不懈努力和勇于创新，用了 4 年研究成功耐海水腐蚀摩擦材料，填补了国内空白。歼 7、歼 8、水轰 5 用摩擦材料获全国科技大会奖。与国营陇西铸造厂（现中航工业制动）、国营红卫机械厂（现中航工业金城）进行合作。以上成果有力地促进和保障了我国军机刹车装置由软管式向先进的多盘式的重大技术转型，使我国当时自行设计和生产的军机摩擦材料完全立足于国内。

20 世纪 70 年代，由于苏联在刹车盘供应上的刁难，使我国民航主力机群之一的安 - 24 飞机有 1/3 迫于停飞。强烈的责任感和使命感让李东生急民航之所急，他主动向民航总局建议并协助组织攻关，使进口飞机刹车装置国产化。

1964—1967 年，为保证型号任务，与国营陇西铸造厂合作研制成功 J02 型摩擦试验机。在此基础上，1976 年与厦门试验机厂合作研制和定型的 MM - 1000 摩擦试验机成为我国标准试验机。所研究的摩擦热稳定性和模拟制动试验方法填补了国内空白，并推广用于汽车、工程机械和运输机械等行业。

1976—1981 年，研制成功 FS00 - 03 铁基摩擦材料用于安 - 24、伊尔 - 18/62 飞机。FS00 - 03 材料的配方、工艺及对偶材料选择均有明显的创新性。用该材料制成的安 - 24 飞机刹车盘的使用寿命高达 1300 ~ 1600 次起落，而著名的苏制 ϕMK - 11 材料刹车盘的平均使用寿命仅为 500 ~ 600 次起落。FS00 - 03 材料的研制成功标志着我国飞机用摩擦材料已迈入具有自主知识产权的创新阶段，于 1983 年获国家发明三等奖。这是我国第一个摩擦材料发明奖项。

1985—1994 年，瞄准当时中国民航主力机群波音 737、波音 767 和 MD - 82 飞机刹车装置国产化的目标，依据国际权威的美国联邦航空局 TSO - C26c “飞机机轮和机轮刹车装置”技术标准，李东生历时 9 年进行了实验室设计、研究、地面试车、飞行试验、航线领先及扩大使用全过程。研究的 FS01 - 05 铜基摩擦材料具有较高的摩擦因数、良好的热性能和优异的耐磨性，其配方设计采用锡等成分进行微量调整，在不改变刹车效率的前提下，变化其硬度范围以适应不同刹车条件的需要，使一种摩擦材料多机使用。国产刹车盘的使用寿命达到或超过美国进口刹车盘，如，波音 767 - 200 飞

李东生（中）与同事查看新研制的刹车盘

机进口刹车盘的平均使用寿命为 1000 次起落，国产刹车盘的平均使用寿命为 1200 次起落。该课题成果荣获国家科技进步二等奖。

1988—1993 年，李东生研究成功高性能双铁基金属陶瓷摩擦副材料，这是现代先进飞机钢刹车中最具特色的摩擦副材料。自 1994 年起该摩擦副刹车盘先后出口俄罗斯、哈萨克斯坦和乌克兰，1998 年起用于国内 K－8 军机教练机。该摩擦副材料于 2000 年 3 月由国家专利局授予发明专利权。

1998—2006 年，负责“碳－碳复合材料关键技术研究及飞机刹车盘产业化”项目及生产线建立。研制的 MD－90 飞机碳－碳刹车盘技术性能达到并超过美国进口刹车盘水平，其平均使用寿命为 2000 次起落左右，超过了进口刹车盘 1300 次起落的平均使用寿命。项目成果获中航一集团科技成果一等奖及国防科工委科技进步三等奖。MD－90 国产刹车盘于 2005 年 8 月取得中国民航总局颁发的“零部件制造人批准书”。研制的 A318、A319、A320 飞机碳－碳刹车盘技术性能达到法国进口刹车盘水平，顺利通过了地面试车和飞行试验，于 2010 年 7 月取得中国民航总局的“零部件制造人批准书”。2000—2006 年，指导并参与波音 737－700/800 飞机国产刹车盘研制，此国产刹车盘的技术性能和使用寿命达到美国进口刹车盘水平，并于 2003 年 8 月取得中国民航总局颁发的“零部件制造人批准书”。现已建成年产 1000～1500 盘碳－碳刹车盘生产线。

40 多年来，李东生始终坚持科研成果工程化、产业化，负责研究的 11 种摩擦材料用于十几种军机和波音、麦道、图波列夫、伊留申等 25 种民航进口飞机，已为国家节约外汇和创汇约 20 亿元。多年来，李东生发表学术论文 50 多篇；作为第一起草人编写了国家军用标准 1 项，航空行业标准 6 项，企业标准 24 项；参与编写《中国军工》、《中国航空材料》等手册共 4 部；编写项目研究技术总结和报告 60 多份。重视培养后继人才，指导研究生 15 名。

李东生于 2006 年 1 月退休。

刘大响　1995 年全国先进工作者

刘大响（1937.10—　），湖南祁东人，1995 年全国先进工作者，航空发动机专家，中国工程院院士，时任中国航空工业总公司第 624 所（现中航工业燃气涡轮院，简称中航工业涡轮院）总工程师。1960 年毕业于北京航空学院（北航），后在北航读研究生两年。1962 年分配至国防部第六研究院第二研究所（现中航工业动力所）。1970 年调第 624 所，任总工程师和型号第一总设计师，后调中航工业集团公司科技委任副主任，北京航空航天大学教授、博士生导师，并兼任总装备部科技委委员、国防科工局科技委委员、国家高技术研究发展计划（“863”计划）航空航天领域专家委员会顾问、南京航空航天大学动力学院名誉院长、中国航空学会副理事长。

刘大响长期从事航空发动机设计和研究工作，曾任数项大型国防科技预研项目和国家重点工程的总工程师、第一总设计师或主要技术负责人之一，主持完成多项重大课题研究和国际合作项目；在国家重点工程——高空模拟试车台建设和国防科技关键技术预研中，主持完成数十项课题研究，突破多项关键技术，为我国航空发动机设计研究做出了重大贡献。荣获国家科技进步特等奖 1 项、二等奖 2 项、部级科技进步奖 10 余项和香港何梁何利科技进步奖。主编《航空发动机设计手册》（第七分册：进、排气装置）、《航空发动机——飞机的心脏》等专著 4 部，撰写科研报告和论文 100 余篇。1995 年当选中国工程院院士。1996 年获中国航空工业总公司劳动模范和劳模标兵称号。1997 年当选中共十五大代表。2001 年获中国航空工业第一集团公司航空报国金奖。2002 年获俄罗斯科学院荣誉博士学位。2003 年当选为第十届全国人大代表、十届全国人大常务委员会委员和外事委员会委员。1995 年被国务院授予“全国先进工作者”称号。

主要事迹见《中国航空工业人物传 · 专家篇①》。

唐德尧 1995年全国先进工作者

唐德尧（1944.12— ），湖南平江人，1995年全国先进工作者，时任株洲航空动力机械研究所（现中航工业航空动力机械研究所，简称中航工业动研所）故障诊断总工程师。1968年毕业于西北工业大学航空仪表及传感器专业，1970年进入中国人民解放军第608研究所（现中航工业动研所），从事军品测试及设备诊断技术研究和产品开发工作，是享受国务院特殊津贴专家。曾任中航工业航空动力机械研究所故障诊断总工程师，前机械工程协会设备维修专业委员会副主任，现任北京唐智科技发展有限公司首席专家。唐德尧先后撰写了200多篇科研报告和论文，获专利30多项。在他主持完成的70多个科研项目中，有7项获省部级科技成果奖，2项填补国家空白；获国家、国际发明奖2次，部级一、二、三等奖7次，省、部、国家专利金奖4次。由于唐德尧在共振解调理论及故障诊断领域的突出贡献，曾多次荣获部、省、市级劳动模范和优秀共产党员称号；1986年，他被中华全国总工会授予五一劳动奖章和全国优秀科技工作者称号；1986年，被国务院授予国家级有突出贡献的科技专家称号；1987年，当选为中国共产党第十三次代表大会代表；1995年被国务院授予“全国先进工作者”称号。1999年，唐德尧作为科技工作者代表登上天安门观礼台，观看庆祝新中国成立50周年典礼。2007年1月退休。

1981年，在第三机械工业部第608研究所关于航空发动机监控与故障诊断的课题开题之际，唐德尧毫不犹豫地选择了高难度的“轴承、齿轮故障分析仪”作为首攻目标。1982年1月，“轴承齿轮故障分析仪”正式立项。尽管当时所里科研经费极为紧张，但全所重点保障这一课题所需的进口设备费用。研制工作的关键在于找出能反映故障冲击纵波的高阶谱线。但由于高阶谱线的频率与设备正常振动频率相同，信号微弱、脉冲宽度窄，犹如披上了隐身衣，踪影难觅。唐德尧昼思夜想，寝食难安。一个偶然的现象让他受到启发。他看到一个小孩在滚铁环，铁环在不平的路面上颠簸，使他联想到正常的振动波因不具有陡峭前沿，没有高频频谱，而这高频频谱正是他捕捉高阶谱线的向导。难题一解，研制工作突飞猛进。1984年10月，“JK8241A轴承齿轮故障分析仪”成功通过了部级鉴定。轴承齿轮故障分析仪的研制成功，打破了国外对机械故障诊断的技术垄断，在国际领域占有了一席之地。

为了将成果转化为生产力，唐德尧决心研制出一种铁路车辆轮对故障检测仪，提高列车运行的安全可靠性。1986 年 7 月，铁道部车辆局领导专程到 608 研究所考察。不久，“JK86411 型铁路车辆轮对轴承不分解诊断系统”研制合约正式签订。经过 4 年努力，研制工作圆满完成。该系统主要用于铁路货车在制造、维修时检测轴承故障。一次检测过程仅需 5 分钟，确诊率在 95% 以上，设备性能达到国际先进水平。1990 年 12 月，这套系统通过航空航天部和铁道部联合组织的技术鉴定。1991 年，获得航空航天部科技成果一等奖。1992 年，又分别获得亚太国际贸易博览会金奖、国家发明四等奖和北京国际发明博览会铜奖。为此，有舆论将唐德尧研制的“JK90411 轴承齿轮故障诊断系统”称为诊断铁路货车轴承疾病的“唐氏 CT”。

据有关资料介绍，世界上飞机失事的原因 40% 属机械故障，而机械故障中又有 30% 属于轴承原因。为了揭开机械故障的奥秘，唐德尧倾其毕生精力，孜孜求索。唐德尧是出了名的“工作狂”。有一次，所里派他到上海出差，在外面的 45 天里，他却有 43 个晚上在加班，其中最后一天要赶凌晨 4 点的火车，他索性工作到凌晨 2 点。在唐德尧的时间表上，没有星期天和节假日。因长期超负荷工作，1988 年，唐德尧罹患病毒性神经炎、脑炎、肝炎、心肌炎，生命垂危。经过医院的全力抢救和精心治疗，唐德尧度过了危险期。当病情稍稍得到控制，他就让助手把计算机搬进病房。有好多次他忍着剧烈的头痛，一边用毛巾擦拭从额头滚落的汗珠，一边敲击电脑键盘。在住院

唐德尧工作照

治疗的半年时间里，他完成了 6 种实用新型产品的设计，其中 4 项获国家专利。唐德尧用生命作赌注，创造了平均一个月设计一项新产品的奇迹。JK86411 大试验机在株洲机务段现场调试期间，唐德尧大病初愈，本应继续休息。可他谢绝了领导和同事们的好意，每天骑单车往返于研究所和调试现场，晚上还要赶到办公室为次日的工作作准备。

唐德尧致力于开创故障诊断产业 40 余年，积累了丰富的经验，他创造性地发展了“广义共振/共振解调技术”，许多项目创国际先进或领先水平，受到国际学术界重视，在国际交流中为国家争得了荣誉。他所开发的诊断技术产品年创社会效益逾 10 亿元，其中铁路产品已被铁道部推广使用。

1989 年，他当选为中国设备诊断工程委员会委员。自 1997 年起，唐德尧担任硕士研究生导师，并被中国人民解放军国防科技大学、北京科技大学、湘潭大学、沈阳工业大学等多所大学聘请为兼职教授。

唐德尧于 2007 年 1 月退休。

张 明 1995年全国先进工作者

张明（1940.1— ），河北永清人，1995年全国先进工作者，中国空空导弹研究院（简称中航工业导弹院）研究员。1963年毕业于南开大学，同年被分配到国防部第六研究院第五研究所（现中航工业导弹院）工作，1988年3月晋升为研究员。张明从事红外技术研究30余年，是该专业的学科带头人。他参与了多项重点型号产品研制工作，解决了“跟踪平稳性，抗目标背景干扰”等多项重大技术关键。1987年1月被航空工业部授予有突出贡献的科技专家称号；1993年荣立航空工业总公司一等功；1993年5月被中华全国总工会授予全国优秀科技工作者称号和五一劳动奖章；1994年12月被国家人事部授予1994年有突出贡献的中青年科学、技术、管理专家称号；1995年被国务院授予“全国先进工作者”称号。张明是享受国务院特殊津贴专家；全国第七届、第八届人大代表。2000年2月退休。

张明在红外导引头设计方面有很多成就。从1976年开始，他就开始了格斗型导引头的研制，1982年制造出原理样机，进行了试验；1985年制造出全尺寸样机，完成全面测试。

该导引头采用了自行设计的离轴－共轴调制技术和相应的调制盘，首次采用了变频－变视场技术，可实现大视场截获、小视场跟踪；采用了浸没型锑化铟制冷探测器，解决了制冷滤光片、冷视场光栏、大回转角光学系统一体化设计等一系列技术问题。因该导引头在跟踪角速度、跟踪范围、自动截获能力、变系数导引规律和全向探测能力方面达到国际上红外格斗导引头的水平，曾获得航空工业部科技进步二等奖和国家科技进步三等奖。该格斗型红外导引头的研制为随后的某引进型产品转让生产和消化吸收其技术创造了极为有力的条件。从1986年开始，张明又带领他的同事们开展红外成像技术的研究。在研究过程中，他克服了当时国内工艺技术水平和器件水平相对落后的困难，采用章动扫描、线列探测器件、帧捕捉、光纤传像和数字信息处理等技术，其中章动扫描加线列探测器件构成成像系统在国内外尚属先例。该预先研究成果，为后来的第四代先进红外导弹的研制奠定了一定基础。

张明工作照

特别是在 PL－5 乙导引头的性能调试与故障排除中，张明曾被领导和同事们誉为“神手”，一旦 PL－5 乙导引头发生故障或性能调试不顺利，只要张明一上手，导引头的问题总能得到及时解决。“神手”的称谓是与他对产品的熟悉和研制经验的积累是分不开的。

张明长期从事空空导弹红外导引头的研究设计工作，同样也重视导引头的试验手段的建设。建所初期，导引头的试验手段非常落后，张明积极协助路学荣、郑志伟等专家对导引头仿真试验方法与试验设备进行了积极探索研究，1963 年他们委托上海工厂加工，1964 年初设备陆续到位。他们在 3 间旧平房中开始建立简易实验室，配备标准仪器 46 台（套）。在简陋条件下，开始对 PL－2 导引头的性能测试。经过对产品实际的测试，加深了对 PL－2 导引头技术文件及技术指标的理解，为承担 PL－2 导弹仿制总设计师单位职责提供了技术准备，为其后同类导引头的研制提供了基础，也为建设更为先进的实验室积累了经验。1970 年，设计了 PL－5 乙导引头调试专用转台及其配套设备。到 1980 年，他们又开始研制一种新型的红外导引头综合测试转台。

张明于 2000 年 2 月退休。

陈逸平 1995年全国优秀企业思想政治工作者

陈逸平（1937.10— ），湖北武汉人，1995年全国优秀企业思想政治工作者，时任国营金城机械厂（现中航工业金城集团有限公司，简称中航工业金城）党委书记。1962年7月毕业于西北工业大学飞机设计专业。1962年10月在国防部第六研究院第三研究所科技处工作，1965年3月在第六研究院第六研究所科技处工作。1967年3月任中国航空附件研究所党委书记，1984年6月任航空工业部弹射救生设备研究所党委书记，1989年10月任国营金城机械厂党委书记，1996年5月中航工业总公司金城集团有限公司任副董事长，1997年3月任南京航空机电液压工程研究中心建设领导小组组长。陈逸平在担任国营金城机械厂党委书记期间，坚持“两手抓、两手都要硬”的方针，积极开展创建文明工厂活动，有力推进了工厂两个文明建设迈上新台阶。1995年被中共中央宣传部、中共中央组织部、国家经济贸易委员会、中华全国总工会联合授予“全国优秀企业思想政治工作者”称号。2002年3月退休。

“八五”期间，是金城大改革、大建设、大发展的重要时期，时任国营金城机械厂党委书记的陈逸平深知肩负的责任。他坚持“两手抓、两手都要硬”的方针，积极开展创建文明工厂活动，有力推进了工厂两个文明建设。

1991—1995年，工厂主要经济指标大幅度上升，1995年工业总产值33.97亿元，为1991年的13.6倍；销售收入33.56亿元，为1991年的13倍；利税总额为6亿多元，为1991年的19倍；出口创汇额为1037万美元，为1991年的9倍；1995年主要民品摩托车年产量65.57万辆，为1991年产量的14倍；总资产由1990年的1.54亿元增长到1994年的14.69亿元。

自1991年国营金城机械厂首次登上全国500家最大工业企业金榜开始，金城的综合实力逐年提高。1994年金城集团按利税总额排序位列全国500家最大工业企业第111位，经济效益综合评价名列第68位，金城机械厂在1994年国有企业500强评选中被誉为“中国的脊梁”，同时被中国名牌产品暨明星企业评选组委员评为“中国明星企业”，金城牌摩托车及147F系列发动机被评为中国名牌产品。

吴邦国委员长视察金城（左二为吴邦国，左一为陈逸平）

厂党委根据双文明建设的总体要求，结合自身实际情况，制订了创建文明单位规划，建立了“横向包、纵向保”的创建责任制和目标管理体系，群众性的创建活动每年突出一个主题。1994 年以“金城形象素质上台阶”为主要内容，1995 年以培养“金城明星职工”为主要内容开展文明单位、文明班组、文明职工的竞赛活动。5 年来共获评省、市标兵班组 4 个，工厂连年评出双文明先进集体约 20 家，双文明标兵班组约 10 家，厂级先进标兵数十名。1993 年和 1994 年度工厂被评为“江苏省生产现场管理先进企业”和 1994 年“江苏省班组建设先进集体”。

“八五”期间在陈逸平的领导下，工厂以改革、发展、稳定为主题对干部职工进行党的路线、方针政策教育，唱响社会主义、爱国主义、集体主义的主弦律。以多种形式及途径加大宣传力度，将传统的宣传教育手段与现代化的传播媒介有机地结合起来，通过厂报、厂电视台、黑板报、宣传橱窗、报告会、演讲会等多种形式，开展各种有形的教育活动。

工厂积极组织参加精神文明建设和社会公益活动，形成良好的企业道德风尚，“八五”期间来工厂为抗旱抗涝防汛救灾捐款、提供物资器材近 50 万元，向贫困点捐款 10 多万元。企业内部形成了“一方有难，八方支援”的良好氛围，充分体现出金城人良好的思想道德风范。1993 年开始，工厂连续被江苏省委省政府、南京市委市政府评为省、市“文明单位”。

“八五”期间，陈逸平以“务实创新上水平，保证和促进生产经营上台阶”为要求，提出了“宣传思想工作要上一线到市场”的课题，要求各级党组织抓好意识形态和思想政治的宣传教育。厂党委集合企业实际，每年突出一个主题，使人员观念和整体素质不断跟上改革新步伐，为金城发展提供了有力的保证。

为了进一步加强党的组织建设，发挥党支部的战斗堡垒作用，1993年起，厂党委开展了“一个支部一座堡垒，一个党员一面旗帜”的创优争先活动。厂党委设立了“党群工作实践成果创新奖”，各支部按照“方法创新、实践有效果，推广有价值”的基本原则和评审程序，对获奖支部进行颁奖。这些支部的创新成果，从不同侧面反映出支部工作积极向上、开拓进取的良好态势。围绕改革与建设中的关键和难点，以提高质量、新品开发、市场营销、科学管理等重大工作为内容，大力开展“党员工程”活动，充分发挥了党支部和党员队伍在经济建设中建功立业的作用。1995年，工厂党委被南京市授予“坚强的战斗堡垒”称号。

“人才是企业的发展动力”，陈逸平始终关注企业人才的培养工作，提出培训工作要渗透到工厂生产、科研、营销、管理等各种岗位中去的要求。为使岗位培训工作走向规范化、制度化，工厂制定了各类人员岗位规范。“八五”期间，工厂共举办各类培训班610个，培训达1.5万人次。同时工厂年年分层次组织各类技能比赛，推动了职工中“一岗多能，一专多能”风气的形成。

“八五”期间，工厂还将培训工作由核心厂拓展到金城集团的成员厂家中去，为发展集团事业，提高整体竞争力提供了有力的保证。1995年，工厂又掀起了一个提高四员（设计员、工艺员、检验员、管理员）素质、培养金城特色人才的高潮，为开创新的企业培训道路进行了有益的探索。

陈逸平于2002年3月退休。

杨光青　1996年全国优秀党务工作者

杨光青（1943.8—　），四川大竹人，1996年全国优秀党务工作者，时任贵州国营新艺机械厂（现中航工业贵州黎阳航空发动机（集团）有限公司，简称中航工业黎阳）党委书记。1970年7月毕业于成都电讯工程学院无线电专业。8月分配到国营新艺机械厂任工人，后任电器技术员、副工长、党支部书记、党委宣传部副部长、生产长、党委副书记，1992年7月任国营新艺机械厂党委书记，研究员级高级政工师。杨光青自主持党委工作以来，工厂10年间实现工业总产值10.67亿元，职工生活水平大幅度提高。杨光青自1993年连续三年被评为贵州航空工业总公司优秀共产党员；1994年7月被贵州省委授予1992—1993年度贵州省优秀企业思想政治工作者；1995年9月被评为贵州航空工业总公司优秀思想政治工作者；1996年6月被中共中央组织部授予“全国优秀党务工作者”称号；1997年被评为贵航集团公司优秀党务工作者；2000年被评为贵航集团公司优秀思想政治工作者。2004年7月退休。

杨光青自1992年主持贵州国营新艺机械厂（简称新艺厂）党委工作以来，坚持“围绕中心抓党建，抓好党建促中心”的指导思想，团结凝聚党委一班人，抓大事决策，抓党的基础建设，开展强有力的思想政治工作，为把工厂建成国内第一流水平的叶片专业化制造企业做出了不懈努力。

杨光青在党务和思想政治工作方面积极探索，在改革中不断开拓创新，做了大量卓有成效的工作。一是重视两手抓，抓大事，把握企业航向。在确定企业目标、发展思路的同时，提出了“新艺凝聚力工程”的构想和新艺精神文明建设规划，并在实际工作中坚持抓实党建和干部的日常管理教育工作；抓实宣传教育和对外报道工作：抓实职业道德建设，大力推进满意服务工作：抓实青年岗位能手活动；抓实合理化建议工作；抓实保卫、保密、民兵等工作。做到目标明确，工作到位。二是聚精会神抓党建，致力提高党组织的凝聚力、吸引力、战斗力。坚持“围绕中心抓党建，抓好党建促中心”的指导思想，制定了13个党建和思想政治工作制度性文件。结合实际工作，不断提出诸如“一早、二带、双三保”（提前10分钟上班，带头钻研业务，带头遵守职业道德，保质、保量、保进度，党支部保本单位，党小组保工段，党员保本班组完成任务）等具体要求。三是以人为本，继承创新，开拓思想政治工作新路子，建立健全了经常性思想政治工作运行机制，摸索了一套诸如：一围绕（围绕生产经营任务的完成和企业发展中心），两贴近（贴近职工思想实际，贴近职工的工作生活实际），三疏导（从思想认识上疏导，从理解信任上疏导，从关心、爱护和解决实际困难上疏导）和两全（思想政治工作动员全员参加，贯穿全过程），三心（思想政治工作要热心、耐心、诚心），四结合（思想政治工作要结合党的方针政策来做，结合改革发展大局来做，结合工作实际来做，结合解决职工具体困难来做）等思想政治工作的方式方法。四是加强理想、道德、纪律教育，开展“雷锋精神在新艺”、“我是新艺人”教育实践活动和“三优一满意”（技术业务优、工作质量优、工作业绩优，满意服务）考核。五是着眼未来，重视青年，精心构筑“青”字号工程，培养一代跨世纪的合格接班人。六是勤政廉洁，严于律己，作风严谨、扎实。经常深入基层，密切联系群众，善于听取职工意见，关心职工生活，不断改进工作。

杨光青作为面向人类灵魂工作的高级政工师，找准了现代企业思想政治工作的突破口。以强有力的思想政治工作为发展经济作保证，紧紧围绕工厂生产经营中心，调动各方面的积极因素。以“适时、务实、创新、升华”的思想政治工作原则，不断开拓进取，使工厂两个文明建设不断增加新内容，不断提出新问题，不断探索新路子，不断产生新效果。新艺厂思想政治工作在杨光青的带领下，走出了一条富有特色的思想政治工作新路子，工厂先后获得多项荣誉。

杨光青工作照

从 1992 年到他离任的 10 年中，新艺厂工业总产值不断攀升，职工生活水平大幅度提高。贵州省“学雷锋先进集体”、“贵州省思想政治工作优秀企业”、“全国群众体育先进单位”、“中国明星企业”等荣誉接踵而至，企业呈现出良好的发展态势。

杨光青作为在任领导班子成员之一，他十分重视老干部政策的落实，关心老同志身体健康。逢年过节和遇到老同志生日，他都要去祝贺，看望生病的老同志。有一次他为一位老同志的职称问题向上级反映实际情况，争取指标，虽然职称评定下来，这位老同志已经退休，但对老同志做了一件实事，老同志仍然感到高兴。让身边工作的人目睹了“人走茶不凉”的情形，使他们受到启发和感动。

“青”字号工程是新艺厂在第二次创业中自己设计的一项大工程。杨光青认识到企业的竞争在于人才的竞争，因此，他十分注重人才的培养和关心青年职工的成长。他经常到单身食堂用餐，体验和了解青年职工的生活，并亲自为团员青年授课，讲解工厂的发展历程，引导团员青年建立正确的职业生涯。督促工厂相关部门为单身职工宿舍安装了有线电视信号，创建了单身娱乐室，置办了单身职工就餐用具，完善了健身设施。类似这些细节的东西，杨光青都能看到、想到和做到。

杨光青在他平时的生活和工作中，不以领导身份自居，不搞特殊化，不用公车接送，与职工一样骑着自己的单车上下班。他对待工作踏踏实实，处处以领导干部的形象影响着身边的工作人员，不以荣耀夸大自己，用他自己的话说：“工作是大伙儿干的，我没有特殊的地方，我也就是一个新艺人。”

杨光青于 2004 年 7 月退休。

崔学文 2000年全国劳动模范

崔学文（1945.12— ），山东广饶人，2000年全国劳动模范，时任中航工业哈尔滨飞机工业（集团）有限责任公司（简称中航工业哈飞）董事长、党委书记。1984年12月加入中国共产党。研究员级高级工程师，享受国务院特殊津贴专家。1970年8月由南京华东工程学院军械专业毕业，分配到国营伟建机器厂（现中航工业哈飞）工作，历任飞机总装车间工艺员、车间副主任、生产技术处处长、副总工程师兼生产技术处处长、副总经理。1994年8月任哈尔滨飞机制造公司（简称哈飞公司）副总经理兼哈飞汽车制造有限公司总经理、党委书记；1995年5月任哈飞公司常务副总经理；1996年5月任总经理；1999年4月任董事长、总经理；2003年3月任董事长、党委书记。2004年4月调中国航空工业第二集团公司任高级专务。崔学文任哈飞公司总经理以来，深化国企改革，坚定不移地走国际合作之路，狠抓产品运营，积极进行资本运营的探索和实践，带领哈飞实现了新的飞跃。他先后获得哈尔滨市有突出贡献的科技人员、哈尔滨市劳动模范、黑龙江优秀中青年企业家、黑龙江省劳动模范、中国航空工业有突出贡献专家等光荣称号。1999年荣获全国五一劳动奖章；2000年被国务院授予“全国劳动模范”称号；2001年荣获航空工业金奖。2003年被评为中国汽车工业50年50名创业企业家之一，同年当选第十届全国人大代表。2006年6月退休。

1996年5月30日，崔学文被任命为哈飞公司总经理。他在任职大会上说：“总经理的岗位不仅仅是权力与荣誉，更多的、更重要的还是责任与义务。现在我们需要的不是什么豪言壮语，需要的是脚踏实地、兢兢业业的工作；也不需要什么新官上任三把火，需要的是咬定青山不放松的锲而不舍的努力。”在他和领导班子的带领下，1996年哈飞广大干部职工顶住了来自市场的压力，年底实现销售收入21亿元，为“九五”的启始之年开了个好头。

在航空产品的发展上，崔学文提出了“多元合作拿型号，改进改型占市场”的原则。通过多年的努力，哈飞航空产品从单一的军品生产拓展到广阔的民用航空领域。通过多方位的国际合作，产品已经形成具有高科技含量的系列化产品。

崔学文陪同温家宝总理视察工作

1986年始交付部队的直9直升机，于1997年装备驻港部队，1999年参加国庆50周年阅兵，1999年参加北极科学考察，1999年销往马里，2001年交付武警部队，2001年参加南极科学考察，2001年取得了中国民航总局（CAAC）颁发的型号合格证和生产许可证。通过对直9的改型研制生产的H410A和H425型直升机，进一步拓宽了市场。EC120直升机取得了世界30多个国家的型号合格证，实现工业化并投入批生产，年产稳定在100架以上，在全球销售了300多架。

运12飞机先后取得了CAA和FAA适航证，成为中国第一个出口国外的民用机种。截至2002年，销往20多个国家和地区112架，是中国出口国家最多、出口数量最多的民用机种，也是中国唯一一种在世界民用航空领域内形成机群的民用飞机。崔学文从上任之初就对运12飞机的后继机型的开发投入了极大的精力。在他的带领下，哈飞采取共同投资、共担风险、共享市场、共同获益的原则，选择了产品具有良好市场前景的巴西航空工业公司作为合资对象，进行新型支线飞机的研制。ERJ145系列支线（30～50座）客机项目2002年获得国家批准，2003年年底已生产出第一架飞机。

“哈飞中意”是哈飞与意大利宾尼法瑞那公司联合开发的一款微型客车。作为我国第一辆与国外合作设计的拥有全部知识产权的汽车，于2000年2月第一次登上了第70届日内瓦国际车展，已成为哈飞近几年来的主打车型。之后，哈飞又相继开发了多个拥有自主知识产权的新车型，使哈飞汽车形成五大系列，70多个品种。崔学文带领哈飞通过对汽车生产线进行“双加工程”的改造和“新一号工程”的建设，使汽车生产能力达到年产30万辆。

“四龙齐飞，放开搞活”是崔学文提出的哈飞机电产品发展总体思路。哈飞机电产品已逐步形成了四大支柱产品系列——压力容器系列、医药包装系列、冶金机械系列、汽车零部件系列。其中，哈飞为湘钢集团和宣钢集团生产的90米/秒的高速线材精轧机组，是目前达到国产最高水平、国际先进水平的冶金设备。

资本运营是哈飞从20世纪90年代初就一直筹划的工作。从上任的那天起，崔学文便带领哈飞在资本运营领域开始了充满艰辛与坎坷的探索和实践。“哈飞航空”A股的上市，是哈飞在资本运营领域中的一个里程碑。2000年11月18日，“哈飞航空”6000万股A股股票在上海证券交易所成功发行，募集资金4.5亿元，为哈飞航空产品的发展提供了强大的资金支持。

改革是国有企业的根本出路。1999年9月，在原哈尔滨飞机制造公司的基础上，采取裂变的方式，组建了哈尔滨飞机工业集团。此后，哈飞以组建集团为契机，总结哈飞汽车、哈飞航空和哈飞机电分立的实践经验，并按照“机构定，机制变，岗位清，责任明，关系顺”的总体原则，采取“反向剥离，组织再造，规范管理，转换机制”的办法，先后剥离了若干子公司，形成了以哈尔滨飞机工业（集团）有限责任公司为母公司，拥有哈飞航空、哈飞汽车、哈飞机电等若干子公司的大型企业集团。

1996年以来，哈飞先后荣获国防科技工业第二次创业标兵、中国航空工业有重大贡献单位、全国用户满意企业、全国质量效益型先进企业等一系列称号。

崔学文于2006年6月退休。

郭维林 2000 年全国劳动模范

郭维林（1947.6— ），辽宁新民人，2000 年全国劳动模范，中航工业沈阳黎明航空发动机（集团）有限责任公司（简称中航工业黎明）氩弧焊工、“郭维林班”班长。郭维林 1963 年入厂，焊接技术高超，是公司获得美国 EC 公司焊接许可证的第一人。他曾荣获全国技术能手、中国一航十大新闻人物、中国一航杰出贡献奖等荣誉称号，2000 年被国务院授予“全国劳动模范”称号。他所带领的团队——郭维林班，被中国国防邮电工会和中国一航联合命名为“郭维林班”；被全国总工会授予全国五一劳动奖状；被国务院、全国总工会授予东北振兴金牌班组荣誉称号，被全国总工会授予全国工人先锋号荣誉称号。2007 年 7 月退休。

郭维林是中航工业黎明钣焊加工厂一名氩弧焊工。1963 年，郭维林刚进厂拜师就遇到了当时全厂闻名的“焊接大王”——阎德义，这也成为了他人生的起点。郭维林非常珍惜来之不易的工作和学习机会，他暗下决心“一定会跟着师傅好好干”。他带着这种朴素的感情拿起了焊枪，跟着师傅学焊接技能，师傅的每一个动作、每一个操作要领都牢牢地刻在了他的脑海中。他购买了《焊接技术研究》、《焊工理论》、《当代焊接》等书籍，进行刻苦钻研，充实自己的焊接理论知识，同时他也不忘在实践中提高。为了练就高超的技艺，他胳膊上捆着砖头练习端焊枪的平衡点。

郭维林常说：“任务不能在我手里晚点，为工厂我舍得一切。”他是这样说的，也是这样做的。焊接车间负担着发动机火焰筒、机匣、外套三大组件焊接的关键任务。郭维林所在的班组，年轻人多，要完成重要零件的焊接任务，困难很大，他一方面精心组织生产，一方面带头苦干。他每天早出晚归，平均每天都工作 12 小时以上。他始终以党员的先锋模范作用带动着班组成员成长。

1998 年 11 月，在一次抢干涡喷 7 发动机外套的任务中，郭维林感冒发烧，但他连续 24 小时没有休息，一直奋斗在生产第一线。这批急件本应干一个星期才能完成，但是在郭维林的感召和带领下，仅用 3 天就完成了，X 光检验 100% 合格，为下道工序抢回了宝贵的时间。

郭维林工作照

2002年12月26日，黎明公司总经理签发了“郭维林班”命名的指令，随后公司党委做出了向“郭维林班”学习的决定。以劳动模范命名班组，这是黎明公司历史上的第一次。正是这一举措，把郭维林和他所在的班组更加紧密地联系在了一起。自班组成立以来，先后获得各种荣誉210多项。2005年被中国国防邮电工会和中国一航联合命名为“郭维林班”；2006年被全总授予全国五一劳动奖状；2007年被国务院、中华全国总工会联合授予“东北振兴金牌班组”荣誉称号；2008年被全总授予“全国工人先锋号”荣誉称号。

“郭维林班”成立以来，涌现出了2个全国劳模，5人获得公司级以上劳模。现有班组成员23人，平均年龄28岁。其中高级技师5人，技师7人，首席技能专家1人，二级技能专家7人。这个全国的金牌班组已经成为钣焊厂班组文化建设的一面旗帜，带动着公司的其他班组共同进步。

2003年以来，郭维林和他的伙伴们成功研制了具有提高焊接质量、增加焊接保护效果的通气卡具12套，为工厂节约成本200多万元。他们焊接的某重点型号扩散器合格率由60%、85%，提高到100%；某重点型号点火器合格率由20%、50%，提高到80%；某重点型号火焰筒焊接部件从全部外购转变到80%以上实现国产化。

某重点型号发动机机匣，由于材料特殊，是钛合金，按要求必须在真空舱内焊接，如果从国外引进真空舱需要120万美元，况且时间也不允许。该零件造价60多万元，要达到焊接标准，十分困难。“郭维林班”在郭维林的带领下成立了攻关组，翻阅了大量的技术资料，大胆采用了进气保护方法焊接。经过X光检验和相关检测的数据结论表明，焊接质量完全达到了国际质量标准，打破了钛合金在大气中无法焊接的禁区。

针对“太行”机扩散器外壁在焊接中出现焊接气孔的难点，郭维林带领徒弟们积极攻关，成立了“三结合”攻关小组，并确定了一系列的改进方案。现在，零件均一次性通过焊后 X 光检查，且无须补焊，有效地提高了零件的加工质量，缩短加工周期3天。

郭维林经常参加对外技术协作，这位“焊接大王”被许多企业青睐。他有求必应，先后为兄弟单位解决过重大技术关键问题20 多个，挽回经济损失1000 多万元。一些私营企业、合资企业以及远在深圳的企业都曾派人来对郭维林下高薪聘书，但却都被他一一谢绝了。他说：“黎明给予我的太多了，我舍不得黎明”。

郭维林把对航空事业的爱倾注在一把焊枪上，这把焊枪已跟随他 40 多年。2007 年 7 月郭维林正式退休，但他却退而不休，遇到攻关任务，他总是和徒弟们一起冲锋在前。因为他离不开这把焊枪，更离不开他的报国夙愿。

韩光宗 2000年全国劳动模范

韩光宗（1938.7— ），河北秦皇岛人，2000年全国劳动模范，时任中国航空工业规划设计研究院（现中航工业规划建设）总建筑师、副总工程师。1962年从天津大学建筑系毕业后，先后任中国航空工业规划设计研究院室主任、总设计师、所总工程师、院总建筑师、院副总工程师、顾问总工程师等职务，现为中航工业规划建设高级技术顾问，国家一级注册建筑师，国家勘察设计大师，享受国务院特殊津贴专家。投身航空工业近50年来，韩光宗先后参加了20余个航空工程项目的设计。先后获得全国科学大会奖、全国最佳工程设计特等奖、全国十大科技成就奖、国家科技进步特等奖等，为国防建设和航空工业的发展做出了杰出贡献。韩光宗先后获得建院40周年先进工作者，1990年度、1993—1996年度院优秀共产党员；1994—1996年度航空工业总公司优秀共产党员；1996年航空工业劳动模范；2000年被国务院授予“全国劳动模范”称号；2001年当选为“全国勘察设计大师”；2011年获得新中国航空工业创建60周年“杰出贡献奖”。2009年9月退休。

自20世纪六七十年代以来，韩光宗主要从事航空工厂的规划设计工作，曾先后参加过陕西、河南、辽宁等地大型航空工业基地的建设，主持完成了贵州、陕西多处三线航空工厂的设计，将青春光彩和聪明才智撒遍了祖国的大江南北，完成大量开拓性工作，为航空工业建筑设计水平的提高和国防建设、航空工业发展做出了杰出贡献。

20世纪80年代初，随着国防科技工业向军民结合、寓军于民的战略转变，规划设计研究院计划内任务急剧下降，企业生存都成了问题。韩光宗迎难而上，到当时正飞速发展的深圳特区去打拼民用建筑市场。这一去，就是4年。

特区建设之初，工作生活条件十分艰苦。夏天潮湿闷热，蚊蝇成群，刚从北方去的人很不适应。设计组二十几个人挤在几间简易房子里，每天都在图板旁工作到半夜。由于人手不够，还要满足工程进度要求，每个人不得不承担几个人的工作量。设计最紧张的时候，韩光宗一人担任了7个项目的总师。经过艰苦卓绝的努力，韩光宗和同事们先后完成了北京国际大厦、新世纪广场、鹏运广场、中航广场等当时国内首屈一指的超高层、大体量建筑。其中，高达177米的新世纪广场被认为是中国高层建筑创作初期的经典之作。时至今天，它仍是深圳特区标志性建筑之一。

经过十几年的奋力拼搏，韩光宗和他的同事们终于在航空工业之外拓展出一片广阔的市场，在大跨度厂房、维修机库、超高层建筑、小区规划、热电工程、体育场馆和科技博览建筑等项目方面开发和掌握了一批关键技术，多次完成了国家重点建设项目的规划设计任务。更为重要的是通过在民品项目的收入，及时保证了军品项目前期大量的研制经费，有力支持了航空工业重点型号、重点项目的顺利推进，实现了以民养军、保军转民的战略目标。

进入20世纪90年代以后，韩光宗以极大的热情投身于航空工业军品型号工程。在沈阳某厂部装厂房、汉中某厂大型机加厂房、某厂总装厂房的设计中，韩光宗在缺少技术资料的情况下，大胆探索大型单体工业建筑整体效果的表现形式，运用色彩的大面积统一、小面积对比方法和适宜的门窗造型，给单调的大型工业厂房赋予了蓬勃的活力。他指导设计的某研究所试验楼方案，成功地解决了特殊结构体系所引起的建筑表现变化的技术难题，使建筑物满足了工程功能对其整体性的要求。他主持的西罗发动机厂房是我国航空工业与世界著名的罗·罗公司合作的大型工程。他提出的形式创新、气派大方、造型新颖的设计思想对工程建设起到了重要作用，得到了上级和外方的一致好评。

韩光宗参与和负责的高空台、高空模拟试车台工程等重点型号工程，1978年获得全国科学大会奖，1994年获得全国最佳工程设计特等奖，1995年获得全国十大科技成就奖，1997年获得国家科技进步特等奖等国家大奖。

韩光宗工作照

韩光宗常说："只有设计出具有民族特色的东西，才能在国际建筑界占有一席之地"。1998 年，韩光宗担任了新中国成立 50 周年献礼工程——中国科技馆二期项目的总建筑师。起初绘制的方案草图足有一尺多高，但仍一无所获。一个寒冷的冬夜，他躺在床上辗转反侧无法入眠。突然间，他脑海里闪过一道亮光：能不能把"天圆地方"的古老思想用现代建筑的形式表现出来呢？他一骨碌爬起床，冒着刺骨的寒风，踏着厚厚的积雪，直奔办公室。第二天一早，当同事们踏进办公室时，惊奇地看到工作台上出现了一张全新的方案图，而在图样旁和衣而睡的正是年过花甲的韩光宗。中国科技馆新馆最终获得了国家优秀工程奖，并得到了国际博物馆协会、欧洲国家、美国及亚太科技馆专家的一致认可，获得"世界科技馆建筑造型设计中难得珍品"的极高评价。

韩光宗主持设计的尼泊尔国际会议中心，巧妙地借鉴我国挑檐结构和尼泊尔式的坡形屋顶，采用红瓦和灰白墙体搭配，使建筑获得了形式和内容完美的和谐与统一。他在广场设计中采用圆形喷水池和对称的扇形绿地，对主体建筑起到了烘托效果，显示了会议中心气势恢宏、朴素庄重的特点，也体现了他在超大型公共建筑中把握建筑空间与整体环境的能力。会议中心建成后，尼泊尔领导人和群众赞不绝口。国务院总理李鹏亲赴尼泊尔为工程剪彩。

中国科技馆新馆、尼泊尔国际会议中心等项目的成功，很好地在国际建筑设计市场展示了公司的设计水平，为中国航空工业赢得了荣誉。通过这些项目，打开了中国航空工业建筑设计的对外经济援助市场，为航空工业的民用建筑专业开辟了新的设计领域。一些工程公司慕名而来，不惜以重金相许，聘请韩光宗主持项目。他在优厚的金钱和待遇面前始终不为所动，一直坚守着自己的中航工业建筑设计岗位。

在他的时间表上，根本没有 5 天工作制和 8 小时工作制，甚至连春节都难得休息。有人说他是个"傻老头"，韩光宗回答："党组织培养了我，这里有我难以割舍的事业。离开这个集体和党的事业，我个人就显得毫无价值。"

韩光宗于 2009 年 9 月退休。

李晓红　2000 年全国劳动模范

李晓红（1962.4—　），山西武乡人，2000 年全国劳动模范，时任北京航空材料研究院（简称中航工业航材院）副院长。1986 年从北京航空学院制造工程系焊接工程专业毕业分配到航空工业部第 621 研究所工作，曾担任专业组长、研究室主任、副总工程师兼科技处处长。2000 年任副院长，2007 年任总工程师兼副院长，2007 年 7 月任航材院院长。2010 年 9 月调任中航工业基础技术研究院院长。李晓红是研究员、博士生导师，享受国务院特殊津贴专家。在航材院工作中，他负责主持和参加了国防 973、国家 863、国防预研、重点型号攻关、各类科学基金及民品开发等 20 多项科研课题，尤其在金属基复合材料、金属间化合物、定向凝固高温合金和单晶合金等新材料及其结构的连接方面进行了许多开创性的研究工作，取得的成果已在多种重点型号和预研项目中获得应用。获国防科学技术二等奖 1 项，三等奖 3 项；获中国航空工业总公司及中国一航科技进步一等奖 2 项、二等奖 3 项、三等奖 1 项；航空科学基金优秀项目一等奖 1 项；获部级管理成果一等奖 3 项；申报国家与国防发明专利 24 项，其中 12 项获得授权；发表论文 150 余篇，合作出版论著 2 部，指导研究生多名。曾荣获中央国家机关优秀青年、优秀党员；中国航空工业总公司有突出成就中国硕士学位获得者、十佳青年等称号；是第四届中国优秀青年科技创新奖、航空报国杰出贡献奖获得者，国防科技工业有突出贡献中青年专家，新世纪百千万人才工程国家级人选。2000 年被国务院授予“全国劳动模范”称号。

1996 年，李晓红从一名技术专家走上管理工作岗位，担任航材院副总工程师兼科技处处长。在知识产权管理方面，他主持建立了一整套适合科研院所的知识产权管理和保护制度，探索建立了利用知识产权策略推进科技成果转化的有效机制。航材院被授予“航空工业知识产权保护示范单位”和“全国知识产权保护先进单位”称号，他主持的“科研院所知识产权管理与保护”项目被航空工业总公司评为管理成果一等奖。

2000 年，李晓红担任航材院副院长的职务，主管质量管理、技改技措、一流环境建设、安全等工作，担子更重，压力更大。他不畏艰难，勇于开拓。

航材院的质量管理体系建设在他的具体领导和周密策划下一年一个新台阶，一年一个新跨越。2000年航材院作为全国10家2000版ISO9000族标准转化跟踪与研究试点单位之一，率先通过认证，该项目获中航一集团管理成果一等奖。2001年航材院被认证为国际多边认可的国家金属、非金属材料实验室，李晓红为该实验室主任。2002年航材院取得了GJB9001A－2001质量管理体系认证证书。2004年通过了空军装备部组织的质量体系第二方审核。2005年通过AS9100宇航质量管理体系认证。2007年又通过了最为严格的NADCAP国际认证。

李晓红主管的技改技措工作是航材院建设和发展中的一大亮点。“十五”期间，他利用争取到的技改经费新建了先进高温结构材料国家重点实验室、钛合金研究、座舱透明件研制、力学性能测试等厂房。“十一五”期间，累计争取到的技改经费是规划的两倍，相当于再造一个航材院，极大地改善了现有科研生产环境，提高了科研生产能力，整合与优化了全院资源，为航材院的未来发展奠定了坚实的基础。2007年航材院被评为国防科工委国防科技工业固定资产投资管理先进单位，李晓红被评为国防科技工业固定资产投资管理（技术创新）先进个人。

2007年7月李晓红担任航材院院长后，他组织班子确定了“继承、创新、发展”的总体工作思路，树立主动率先发展的意识，致力于搭建材料研制与应用研究、资本化运作两类平台；提高科技研发和成果转化、军品研制和高新材料产业化发展三种能力；夯实经济、技术、人才、条件四方面基础。他把准发展脉搏，抓住最佳机遇，聚焦集团战略，加强院战略规划研究，组织制订了航材院的“十二五规划”，同时启动了科技创新、产业发展、能力提升、精细管理四项行动计划，带领全院员工脚踏实地地落实战略。业务规模和效益连续快速增长，经济运行质量明显改善，连续三年超额完成经营指标，获得集团公司2007—2009年经营业绩考核A级单位。

李晓红工作照

2010年9月，李晓红调中航工业基础技术研究院（简称基础院）任院长，踏上新征程的他深知责任更加重大，潜心思考如何尽快实现“从型号牵引到牵引型号的转型升级”，如何使基础院早日成为世界级航空工业基础技术中心，如何支撑我国航空工业成为世界第三极。他坚信人心齐，泰山移。在这样的信念支撑下，党政领导班子带领全体员工凝心聚力、努力拼搏，推进了一系列重大工作的顺利进展。预研及重点实验室建设取得实质进展，型号研制关键技术取得重大突破；顺义产业园区建设快速推进，与一汽联合成立先进汽车材料实验室，融入地方经济取得重要成果；复材公司、智控公司注册成立，专业化整合取得重大突破；增资控股合肥航太电物理技术有限公司，完善了基础技术专业体系；质量体系、保密认证、风险管理、信息化建设等全面启动，基础管理水平得到提升。这些突破和进展都为做实做强基础院打下了坚实的基础。

李晓红曾任中国航空学会常务理事/中国航空学会材料工程专业分会主任；中国航空学会材料工程专业分会热加工工艺及表面防护专业委员会主任。目前是中国机械工程学会焊接学会常务理事，全国焊接学会钎焊及特种连接专业委员会主任；中国材料研究学会常务理事；北京航空航天大学和西北工业大学兼职教授；国防科技工业有突出贡献中青年专家；新世纪百千万人才工程国家级人选；中国人民解放军总装备部先进制造技术专家组副组长；某国家安全重大基础研究项目技术首席和专家组成员。

青世荣 2000年全国劳动模范

青世荣（1945.10— ），四川什邡人，2000年全国劳动模范，高级技师，中航工业成都发动机（集团）有限公司（简称中航工业成发）工人。1958—1964年四川省什邡县兴木器社木工；1964年9月356部队任保管员、班长；1970年2月加入中国共产党；1970年3月转业到国营新都机械厂（现中航工业成发）七厂50车间干磨工。在工作中始终兢兢业业、勤勤恳恳，被誉为"拉刀大王"。据不完全统计，他近11年完成了80000多个工时，相当于干完了36年的活。1991—2003年连续13年被评为公司优秀党员，连续10年被评为公司劳动模范；1992、1998年两次被评为成都市优秀党员；2000年被国务院授予"全国劳动模范"称号。2005年11月退休。

青世荣有一种坚韧不拔的进取精神，他靠这种精神苦练精磨拉刀技术，终于成了技艺超群的"拉刀大王"。他充分利用这种技术和绝活，为公司解决了大量的生产难点，为公司的发展做出了贡献。

1970年青世荣转业到国营新都机械厂后，他刻苦钻研技术，进步很快，深得周围师傅们的喜爱。他只跟师傅学习了3个月就可以独立操作，1年以后就已经担当起了拉刀的精磨工作。他干活喜欢琢磨，往往一种方法不行他就多换几个角度、多想几种方法，对工装夹具进行小改小革。如公司在大干高温余热余压发电（TRT）项目时，由于加工精度要求高，涡轮盘榫齿长时间磨不合格，青世荣提出可改在精平磨床上干。在工艺人员的配合下，改进工装，经过反复试验，很快就解决了这个技术难题，确保了产品的质量要求。又如，车间承揽了兄弟厂的高精度组合铣刀，但是车间设备精度不够，配合尺寸很难保证，领导将攻关任务交给了青世荣，他二话没说就埋头琢磨开了，硬是在平磨上反复试验并最终保证了配合尺寸要求。工厂"军转民"以后，除了生产军品，还要生产民品、外贸产品。由于产品种类增多，现有的设备就不适应了。有一次要精磨一个1.5米长的零件，但精密磨床只能加工1米长的零件，超过1米长的零件就不能保证精度要求。他白天晚上琢磨这件事，查阅资料，设计画图，反复试验，终于在磨床的磁力台上找到了解决的办法。经过青世荣改装，在精密磨床上不仅可以

劳动模范青世荣

加工 1.5 米长的合格零件，而且提高工效数倍。

随着军品不断改进，难度也不断增加。一批军品发动机涡轮盘榫齿采用了新标准，尺寸、光度、型面要求比原来高出许多，加工榫齿的拉刀成了全公司的关键。青世荣想尽办法，用仿型夹具修正砂轮，正式加工前先磨试件，加班加点地干，终于攻下了这道难关。跟他在一起干活的技术人员翘起拇指说："老青不愧为'拉刀大王'，再难的活儿到他手里也不在话下呀!"

青世荣还用自己精湛的技艺，为兰州、天津、武汉、上海等地的大型民用企业解决了不少燃眉之急。他的绝活儿也博得了外商的赞赏，为公司赢得了荣誉。青世荣凭着一手绝活，常常有人慕名高薪聘请，但他都一一婉言谢绝，一心扑在工厂里。

青世荣于 2005 年 11 月退休。

石　屏　2000年全国劳动模范

石屏（1934.3—　），江西鄱阳人，2000年全国劳动模范，飞机设计专家，中国工程院院士，时任江西洪都航空工业集团有限责任公司（现简称中航工业洪都）K8飞机总设计师。1956年6月毕业于南京航空学院。历任国营洪都机械厂飞机设计研究所设计员、设计组长、副所长、型号总设计师，现任中航工业江西洪都工业集团有限责任公司飞机总设计师，南京航空航天大学、南昌航空大学兼职教授，中国航空学会理事，江西省科协副主席，江西省工程咨询特邀专家。1969年5月，石屏被下放到江西省高安县农机厂工作，1971年调至湖南张家界013基地，1977年调到国营五二机械厂（现中航工业长江）设计科工作，从事初教7的设计研制。1978年任国营洪都机械厂（现中航工业洪都）飞机设计所副所长，从事初教6、强5飞机改进改型工作，主持教练机方案论证。1986年10月石屏被航空工业部任命为K8飞机总设计师。K8飞机"综合性能优于同类教练机，填补了我国基础教练机的空白"。截至2009年12月，K8飞机前后9次参加航展并作飞行表演，有20多个国家的飞行员驾驶过，一致反映该机机动性能好，横侧操纵品质尤为突出，特别是尾冲特技获得了航空界的赞誉。2001年，K8飞机荣获国家科技进步一等奖，石屏同志作为该型飞机的总设计师，为型号的研制成功做出了突出的贡献。

石屏曾获优秀科技工作者、航空金奖、江西省江铃科技精英奖、江西省优秀共产党员、江西省科学技术特别奖、航空工业部有突出贡献专家以及第四届航空航天月桂奖——终身奉献奖等多项光荣称号和奖励。2000年被国务院授予"全国劳动模范"称号，2002年8月中宣部确定石屏为爱岗敬业、无私奉献的全国公民道德建设先进典型之一。2003年当选中国工程院院士。

主要事迹见《中国航空工业人物传·专家篇①》。

苏秉义 2000年全国劳动模范

苏秉义（1941.1— ），黑龙江牡丹江人，2000年全国劳动模范，中航工业吉林航空维修有限责任公司（简称中航工业吉航）电气专业高级工程师。1959年进入哈尔滨工业大学电机系学习。1964年毕业后，就职于中国人民解放军空军第17修理厂（现中航工业吉航）机动科，任电气技术员。1980年后历任机动科电气工程师、民品开发处工程师、机修车间高级工程师、机动能源处高级工程师。苏秉义进厂几十年来，在航修工作中，解决了一个又一个难题，攻克了一道又一道难关，成为职工们人人赞誉的优秀工程技术人员。他先后被吉林市政府、吉林省政府、空军装备技术部授予“劳动模范”称号，并被评为优秀共产党员、优秀知识分子、空军先进科技工作者和空军航空修理系统有突出贡献的技术专家；连续17年被工厂评为先进工作者标兵。2000年5月被国务院授予“全国劳动模范”称号。2001年1月退休。

苏秉义是中航工业吉航电气专业高级工程师。自1964年进厂以来，一直从事电气技术工作，从技术员到高级工程师。这些年来，工厂设备老旧的问题一直很突出，也一直影响着工厂生产的正常进行。特别是在1993年工厂承修米格-21比斯飞机，这无疑是一次对工程技术人员、职工队伍素质的严峻考验，而其中设备的设计、改造任务尤为繁重。在一无图样资料，二无更换备件，三无试验设备的情况下，苏秉义想工厂之所想，急工厂之所急，主动承担了一些关键的试验设备的设计和制造任务。他多次深入飞机结构修理、附件修理、特设修理和总装调试车间调查研究，同车间的工程技术人员、老工人一起研究探讨。经过他多次论证、试验，先后完成了火箭试验器、导弹试验器、加速器、发射线路检查仪等10台设备的设计工作，又带领全组同志制造了10台设备。当这些设备投入使用后，苏秉义仍不放心，他深入现场和操作工人一起反复试验，征求意见，及时改进设计中的不足，直到能保证产品的质量要求。在这一过程中，苏秉义精心设计的5项11台飞机特设试验设备，台台线路合理，体积小巧，便于携带和使用，保证了米格-21比斯飞机的如期交付。

1994年4月，工厂承修的某型飞机进厂。能否实现该飞机当年试修成功出厂，关系到空军规划的实施。苏秉义暗下决心，要为该飞机多做贡献。他独立完成了 JYY－5 型、JYY－6 型火箭试验器、KH－1F 型、KH－1G 型火箭试验器 4 项 10 台设备的设计、施工任务；承担了该飞机后机身试验油车、机翼液压清洗车等 5 项 10 台试验设备电气部分的设计工作，并配合工段按时完成制造任务，保证飞机试修的需要；同时为工厂节约了 10 万余元的资金，为飞机的成功试飞奠定了坚实的基础。成功的喜悦中，包含着全体职工和苏秉义工程师的心血和汗水。对此，中央电视台，省、市电视台等有关新闻媒介都相继做了重点报道。

1994 年 6 月，3 架米格－21 比斯飞机同步器转子损坏，国内不能供应备件，直接影响飞机修理周期。苏秉义组织有关人员，认真检测转子线圈，记录原始数据，确定了新的修理方案，及时修好了同步器转子，为米格－21 比斯飞机的试修成功创造了良好的条件。

有一次，技校教学楼供电电缆被铲车铲断，如不及时修复，将影响全校学生学习。技校领导请求工厂支援，苏秉义得知这一任务后，马上组织外线组抢修线路。采用热缩电缆中间头新工艺，迅速修复电缆，学校很快恢复了教学。还有一次，厂表面处理车间电镀厂房缺乏大电流镀铬电源，苏秉义修旧利废，亲自设计并组织安装了该电源系统。由于是自行设计，自行安装，为工厂节约资金 18.5 万元，并于第二年加工产品赢利 10 多万元。

工艺技术研究所安装一台新直流电源，需要增加 1 万多元资金。苏秉义积极主动出注意、想办法，将原有电源一分为二，通过开关同时向两镀槽供电。这样不仅节约了资金，而且提前了工期，增加了应用所介子板的产量，工厂增加了收入，而苏秉义却从未向工厂要一分一文。

苏秉义工作照

为了完成好每项设计，苏秉义认真调研、精心设计，有时还到外地选购器材。为了解决技术问题，他深入到车间现场，和工人一起摸爬滚打，穿着脏乎乎的工作服，手上脸上满是灰尘和油污，认不出他是工人还是高级工程师。为了排除电镀厂房污水处理故障，苏秉义钻进截面积只有 0.5 米^2 满是灰尘的风道中查找原因。为了完成时间急、难度大、任务重的设计任务，他经常利用节假日和业余时间绘制图样。几年来，经他设计制造的设备 26 台，技术改造 21 项，电气设备内外线安装 58 项，排除事故隐患 14 起，完成援外任务 17 项。

苏秉义把自己的精力全部献给了工厂的发展和振兴。在工厂和航修系统中，他素以解决技术业务难题著称。他每年加班平均 40 天左右，没拿过一分钱，多年来 8 次推迟了疗养机会。在工作和生活中，他始终把党和工厂的利益放在首位，他时刻用共产党员的标准严格要求自己，为航空工业的发展做出了贡献。

苏秉义 2001 年 1 月退休。

杨金槐 2000年全国劳动模范

杨金槐（1944.7— ），安徽来安人，2000年全国劳动模范，时任昌河飞机工业（集团）有限责任公司（现中航工业昌飞）董事长、总经理。1966年4月加入中国共产党。1970年毕业于上海同济大学机械制造工程系机械设计专业，分配到昌河机械厂（现中航工业昌飞）工作，历任设计员、设计组长、组织部干事。1984年8月任干部科副科长、设计所党支部书记兼副所长。1993年9月起先后任副总经理、总经理、董事长兼总经理、执行董事等职。2004年5月，任中国航空工业第二集团公司高级专务，享受国务院特殊津贴专家。杨金槐担任总经理以来，带领昌飞干部职工经过艰苦努力，逐步形成了一个以昌飞集团为母体，跨行业、跨地区、跨所有制，拥有20多个分（子）公司的大型企业集团，公司资产总量由“八五”末期的9亿多元增加到50多亿元。杨金槐曾先后荣获全国五一劳动奖章、国家级有突出贡献专家、江西省优秀企业家等殊荣。还曾任中国汽车工业协会理事、江西省航空学会副会长，并分别被清华大学、中国人民大学、北京航空航天大学、华中科技大学、湖北大学等高等院校授聘为名誉教授。2000年被国务院授予“全国劳动模范”称号。2003年当选为第十届全国人大代表。

杨金槐于1993年担任昌飞总经理，为实现“两条腿走路”的发展战略，他大力推行军民品分线，有效理顺了产品的发展结构。本着“军民结合，军品第一，以民养军”的指导思想，公司先后将开发民品获得的1.4亿元利润用于军品研制和生产线技术改造，并投入近2000万元，增加了一大批国内一流的设计、检测、加工设备和厂房设施，同时将一些专业技术人才送到国外考察、培训，为昌飞公司航空技术能跨入世界行列奠定了人才和物质技术基础。正是在杨金槐的积极努力争取下，使得国家重点型号的总装定点研制最终花落昌飞，由此不仅进一步奠定了公司的科研骨干地位，并且大大提升了企业的科技实力和发展后劲。

根据公司当时的现实情况和国内、国际经济发展的形势，杨金槐大胆提出了“超常规发展”的思路。在这一理念的指导下，昌飞在航空产品方面克服配套艰难、关键技术岗位人员严重不足等困难，先后完成了多个型号直升机的研制：直11型机通过了混装技术鉴定，并成功地完成了直 11 自转下滑着陆的一级风险试飞科目；25B 复合材料桨叶通过部级鉴定，开始进行装机运转，直升机交付数量成倍增长；完成了 S－92 直升机国际合作项目研制，并形成批产，公司基本具备了承担世界先进水平高科技航空产品的研制能力；直 11 型机获得了国家民航总局颁发的型号与生产许可证，开辟了进入民用航空市场的通道；首架中继航拍机交付中央电视台，在新闻领域大显身手。

在汽车产品方面，昌河成功地探索出一条“一次规划、分步实施、重点突破、滚动发展”的道路。在国家没有更大投入的情况下，昌河汽车依靠自我积累，一年一个台阶，逐渐形成了规模效益。昌河汽车年生产能力由“八五”末期的 2.5 万辆跃升到“十五”初期的 16 万辆。通过合资引进、自行开发等途径，公司产品已由单一的微客系列，拓展为拥有 SK410、北斗星、爱迪尔三个平台、四大系列 60 多个品种的产品。

杨金槐非常注重管理工作的改革与创新，提出了“管理要创新，改善无止境”的理念，并努力在实际工作中付诸实施。他非常重视群众性的创新创效活动，比如采用 ERP 技术、滚动计划、库存控制、看板管理等科学方法，实现了汽车生产的系统优化和集成，使昌河汽车的生产管理水平取得了质的飞跃。昌河汽车产品质量保证体系通过了 ISO9001/2000 版认证，整车抽检合格率达 100％。2003 年，昌铃公司、合肥昌河公司首批通过了汽车行业“3C”认证（中国强制性产品认证）。

杨金槐工作照

作为中国人民大学和清华大学的客座教授，杨金槐深知“发展才是硬道理”。在他的带领下，昌飞公司坚持以市场为中心，做出了“走资本运营、资产重组之路，低成本扩张”的决策。1997年以来，抓住机遇，审慎运作，通过合资、兼并、合作等方式，优化公司的资本结构，实现了公司投资主体多元化和低成本扩张。1997年7月，公司整体接收了一家破产企业，随后又跨省兼并了原安徽淮海机械厂，成立合肥昌河汽车有限责任公司；1998年，公司又以昌河品牌和零部件市场置换产权，参股东风车桥有限公司，成立了陕西东风昌河汽车车桥股份有限公司；并与全国49个汽车零部件厂家共同出资组建了九江昌河汽车有限责任公司。1999年初公司实行改制，成立了国有独资的集团公司；11月，成立了江西昌河汽车股份有限公司；2001年“昌河股份”股票正式挂牌上市。2002年，昌飞进一步加大改革力度，相继成立了5个汽车销售服务合资公司。昌河汽车零部件工业园基本形成规模，与台湾全兴集团合资的昌河全兴、与浙江万向集团合资的万向昌河以及昌远和昌靖两家合资公司等落户工业园，这些公司的年产值都在数千万元以上。

到2003年，昌飞已经形成了一个以昌河集团为母体，跨行业、跨地区、跨所有制，拥有20多个分（子）公司的大型企业集团。公司资产总量由“八五”末期的9亿多元增加到50多亿元。

喻刚福 2000 年全国劳动模范

喻刚福（1948. 11— ），重庆大足人，2000 年全国劳动模范，中航工业成都飞机工业（集团）有限责任公司（简称中航工业成飞）民机公司铆装工，高级技师。1965 年 9 月参加工作，在国营峨嵋机械厂（现中航工业成飞）从事军机装配工作，1997 年加入中国共产党。30 多年来，喻刚福先后从事了歼教 5、歼 7M、歼 7E 和麦道 80/90 机头、波音 757 尾段等 10 多种军民机的研制和生产，是我国航空生产战线上的一名技术尖兵，美国麦道公司常驻公司代表称他为“质量信得过的优秀中国工人”。1991 年荣立歼 7E 型飞机首飞部级三等功。1991—2000 年连续 10 年被评为公司劳动模范，1991、1992、1993 年连续 3 年被评为成都市劳动模范，1994、1996 年连续两年被评为获四川省劳动模范，2000 年被国务院授予“全国劳动模范”称号，2003 年被授予全国技术能手称号。2008 年 11 月退休。

喻刚福长期从事军民机铆装工作，亲手装配了歼教 5、歼 7 系列军机 10 多个型号近 1000 架。为在国际民机转包生产中学习先进理念和成熟经验，他先后参加了 MD－82 工程和成飞 MD－80/90 机头、波音 757 尾段、空客 A320/340 舱门等系列部件/组件的生产，经他手装配的产品已装上 200 架民航飞机交付世界各国。在他退休前的 10 年里，平均每年工作时间在 350 天以上，累计完成了 25 年的工作量。退休后，他并没有歇息下来安享晚年，而是参加到成飞磁悬浮研制战线，为上海世博会提交了磁悬浮样车。目前正投入国产 C919 大飞机研制工作中，为我国航空工业继续贡献着自己的一份力量。

喻刚福在工作中善于思考、学习，技术精湛，先后获得有关部门颁发的“结构铆接”、“高质量表面修复”等合格证。他一直工作在难度最大、要求最高的岗位上，从未发生过一起质量事故。在歼 7M 型飞机研制中，喻刚福发挥自己的技术特长，提出了许多合理化建议，获航空工业部新机研制三等功。在 MD 机头装配中，他善于理论联系实际，把先进的技术用于铆接装配和排除大而难的故障中去。在更换 MD 机头的大小壁板及 37 站位大而厚的钛合金板等工作和更换波音垂平尾大壁板等工作时，就采用

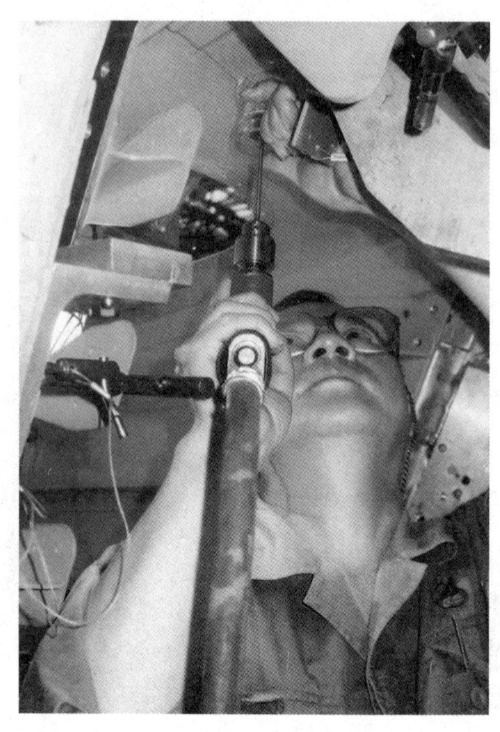

喻刚福工作照

了微型铣借孔，保证了所有精孔无超差，同时用钻杯保证孔的垂直度，这样既保证了产品质量，同时保证了生产进度，并得以推广。

1990年成飞麦道装配车间成立，他作为装配技术骨干，从军机装配线上选拔出来，和一批青工一起开始了MD机头的装配生产。喻刚福参与了首架MD机头的试制，并在其中发挥了重要作用。由于民机转包没有现成的经验，与以往的军机装配有许多不同的要求，一些装配要领难以及时掌握。机头装配完成后，美方提出了表面波纹度不好及外观蒙皮多处包铝层空透和连接件周围变形等故障而拒收，并要求更换大型蒙皮，致使机头生产停产整顿。对已经装配成形的机头做如此大的“手术”，在美国国内也从没有过。在这严峻时刻，喻刚福带领7名技术骨干组成排故小组，苦干加巧干，在美方专家认为至少2个月时间才能完成的工作，他们花了45天就成功地更换蒙皮，实现了首架交付，美方专家为之叹服，使成飞转包生产经受住了考验，闯过了艰难的第一关，并改变了被动局面。

机头生产初期，故障多，排除难度大。为确保产品质量和生产进度，单位成立了一支技术高、经验丰富的排故小组，喻刚福为主要成员。他们视产品质量为自己的生命，对每一个环节都认真检查，不放过一个问题，使故障率从最初的3000多条下降到十几条，实现了产品的优质、准时交付。特别是在MD机头第15架制造中，因右侧护圈衬套压制不合格，美方再次拒收。排故任务又一次落到喻刚福的肩上。因涉及零件较多，制孔要求高，光精孔就有 100 多个，又处于极不开敞的部位，且更换后不允许丝毫超差，施工难度很大。喻刚福采用引孔器找出基准点，接着用笔形铣刀一点点借孔，一个孔一个孔地精心操作，终于使几十个孔完全吻合，满足了装配要求。美方专家赞誉他是“质量信得过的中国优秀工人”，他从事的工作被美方确定为免检产品，当年被评为公司“质量先进个人”。

喻刚福不仅认真细致，精益求精，而且有胆有识，敢于碰硬；既严格按程序办事，执行规范的工艺指令，又极具独立的思考能力；既尊重美方提供的各种资料的原始依据，又不一味地迷信和盲从，对其中不合理的部分，敢于发表自己独到的见解，并多次促使美方更改原文资料。在进行机轮舱 61WW－1V－9 装配过程中，他发现钛合金壁板和铝合金壁板之间的连结件按 DAC 提供的“AO”规定采用钢环槽钉，便立即对如何确定钉孔孔径提出了质疑。若钻动配合孔，则是铝件所不允许的；如果打干涉孔，那么镀镉的钢环槽钉和钛合金壁板采用干涉铆接时，必然会破坏环槽钉的镀镉层，影响其强度。最后美方同意更改原文，将钢环槽钉改为钛合金环槽钉，采用干涉连接，满足了装配的需要。紧靠机头下部与地板对合处，机轮舱与蒙皮连接的孔，按 DAC 提供的 AO 规定，要求事先制孔，喻刚福反复思考后认为暂不制孔为宜，这样可以避免因其他部位装配引起的积累误差导致此孔错误。后经他据理力争，美方终于采纳了他的意见，再次更改了原文资料，消除了质量隐患。

在长期的工作实践中，喻刚福的高度敬业精神和高超技术得到领导和同事的公认。在转包生产中，他亲自参加并成功完成了 30 余次重大排故工作，为成飞挽回经济损失 100 万美元以上。在工作中他解决技术难题 120 余项，小改小革 100 余条，改进改制工具 150 余项。他所提出的要求、方案，经技术部门确认制造出的一套钻模在生产也被广泛应用，为提高生产效率和保证产品质量发挥了重要作用。

喻刚福于 2008 年 11 月退休。

张大荣 2000年全国劳动模范

张大荣（1945.5— ），海南人，2000年全国劳动模范，时任贵州黎阳航空发动机公司（现中航工业贵州黎阳航空发动机（集团）有限公司，简称中航工业黎阳）党委书记、总经理。1968年毕业于清华大学，1970年3月被分配到贵州601库工作，先后任技术员、副科长兼党支部书记、库副主任；1978年12月—1980年7月，在西北工业大学进修；1984年11月以来，先后任黎阳公司副总经理、党委副书记、常务副总经理。1995年2月任黎阳公司总经理，1997年12月—2000年5月兼任公司党委书记，研究员级高级工程师。张大荣自1995年2月任黎阳公司总经理以来，将自己的全部精力倾注在黎阳的发展事业上，带领全体职工以经济效益为中心，对外加强市场开发，对内加强产品开发和企业管理。企业先后荣获航空工业有重大贡献企业，贵州省百强企业，贵州省全心全意依靠职工办企业先进集体，全国职业道德建设先进单位，全国思想政治工作先进企业，全国先进基层党组织，全国五一劳动奖状等荣誉称号。1990年荣获“七五”为贵州省汽车工业发展做出突出贡献个人；1996年荣获某型机首飞和设计定型二等功及中国航空工业总公司在财务管理中做出重要贡献厂长（经理）；1999年在某型机首飞中荣立二等功，并获航空工业优秀干部称号；在新中国成立50周年国庆阅兵工程中，荣立一等功。2000年被国务院授予“全国劳动模范”称号。2005年退休。

张大荣自1995年2月任黎阳公司总经理以来，带领全体职工以经济效益为中心，对外加强市场开发，对内加强产品开发和企业管理，在发动机批生产方面，牢牢抓住主产品改进改型和市场开发的关键环节，使某两大系列发动机占国内同类产品绝大部分的市场份额；在新产品开发方面，为满足空军武器装备发展的需求，组织研制了某新型发动机，并在较短的时间内完成了主要部件的试制工作。经济效益快速向前发展，职工收入年人均增资递进率达20%以上。

多年来，张大荣带领公司领导班子努力实践“航空报国，追求第一”的集团理念，弘扬“激情进取，志在超越”的集团精神和“艰苦创业、敢打硬仗、求实创新、质量至上”的黎阳精神，努力拼搏，克难制胜，使企业有了较快的发展，各项经济指标总量均有大幅增长，企业管理和各项建设迈上了新台阶。

张大荣在公司全面推进分业经营，主辅分离，辅业改制的改革。深化三项制度改革，建立了以岗位责任为主的岗位绩效工资制度。在用人制度上建立了专业技术职务系列，干部和工人实施竞聘上岗。建立了以能力为重点的全方位、多层次、制度化的人才培训机制，并通过选拔培养、岗位练兵和激励政策，培养和涌现出了一批批优秀人才，为企业源源不断地输送新鲜血液，为企业的长远发展打下了坚实的基础。积极推进管理创新，组织各级干部学习新的管理知识、管理理念，在学习培训的基础上，加强 6S 管理、一流环境建设、精益六西格玛和信息化管理工作，加强安全生产的法律法规教育。各级工会和专业部门经常开展安全竞赛活动，收到了良好的效果。2003 年荣获中华全国总工会、国家安全生产监督管理局颁发的全国“安康杯”竞赛优胜企业称号。加快信息化建设步伐，在公司各单位建立了 OA 办公自动化，并在此基础上，实施 PDM 项目产品数据化管理系统；积极推进计算机辅助设计工程，2005 年 5 月获得中华人民共和国技术部颁发的“全国 CAD 应用工程示范企业”奖牌。

张大荣组织全公司干部职工认真贯彻国防科工委《关于加强国防科技工业质量工作若干问题的决定》，大力宣传“质量第一、诚信为本”的质量理念，坚持加强质量管理，开展质量整顿，改进和提高了产品的实物质量，改进和完善了质量管理体系，使发动机一次试车合格率逐年提高，较好地完成了集团公司下达的指标计划。2003 年公司顺利完成了质量管理体系标准向国军标 GJB9001—2001 的转换，并在二、三方审核检查中获得了较高评价。深入持久地开展质量管理小组活动，近年来，共有 5 个 QC 小组获国优称号，18 个 QC 小组获省部优；2001 年获得了中国质量管理协会、共青团中央、全国总工会、中国科学技术协会联合颁发的“全国质量管理小组活动优秀企业”奖牌。

张大荣生活照

张大荣不断加强公司的转包和民品开发，和多家世界著名航空发动机公司合作，产品涉及了多个领域，为后续的转包和民品发展奠定了良好的基础。

张大荣在改革创新企业党建工作、思想政治工作，大力推进集团文化建设中，取得了明显的工作成效。运用系统工程目标管理方法，坚持实施黎阳公司党委政治工作任务目标管理，大力开展创建文明单位、文明小区活动，与企业发展同步规划，同步实施，同步检测和评价。坚持开展党建先锋工程目标管理“三达标”活动和党员素质创优工程建设，切实抓好党组织的思想建设、组织建设、作风建设和制度建设，促进了企业的改革发展稳定。2001 年 7 月公司党委先后被中共中央组织部和中共贵州省委授予全国先进基层党组织和全省先进基层党组织光荣称号；2003 年，公司荣获中国一航思想政治工作先进单位称号；2006 年 1 月黎阳公司被中国一航党组评为四好领导班子。

张大荣于 2005 年退休。

张鲁闽　2000年全国劳动模范

张鲁闽（1958.1—　），山东淄博人，2000年全国劳动模范，中航工业西安航空发动机（集团）有限公司（简称中航工业西航）铣工、高级技师。1979年3月参加工作，在国营红旗机械厂（现中航工业西航）铣工岗位上一干就是34年。他努力钻研技术，虚心向工人师傅学习，悉心揣摩，勤学苦练，逐渐成为技术高手，加工零件速度快，质量稳定可靠，每月完成的工时都名列前茅。由于他的突出表现，连续9年被评为公司标兵，1985年被陕西省授予新长征突击手称号；1987年获陕西航空工业管理局青工技术比武第三名；1995年获航空工业部首届工人技能比赛西北赛区第二名；1996年获陕西省“金刀工程”工人技术比武铣工第四名，同时获陕西工人技术能手称号。1997年荣获陕西省劳动模范称号，2000年被国务院授予“全国劳动模范”称号。

张鲁闽是中航工业西航机电石化设备有限公司铣工，他从1979年进厂就一直在铣工这个岗位上。多年来他对工作兢兢业业、尽职尽责。一踏进车间大门，他就像上足了劲儿的发条，全身心地投入到紧张而繁忙的工作中去。

张鲁闽在车间操作的设备总是第一个打破工作现场的宁静；下班后，他的铣床工作灯总是最后一个熄灭。有一次，孩子已连续几天发烧不退，他刚下班回家，又接到车间通知，有一批特急件急需加工，他顾不上病中的孩子，又匆匆赶到车间加班。由于吃饭过急，他的胃痛病犯了，痛得直冒虚汗，刚到机床前突然一阵恶心、呕吐，工长看他脸色不好，就劝他回去休息，他摇摇头，工长派人硬是将他送回家。第二天一大早，他又来到车间，当上班号吹响时，他已加工了6件，满足了装配任务的需要。据不完全统计，他年年超额完成任务。从1991—1999年的9年中，他完成工时达5万小时。

近年来，张鲁闽所在的工厂和车间担负研制生产高速线材精轧机项目，是公司重点民品，也是陕西省最大的机电一体化出口项目，以前国内从未有厂家生产过。为了填补国内空白，结束该产品依赖进口的局面，还要为国内外提供多条生产线，张鲁闽

张鲁闽工作照

投入了极大的精力。这些项目研制过程中，铣加工工序复杂，任务繁重。张鲁闽不畏艰难，攻克一道道技术难关，出色地完成了生产任务。在加工轧机锟轴一个轴向通槽时，因槽深达100毫米以上，而且槽对称度要求高，这道工序若采用通常加工方法是无法解决的，张鲁闽积极想办法，采用小铣刀两边接刀，千分表控制尺寸等方法，终于加工出合格的产品。他本人在工厂组织的大干竞赛中荣立一等功。在加工两台 ϕ200 轧机的左右轴承支架时，张鲁闽积极出主意，自制设计靠模锟，解决了工件高铣削内油槽困难的技术关键，还自磨划窝钻头，钻斜孔，解决了镗床钻孔工期长的问题，使这些部件按期交付总装。1996年高线轧机组项目被评为国家科技进步一等奖。

张鲁闽对产品质量精益求精，认真执行工艺规范，一丝不苟。多年来，他所加工的成千上万个零件，没有一起因质量问题而报废或返修，被车间检验人员公认为加工信得过工序，其所加工的零件也被称为放心零件。有一次，车间加工一批零件，他在核对该零件尺寸时，发现某一尺寸与图样出入较大。他及时找到工艺人员核实，更正了工艺图样的错误，避免了一起成批报废的质量事故。在加工某零件圆弧垫板中，批量较大，工艺给定用 $\phi70\times80$ 的40Cr棒料铣削加工，当时车间只有 ϕ80 的代料，张鲁阁经过反复测量计算，建议工艺用 $\phi80\times30$ 即可保证加工质量，这样不仅为车间节约了材料费，而且还大大缩短了加工时间。

张鲁闽用平时工作学习中积累的经验、知识和技艺，解决了大量铣加工的技术难题。如在加工某厂转架时，在一个支架的两个长孔内壁上，各铣210°~270°范围的扇形油槽（深4毫米）。刚开始是装夹在大圆盘上加工，由于件数多，工作强度大，效率很低，他动手制作定位夹具，保证了加工质量，并提高了工效 5 倍，获公司技术革新奖。据不完全统计，近年来他在工作中先后解决技术难题 70 多次，自制小工装 30 余件，为公司创造了 30 万元以上的经济效益。

张鲁闽身为班组长，他所带的铣刨组是车间人数最多的班组，为了带好这个班组，他早来晚走，提前做好生产准备工作，了解班组生产进度情况。分配任务时，总是将工时低、难度大的“棘手”活留给自己，然后根据班组每个人的业务水平高低和体力强弱分配任务。他还经常帮助班组的青工解决工作中的难题，讲解操作要领等。张鲁闽言传身教，爱心以助，精心指点，从思想、工作、生活上关心青工的成长和进步。在他的带领下，班组员工齐心协力，铣刨组多年来一直被评为公司的先进集体。

李洪毅 2000 年全国先进工作者

李洪毅（1940— ），湖北天门人，2000 年全国先进工作者，时任西安飞机设计研究所（现中航工业第一飞机设计研究院，简称中航工业一飞院）所长。1966 年毕业于中国人民解放军军事工程学院空军工程系，分配到国营红安机械制造公司（现中航工业西飞）工作。1967 年调到中国人民解放军第六研究院第十研究所（现中航工业一飞院）后，历任专业组组长、气动室副主任、主任、所长助理、副所长，1991 年任“飞豹”飞机型号现场副总指挥、支线飞机项目负责人、研究所所长等职务。现任中航工业第一飞机设计研究院高级顾问，享受国务院政府津贴专家。李洪毅担任所长期间，带领全所干部职工攻坚克难，圆满实现了我国自行研制、具有国际先进水平的“飞豹”飞机的设计定型及新“飞豹”的立项。同时，在民机研制领域进行了一系列有益的探索，推动和促进了我国新支线飞机项目的立项研制。李洪毅是航空工业有突出贡献专家、研究员、中国航空学会理事，西北工业大学、南京航空航天大学兼职教授。1989 年 1 月荣立“飞豹”首飞部级一等功；1989 年荣立“飞豹”设计定型所级特等功，部级一等功；1997 年 1 月荣获航空工业总公司有突出贡献专家；2000 年 5 月 1 日，被国务院授予“全国先进工作者”称号。

李洪毅到中航工业一飞院后，先后参与、主持、领导了运 7、AE－100 和“飞豹”飞机等 10 种飞机型号和多项科研课题的研制和研究工作，尤其是担任所长以来，带领全所干部职工攻坚克难，于 1995 年圆满实现了我国自行研制、具有国际先进水平的“飞豹”飞机的设计定型。在“飞豹”飞机获得国家科技进步奖特等奖后，他为新“飞豹”的立项四处奔走，终于使新“飞豹”飞机于 1999 年获得国家批准立项。同时，他还积极寻求中国民用飞机的发展之路，撰写了《发展中国民用飞机思路》等专著，在民机研制领域进行了一系列有益的探索，积累了经验，推动和促进了我国新支线飞机项目的立项研制。

1991 年，李洪毅任“飞豹”飞机研制现场副总指挥，他有效调动一切人力、物力、财力，全力以赴地投入到科研第一线，组织全体干部职工加班加点，确保型号研

李洪毅工作照

制节点。调集精兵强将跟飞保驾，进行技术攻关排故，排除重大故障隐患20多起，使“飞豹”飞机完全满足了战术技术要求。

1995年，“飞豹”飞机顺利通过航定委设计定型审查。1998年国务院、中央军委军工产品定型委员会批准“飞豹”飞机设计定型，并批量生产，装备部队。同年，“飞豹”飞机在珠海国际航空航天博览会首次公开亮相，产生了强烈反响。1999年国庆盛典，中国“飞豹”飞机以6机箭形编队，米、秒不差飞过天安门，受到江泽民总书记等党和国家领导人及全国人民的检阅。中国“飞豹”飞机的研制成功，为研究所型号研制积累了丰富的经验，形成了一飞院特色的“飞豹精神”。

“飞豹”飞机填补了我国歼击轰炸机的空白，是航空工业重大技术创新。1999年中国“飞豹”飞机荣获部级科技进步一等奖，国家级科技进步特等奖。

1994年，在所型号任务面临断线的紧要关头，李洪毅及早谋划，最早提出了“飞豹”改进型的可行性方案，积极开展市场调研，组织撰写了近100万字的技术报告。同时，充分利用一切渠道，不遗余力，不厌其烦，坚持不懈地宣传、说明，争取改进型立项。通过努力，1999年7月中央军委批准进一步发展我国对地攻击战斗机的立项研制。

在几个项目相继受挫后，李洪毅提出民用飞机研制要从支线起步的思路。2000年2月，国务院做出支持研制民用支线飞机的重大决策。为此，李洪毅对所内部机制进行了大胆的改革，建立并完善了“一体两翼，分解发展”机制，坚持科研、民品、三产实行独立核算，自我发展，推行两级经营，形成了全所协调一致，眼睛向内挖潜力，眼睛向外找市场，竞相发展、健康向上的管理机制。

李洪毅本着对研究所长远发展负责的精神，一方面真心实意地培养选拔优秀年轻干部，使研究所锻炼成长了一大批优秀的年轻骨干。一方面，面对所经济处于极端困难的情况，千方百计筹集资金，改善职工福利待遇，较好地稳定了科研队伍，保住了科研人才，为研究所今后的发展打下了坚实的基础。

李洪毅主持研究的“军用飞机飞行品质规范研究与编写”、“带自动控制系统飞机飞行力学研究”等大型课题项目，分别获得航空部一、二等科技成果奖。著有《军用飞机飞行品质规范及背景材料和使用说明》、《控制增稳系统与飞行品质》等著作。在部省级和国家级刊物上发表《论我国民用飞机发展途径》、《MPC 项目合作的管理实践与体会》等 40 多篇学术研究论文，表现出很高的理论水平。

1990—2000 年期间，李洪毅主持组织开展了 270 项科研课题研究，荣获国家进步奖 10 项，部、省级科技进步奖 60 多项，科研收入较 1990 年增长了 40%。民品和三产总产值由 1995 年的 500 万元猛增到 1999 年的 5900 多万元，固定资产增加了 1.2 亿元，开辟了科研新区和民品园区。

李洪毅带领全所干部职工艰苦奋斗，自力更生，开拓创新。在任期间，研究所 1998 年被评为航空工业总公司有重大贡献单位，陕西省文明单位标兵。

宋文骢　2000 年全国先进工作者

宋文骢（1930. 3—　），云南昆明人，2000 年全国先进工作者，飞机总体设计专家，中国工程院院士，时任中国航空工业成都飞机设计研究所（简称中航工业成都所）型号总设计师。1954 年 8 月宋文骢进入哈尔滨军事工程学院空军工程系飞机、发动机专业学习。1961 年 8 月到国防部第六研究院第一研究所（现中航工业沈阳所）工作，1970 年调第二歼击机研究所（现中航工业成都所）工作。现任中航工业成都所首席专家、型号总设计师、自然科学研究员。1980 年国防科工委任命宋文骢为国家“六五”重点项目歼 7Ⅲ飞机型号总设计师；1986 年国防科工委再次任命宋文骢为国家重点型号歼 10 飞机总设计师。宋文骢是中国飞机设计战术技术论证、气动布局专业组的创始人之一；他在先进气动布局、航空电子综合技术、数字式飞行控制系统、计算机辅助设计和制造技术等方面均有重大突破，取得了多项创造性成果，研制成拥有自主知识产权的第三代战斗机的设计技术。

几十年来，宋文骢先后荣立歼 10 飞机研制特等功 1 次、一等功 1 次；1988 年被中华全国总工会授予全国优秀科技工作者称号和五一劳动奖章；1992 年被航空航天工业部授予有突出贡献专家称号；1996 年被中国航空工业总公司和中国国防工业工会授予航空工业劳动模范称号；1999 年荣立国家人事部一等功；2000 年被国务院授予“全国先进工作者”称号；2007 年由他担任总设计师的歼 10 飞机工程荣获国家科学技术进步奖特等奖。2003 年当选中国工程院院士。作为歼 10 飞机总设计师宋文骢当选 2009 年度“感动中国”人物之一。

主要事迹见《中国航空工业人物传 · 专家篇①》。

李红旗 2000年全国企业优秀思想政治工作者

李红旗（1953.2— ），河南清丰人，2000年全国企业优秀思想政治工作者，时任中国空空导弹研究院（简称中航工业导弹院）党委书记。1974年1月加入中国共产党，1978年11月毕业于西北工业大学，被分配到第三机械工业部第六研究院第612研究所（现中航工业导弹院）工作，曾先后任团委副书记、书记、组织部副部长、宣传部部长；1993年3月任中国航空工业总公司014中心（现中航工业导弹院）党委副书记；1994年4月任党委书记。2007年6月任中国航空工业第一集团公司思想政治工作部部长；2008年11月担任中航工业集团公司高级专务、航空装备公司等4家直属单位董事；2010年任中航工业集团公司特级专务、基础技术研究院和汽车公司监事会主席。李红旗在014中心担任党委书记期间，全面加强党建思想政治工作和企业文化建设，充分发挥党委的政治核心作用，团结带领全院干部职工开拓进取，圆满完成了党和国家交给的各项工作任务。先后获得洛阳市优秀团委书记、洛阳市及河南省军工系统优秀思想政治工作者、河南省国防科工委优秀经营管理者、中共洛阳市优秀企业党委书记。航空航天部优秀思想政治工作者、中国航空工业第一集团公司优秀领导干部、航空报国优秀党务工作者、集团公司优秀思想政治工作者、中央企业优秀党务工作者等荣誉和称号，还被选举担任中共洛阳市委委员、洛阳市职工政研会常务副会长、市党建学会副会长等职务。2000年12月被中共中央宣传部、中共中央组织部、国家经济贸易委员会、中华全国总工会联合授予“全国企业优秀思想政治工作者”称号。2007年当选为中共十七大代表。

李红旗于1994年走上014中心党委书记的岗位。他注重提高政治理论修养，注重学习邓小平理论、“三个代表”重要思想，认真落实科学发展观，在思想上、政治上、行动上与党中央保持高度一致。他作风正派，为人公道，密切联系群众，工作作风民主，始终围绕发展空空导弹事业这个第一要务，按照“建设班子、带好队伍、创造环境、促进任务”的总体部署，全面加强党建思想政治工作和企业文化建设，充分发挥党委的政治核心作用，团结带领全院干部职工开拓进取，圆满完成了党和国家交给的各项工作任务。

李红旗工作照

李红旗把神圣的使命和坚定的信心作为完成国家高新工程任务的精神动力。紧紧围绕决胜国家高新工程加强宣传教育，为完成任务激发、创造激情，使全院上下统一思想，坚定信心，严谨作风，充满激情干好工作，确保了国家高新工程任务的圆满完成。他不断创新重点型号研制中的思想政治工作，组织总结提炼了“理清型号思路，提炼型号精神，培养型号作风，造就型号人才，创新型号服务”的“五位一体”的重点型号研制中的思想政治工作思路，为决胜国家高新工程提供了有力的动力保证。

李红旗依据新形势下党建工作和现代企业制度的新要求，组织修订完善了“院党政工团职责分工条例”、“基层党群基础工作规范”等一系列规章制度，以完善的制度保证了党组织政治核心作用的有效发挥。与党委班子其他成员客观分析了导弹院面临的机遇和挑战，提出了建设“国际先进、和谐创新”的研究院的长远发展目标，明确了实施步骤，为导弹院持续健康快速协调发展理清了思路，明确了方向。坚持领导干部以“组织监督、群众监督、职能部门监督、舆论监督、自我监督”为主要内容的“五位一体”监督机制、领导干部与基层单位的联系制度、每周末接待群众来访制度等，进一步密切了干群关系。院领导班子连续两年获得集团公司优秀“四好”领导班子称号。

李红旗始终把人才培养作为党委工作的重要内容。提出并实践了“事业凝聚，型号培养，制度保证，典型激励，环境陶冶”的培养措施，实现了“研制一个型号，培养一批人才”的目标。在党委的领导下，制定了研究院、主体专业和职工个人 3 个层次的发展规划，疏通了科技人员、技能工人、管理人员三类人才成长通道，建立了“给想干者机遇、给能干者舞台、给干成者待遇”的良好三个用人机制，营造了良好的工作环境、生活环境和人际关系环境。通过一系列举措，促进了“以人为本、优化结构、促进职工与事业共同发展”的人才战略的落实。

李红旗把建设优秀的企业文化作为提升企业核心竞争力、促进事业长远发展的重要举措。在弘扬、实践中国一航文化的基础上，紧密结合研究院实际，建立了独具特色的“霹雳文化”。提炼了“报国、卓越、创新、和谐”的霹雳文化内涵；实践了“战略规划、型号发展、人才培养、管理创新、品牌塑造、行为规范”六大文化建设载体；建立了“环境文化、岗位文化、行为文化”文化建设的三大途径；提出了“长效学习、组织领导、上下沟通、投入保障、工作考核”5 个推进机制，使导弹院的企业文化建设落地生根，独具特色，并不断发展。

在李红旗的带领下，导弹院先后获得“全国精神文明建设先进单位”、“中国企业文化示范基地”、“全国和谐劳动关系优秀企业”、“河南省优秀党组织”，多次被评为集团公司和河南省军工系统思想政治工作先进单位。李红旗也多次被评为优秀思想政治工作者。

程卫国 2005年全国劳动模范

程卫国（1964.11— ），江苏南京人，2005年全国劳动模范，中航工业金城集团有限公司（简称中航工业金城）南京机电液压工程研究中心航空二动力系统部副部长、型号系统副总设计师。1986年7月南京航空航天大学发动机系发动机设计专业毕业，1989年3月南京航空航天大学发动机系发动机设计专业研究生毕业。从大学毕业来到金城，历任设计员、型号副主任设计师、型号主管设计师、设计室主任，现任中航工业金城南京机电液压工程研究中心航空二动力系统部副部长、研究员、型号系统副总设计师。程卫国带领第二动力系统研发团队，瞄准新一代战机，开展第二动力系统关键技术预研。期间，承担了多项总装备部预研项目和中航工业技术创新项目，取得多项技术突破。1996年获航空工业总公司航空优秀青年和为航空工业做出突出成绩的中国硕士学位获得者；1997年入选江苏省333高层次人才培养工程首批培养对象（学术带头人）；2000年获江苏省政府授予的有突出贡献中青年专家称号；2001年获江苏省政府授予的劳动模范称号；2002年被评为南京市优秀共产党员；2003年获江苏省委、江苏省政府授予的江苏省首届十大创业创新人才奖。2005年被国务院授予“全国劳动模范”称号；2006年获南京市十大劳动模范典型称号；2007年入选江苏省333高层次人才培养工程首批中青年科技领军人才；2011年获航空工业成立60周年航空报国杰出贡献奖。曾当选中共江苏省第十届、第十一届党代会代表。

大学毕业20多年来，程卫国一直从事第二动力系统的技术开发工作。他所在的应急动力室，是在当年他毕业时刚刚组建的。应急动力装置被誉为飞机的“救命装置”，在飞机发动机、电源系统、液压系统出现空中故障时要确保紧急启动，保障飞机和试飞员的安全，必须百分之百可靠。程卫国深知开发这一型号的重要意义。他受命任系统副主任设计师兼主管设计师，和同事们白手起家，从设计、出图到设备组装、调试、搬运，程卫国全要亲历亲为，闹得整天灰头土脸。为保证设备开动时不受灰尘影响，程卫国还一连几天爬到多年无人问津的小阁楼上清扫尘土，所以同事们戏称他为“硕士农民工”。

该动力装置由于研制进度要求非常紧，试验时装拆、加油、加化学剂、更换化学剂及试验后的废气处理等工作，都须在试验舱内进行。试验舱的进出通道是一个直径50 厘米的“猫耳洞”，对“胖子”（程卫国的谑称）来说，钻进钻出可不是件容易事。为了掌握产品试验状态的第一手资料，他每天站在桌上从“猫耳洞”里钻进钻出好多次。

试验舱狭小的空间里工作条件十分严酷。试验结束后立即要进入舱内进行处理数据，做完高温试验后，试验舱内是 71℃的蒸笼；做完 -54℃低温试验后，试验舱内是手一挨金属就会粘上去的冰窟，那种透心的凉马上就能传遍身体，加上各种气流通过试验舱时产生的震耳欲聋的噪声，“胖子”笑称自己找到了最好的“减肥”场所。

试验中最危险的操作，如试验前后高压气瓶的开关、有毒废气的处理，剩余有毒燃料的处理等被程卫国“承包”了。有一次，在低温试验过程中发生意外，紧要关头，为保住试验现场，尽快找出故障原因，不耽误研制进度，程卫国不顾个人安危，毅然钻进去处理故障，很快恢复了试验。

美国、欧洲研制的同类型应急动力装置全部出现过不能紧急启动导致试验飞机损毁的事故。为了解决“万无一失”的难关，程卫国以深厚的专业技能，带领同事解决了多项试飞中暴露的问题，及时改进设计方案，反复进行验证试验。该型号 1989 年开始进行原理样机研究，1998 年首飞成功，2003 年完成设计定型。10 多年的艰苦探索，他和同事们解决了 10 多项技术难关，终于使该型号开发成功，为新型战机研制成功做出了重要贡献。

程卫国（左二）工作照

该型号开发成功，不仅填补了国内空白，赶上了国际先进水平，而且还掌握了大型系统级产品的研制开发经验。该型号产品在大批量装备部队使用的6年间，一直保持100%的使用可靠性，确保了新型战机几千架次的安全试飞，被部队誉为“精品中的精品”！

从2003至今近10年间，程卫国带领第二动力系统研发团队，瞄准新一代战机，开展更高技术水平的第二动力系统关键技术预研。

他提出要把输出引气和轴功率的辅助动力装置和“空气+煤油”无毒低成本燃料体系（EPU）综合集成为一套超级组合动力装置（IPU）的设想，使机载机电系统在综合化的方向上又向前大大迈进了一步。这个设想得到了上级领导和部队用户的鼎力支持，程卫国担任了该系统的型号副总设计师。

为了早日拿下这个“硬骨头”，他和团队们成员们不分节假日，连续作战，其中的辛劳和付出难以用笔墨形容。2005年11月，正是任务交付的紧张时期，需要在上海某试验基地进行多项试验，程卫国带领全室有关人员在短短的10天里，高节奏地完成了4项大型试验的组织实施。此时，恰逢程卫国的父亲癌症晚期病危住院期间，他没向领导和其他人员透露一个字，精心组织顺利完成了试验任务。当他赶到医院，父亲再也没有醒来，为了试验他留下了对父亲的深深愧疚和遗憾。

近10年来，程卫国和他的团队取得了突出成就。他作为主要完成人，先后荣获国家级科技进步二等奖1项，省部级（军队）科技进步1、2等奖8项，专利两项，荣立部级个人二等功2次，个人三等功1次。

他所在的团队充满了朝气和活力，多次被表彰为“创新型团队”。2004年12月，国际上水平最高的环保汽车领域的“必比登新概念汽车挑战赛”在上海举办，他和同事们积极筹划使用双氧水做燃料的环保新概念汽车——“哈勃一号”的开发，他负责涡轮发动机的试制。在短短3个月的时间内，他与协作单位完成了在普桑轿车底盘上进行改装的概念车的研制，按期参加了当年在上海举行的“必比登新概念汽车挑战赛”，凭他们大胆的设计理念力压群雄，获得特别技术创新大奖，引起了国内外媒体的广泛关注。

高大成 2005年全国劳动模范

高大成（1948.2— ），山东青岛人，2005年全国劳动模范，时任中国一航西安飞机工业（集团）有限公司（现中航工业西安飞机工业（集团）有限公司，简称中航工业西飞）董事长、总经理。中共党员，一级高级经济师，博士学位。1969年9月青岛航空工业学校毕业，分配到国营红安机械制造公司（现中航工业西飞）工作，任车间工艺员，调度室主任。1984年6月起任公司总调度室组长、副主任、生产处副处长、机加总厂副厂长、党委副书记、公司总经理助理、公司副总经理。1997年3月任西飞公司副董事长、总经理、党委副书记；2004年任董事长、总经理。2007年任中国一航总经理助理、西飞董事局主席。高大成参加工作以来，参与组织了轰6、运7、“飞豹”、“新舟”60等多种型号和国外转包生产项目的研制和生产。先后荣立运7飞机取证个人一等功，干线飞机项目一等功，新机研制二等功，“飞豹”设计定型一等功。先后当选为中共陕西省第九次、第十次代表大会代表，获得陕西省国防工委模范带头人，新中国成立50周年首都阅兵装备工作突出贡献先进个人，航空报国优秀企业经营管理者，陕西省劳动模范，中国一航优秀领导干部，西安市十大突出贡献工业企业优秀经营者，中央企业优秀共产党员，2005年被国务院授予“全国劳动模范”称号，2006年荣获航空报国杰出贡献奖。

高大成长期在西飞基层工作，积累了丰富的生产一线生产管理经验。1997年被中国航空工业总公司党组任命为西飞公司总经理。

1998年国家政策调整，西飞军品生产任务骤减。高大成一方面组织开拓市场，发展相关民品产业，一方面撰文振奋精神、鼓舞士气。广大干部职工解放思想、转变观念，变过去的“等、靠、要”为积极进取，顺利渡过难关。

新世纪一批重点型号相继投入。西飞是行业承担任务量最多的单位。重点型号研制时间紧、任务急、要求高，总指挥高大成把“指挥部”搬到现场，按照项目管理、风险管理、拉动计划、并行工程，提出“一要快，二要实，三要深入，四要创新”和“看重的是责任，讲究的是认真”精神，连续作战，提前完成了任务。2001—2003年，多种重点型号研制获得成功，创新了企业管理，锻炼了员工队伍。

高大成（左三）陪同国务院总理温家宝在西飞视察

2000年春，新一代双发涡桨支线客机“新舟”60在北京进行汇报飞行表演，高大成陪同李岚清、吴邦国等中央领导乘坐中国人自己制造的“新舟”60，中央领导称赞的同时提出了继续改进意见。西飞按照CCAR－25部适航标准认真进行改进。2005年，3架“新舟”60交付津巴布韦，实现了国产“新舟”60客机国际市场的突破。目前“新舟”60支线客机已经遍及非洲、亚洲、美洲等地，国内市场也前景可观。

高大成注重产品质量，认真严谨又雷厉风行。在一次现场会上，他对“新舟”60飞机有瑕疵的外装饰玻璃以重锤击碎以作警示，把“精益求精”落实到工作的每个细节。在波音737飞机垂尾转包生产出现“无授权打磨事件”，波音公司提出严厉的“黄牌”警告时，他在公司进行多次质量体系整顿、检查，并举一反三，深究思想和责任根源，从管理、制度、检验和技术细节，进行彻底改进。此后每年的4月15日，被列为西飞的质量警示日。

2007年3月，首架ARJ21机翼和中机身部件成功交付，西飞承担了整机制造量60%的主体大部件研制的任务，在参研单位中走在前列。2007年8月17日，“和平使命——2007”联合军事演习中，中国“飞豹”横空出世，向世界展示了强大的国威和军事实力。2007年12月，西飞实现了总收入100亿元的历史性跨越，进入良性发展时期。

他担任西飞总经理的10年间，确立了以航空产品为重点，突出机翼制造特色，加大非航空民用多元产品和第三产业开发力度的发展思路。1999年7月，西飞国际首度实施增资配股，其后多次融资整合，提升了西飞公司航空制造的核心能力。2007年，西飞国际已成为国内航空制造企业中产业最完整、规模最大、技术力量最强的上市企业。

高大成积极推进企业改革，建立现代企业制度。他组织实施全面深化劳动，人事、分配制度等配套改革，按照扁平化管理的思路，实施“精化分立，分业经营”，优化企业流程。2001 年，西飞在全行业率先制定了发展战略并实施战略管理。制定了“二次创业，建设新西飞”的战略目标，提出了“六新、十项标志”的目标，构建了西飞发展新的战略平台。把尽快壮大民机产业视为西飞腾飞的新起点，果断决策研制“新舟”60 等民用飞机，踏上振兴我国民机工业的新征程。

高大成结合企业实际撰写了《创新制度、完善机制、稳步发展》、《现代企业工资分配制度》、《浅谈西飞公司的型号矩阵管理》、《航空产业发展环境与西飞的战略选择》等文章，分别发表在《科技产业》、《航空国际合作与交流》等杂志上，荣获两项陕西省 1997—1998 年度企业管理现代化创新成果一等奖。

葛子干　2005 年全国劳动模范

葛子干（1959.11—　），江苏溧阳人，2005 年全国劳动模范，时任北京航空材料研究院（简称中航工业航材院）院长。1983 年 3 月北京化工学院腐蚀与防护专业毕业，分配在北京市化工研究院总师办工作，1998 年 3 月北京航空航天大学管理工程专业硕士研究生毕业，研究员，享受国务院特殊津贴专家。1984 年 10 月到北京航空材料研究所 5 室从事科研工作。历任研究室专业组副组长、组长、副主任、主任，1992 年 10 月任北京航空材料研究所副所长，2000 年 3 月任北京航空材料研究院院长。2007 年 7 月，调中国航空工业第一集团公司任副总工程师，2008 年 8 月任中国航空工业集团副总工程师兼重大项目管理部部长，2012 年任中国航空工业集团公司总工程师。葛子干在担任院长期间带领全院干部职工拼搏奋斗，航材院经济收入从 2000 年的 3.5 亿元增长到 2007 年的 16 亿元，核心竞争能力和员工收入得到大幅提升，航材院荣获集团公司优秀四好班子称号和航空报国重大贡献单位等光荣称号。葛子干曾获部级科技进步三等奖 2 项，中央国家机关优秀共产党员，航空工业总公司有突出贡献专家、优秀党员行政领导干部，国防科工委国防科技工业有突出贡献中青年专家，集团公司航空报国杰出贡献奖等荣誉称号。2002—2003 年在中央党校中青年干部培训班学习，2005 年被国务院授予“全国劳动模范”称号。

葛子干 1984 年调入北京航空材料研究所金属腐蚀防护研究室，给老专家司徒振民研究员当助手。在司徒老师的言传身教下，他勤奋钻研，踏实肯干，很快就被组织上加以重点培养。1987 年担任研究室副主任，1990 年担任研究室主任。在当时科研经费短缺、市场开发困难的情况下，他和研究室的同志们一道，因地制宜，齐心协力，走出了一条“一室两制”的新路子，努力把取得的科研成果应用到国民经济建设中，使研究室开发产值、人均效益迅速增长。1992 年 10 月被航空工业部任命为北京航空材料研究所副所长。

2000 年 3 月，葛子干担任北京航空材料研究院院长。葛子干上任伊始，结合制订“十五”规划，组织院领导班子理清航材院发展思路，明确航材院安身立命之本是航空材料技术的发展与创新，要以解决航空先进飞机、发动机材料技术和制造技术中的棘

葛子干工作照

手问题为己任，在此基础上大力发展军民两用技术，走军民结合、科研与生产结合、国内市场与国外市场并重的发展道路。

为我国航空装备提供先进的材料技术支撑，努力缩短与国外的差距，是葛子干上任后面临的最重要任务。为此他采取了一系列政策和措施，通过加大研保条件技改和自筹资金，大幅改善科研条件。通过弘扬爱岗敬业、航空报国的理念以及大幅调整科研岗位津贴和重新制定经济管理办法，激发科技人员的积极性和创造性。葛子干非常注重听取院里的几位院士和老专家们的意见和建议，善于总结几代航空人在材料技术研究领域的成功经验和内在规律，在科研管理工作中坚持按科学规律办事，并积极营造“鼓励创新，宽容失败”的科研氛围。在此期间，航材院的科研工作取得一系列突出业绩，在科研成果和授权专利数量以及发表论文方面都取得历史新高。在材料技术与制造技术领域进一步缩短了与国外的差距，培养锻炼出了一大批中青年科研骨干人才。2006 年，在北京航空材料研究院建院 50 周年之际，中央军委副主席曹刚川视察航材院，称赞航材院为航空装备建设立下了汗马功劳，并做出“一代材料，一代装备”的重要指示。这不仅是对时任领导班子的巨大鼓舞和鞭策，更是对几代航空材料人辛勤付出所取得的成绩给予的充分肯定。

在军民品生产与市场开拓方面，葛子干与新领导班子认真分析了市场的竞争环境，实事求是，果断决策，及时调整了发展战略，坚持以“做优做强，成为国内国际知名优秀企业的供应商”作为当时阶段的指导思想。同时，在已有成功经验和失败教训的基础上创新性地实践与探索科技成果转化模式，全院军民品生产按三种不同模式共同发展。第一种采用公司治理结构按现代企业制度运作的模式，第二种采用既有科研又有生产的“一室两制”模式，第三种采用院内生产中心模式，在高温合金及铸造、钛合金精密铸造、铝合金及铸造、复合材料制品、橡胶密封材料、涂料等具有一定专业优势的领域坚持扬长避短。钛合金精密铸造高尔夫球头业务重新赢得了市场。到 2007 年的 6 年时间，航材院产品出口额连续多年在全国科研院所中名列前茅。2006 年，航材院军民品销售收入首次突破 10 亿元，有 3 个项目规模过亿元，走上了军民结合、科研与生产结合的良性发展道路。

在质量管理与管理创新方面，葛子干提出以抓质量管理和财务管理为主线，抓好各项管理工作，要求各级管理者“质量意识强要靠行动来体现”。2000 年作为全国 10 家试点单位率先通过了 ISO9000 新版认证。2001—2007 年，通过开展现场管理、军方二方审核、6S 达标、精益六西格玛推进、AS9100 宇航体系认证和 NADCAP 认证等活动，质量管理体系不断深化，特别是通过持续开展精益六西格玛推进以来，培养了员工良好的工作习惯和又好又快的做事方法。几年来共培养黑带 11 人，绿带 152 人，研究院开展的黑带项目和绿带项目使得科研生产成本节约 9989 万元。2002 年，通过聘请外部专业公司进行内部诊断，实事求是地揭示出航材院在发展过程中存在的深层次问题，通过与职工代表交流，发扬民主，群策群力，逐步建立并完善以提升核心竞争力为目标的人事制度和分配制度。通过改革实现了组织结构再造、职能部门精简和以竞聘上岗为主的用人机制，建立了科学的考核评价体系。同时，积极倡导“管理只有上升到文化层面才真正不可战胜”的组织文化，创造温馨和谐、心情舒畅的工作和生活环境。为打造一支敢打硬仗、敢于创新、作风过硬的骨干团队奠定了组织文化基础。

葛子干在担任院长期间和领导班子一道带领全院干部职工拼搏奋斗，航材院的经济收入和核心竞争能力得到大幅提升。

胡晓峰 2005年全国劳动模范

胡晓峰（1958.11— ），安徽芜湖人，2005年全国劳动模范，时任陕西飞机工业（集团）有限公司（现中航工业陕西飞机工业（集团）有限公司，简称中航工业陕飞）董事长、总经理。1982年毕业于南京航空学院，清华大学EMBA硕士、南京航空航天大学兼职教授、国家一级高级经济师、享受国务院特殊津贴专家。1982年8月—1984年8月任汉中运输机制造厂（现中航工业陕飞）设计所设计员。1984年8月—1988年2月任厂团委副书记、书记。1988年2月—1991年10月西北工业大学培训，后赴德国柏林进修。1991年10月起历任陕西飞机制造公司（现中航工业陕飞）经理部室主任，经营计划处副处长、处长，副总经济师、副总经理，1999年9月—2005年6月任陕飞公司董事长兼总经理。2005年6月—2007年5月，任012基地常务副主任兼陕飞公司董事长。2007年5月起先后任012基地主任、中国航空工业第二集团公司飞机部部长、中航工业集团公司飞机公司总经理、中航工业集团公司副总经济师兼中航工业机电系统公司董事长。胡晓峰在陕飞担任主要领导期间，带领干部职工克服重重困难，争取重点型号的研制任务，实现了企业跨越式发展，2001年荣获中航工业第二集团公司优秀干部称号，2002年荣获陕西省劳动模范称号，2005年荣获“全国劳动模范”称号。

1999年，胡晓峰被任命为陕飞公司总经理时，当时的陕飞公司亏损累计已达1亿多元，负债率高达90%，被国家列入维持行列。面对这种十分棘手的情况，胡晓峰和领导班子及时提出并实施了“企业救亡计划”即“人才救亡计划”和“企业文化救亡计划”，为陕飞实现跨越式发展积蓄了力量。

为了按期完成某重点型号的研制任务，胡晓峰首先在内部层层立下军令状，签署责任书；在外部争取上级各个部门的充分理解和大力支持；在设计上大量“借脑”，调用了国内外专家学者数百人次；在制造上大量借力，数十家单位为陕飞提供充足的物力支援。他还大胆尝试了并行工程的管理思想，将设计、工艺、工装、零件、部件、总装、试验、试飞这一系列串联过程并行展开，最大限度地挖掘了时间资源潜力，高度交叉，平行作业，创造了一种可以大大缩短工期的行之有效的管理方法，终于将一架全新飞机送上蓝天，该飞机参加了国庆60周年庆典。

与重点型号研制同步，胡晓峰带领一班人争分夺秒加快研保条件建设，亲任建设指挥部总指挥，用两年时间，完成了基础建设。

胡晓峰在抓重点型号研制开发的同时，又大刀阔斧地治理企业结构。在他的领导下，陕飞完成了三次重大的体制改革。完成陕飞航空制造业、汽车制造业、第三产业和社会职能四大板块的分离；在成功争取到2.36亿元债转股政策后，实施陕飞公司化改造。企业实行董事会领导下的总经理负责制，所有生产车间、生产辅助车间经过资产、人员、业务重组，被改组为专业厂、经营性公司、管理型公司，分别实行基于二级核算的联利承包责任制、资产经营承包责任制、联责联费责任制；实施陕飞公司整体改制，组建陕飞集团公司，实现战略层和战术层分离，进行流程再造。通过三次重大改革，陕飞产权关系、内部机制、体制、管理及运行模式等方面都发生了重大而深刻的变化。

胡晓峰领导了制度体系的重建。在他的指导下，陕飞构建了一套积极进取的政策体系，特别是母子公司责权利关系、干部任用和薪酬制度、新型工资结构和分配结构等，被许多兄弟单位所效仿。在这场历史性的变革中，在陕飞实行长达30多年的平均主义分配机制被彻底打破，代之而起的是全员竞争上岗、以岗定薪、凭业绩定收入的新机制，政策大幅度地向一线科技人员倾斜。同时旧的用人机制被彻底打破，并被领导干部竞聘机制取而代之，有的普通工人走上了领导岗位，有的领导干部因末位淘汰制而被降级或成为普通职工。人力资源工程的实施，技师评聘制度的改革，为广大职工施展才华、实现自己的人生价值，搭建了极为广阔的舞台。

2005年7月11日，中央军委委员、空军司令乔清晨（左二）视察陕飞公司，012基地常务副主任、陕飞公司董事长胡晓峰（右二）介绍相关工作进展情况

胡晓峰通过对军用和民用运输飞机市场状况一次次的分析、研究、论证，并与工程技术专家及高层决策者们反复交流，逐步形成了“完善基本型，开发特种机，发展民用机，预研后继机”的运 8 飞机发展思路。为实现这一构想，从 2000 年起，胡晓峰积极整合各方资源。在国际上，陕飞与先进的航空企业如加拿大普 · 惠公司、美国霍尼韦尔公司、乌克兰安东诺夫设计局等建立了良好的合作关系，在互惠互利的基础上引进先进设备和技术，深入开展技术交流和技术咨询活动。在国内，陕飞与各大专院校、研究机构及 100 多个主机厂、配套厂密切协作。在企业内部，整合人力、物力、财力资源，为战略目标的实现提供最有效、最直接的服务。国际国内资源的大整合，使陕飞成功地趟出一条国际合作、军厂合作、产学研合作、扩大成果、滚动发展的道路。

胡晓峰千方百计取得国家支持，筹资近 10 亿元，掀起第二次创业热潮。陕飞成功地实施了工业布局调整、三线调迁、条件建设等重大工程，先后建成国内最大的飞机部装厂房、飞机整机喷漆厂房、大件阳极化生产线及国内最先进的飞机燃油、操纵等实验室，建设了先进的数字化设计手段、一流的数控加工和检测手段。企业信息化建设从无到有、从弱到强，企业网络化水平已经跻身于行业一流，科研、生产区主干光缆覆盖率达 85% 以上，UG、CATIA、PDM、OA 等先进设计软件的大量应用，使陕飞的核心技术、核心能力全面提升，飞机生产率、产品质量、研制水平都迈上新台阶。

李冬林 2005 年全国劳动模范

李冬林（1969.11— ），湖南炎陵人，2005 年全国劳动模范，时任株洲南方航空动力有限公司（现中国南方航空工业（集团）有限公司，简称中航工业南方）锻工，高级技师。1989 年 8 月参加工作，任南方动力机械公司（现中国工业南方）503 车间锻工，2 吨自由锻工组长，2010 年 3 月任锻造车间副主任。李冬林在多年的工作中践行踏踏实实做事、实实在在做人的人生信念，在劳动强度大、工作环境恶劣的岗位上摸、爬、滚、打 20 多年。身为锻工组长，他在追求个人进步的同时，注重团队建设，把班组打造成一支一流的团队，在他的带领下，屡建奇功，受到上级部门的表彰与奖励，“李冬林班”也因此而得名。2004 年被授予中航二集团劳动模范、全国国防科技工业系统劳动模范，2005 年获得“全国劳动模范”称号。2007 年，他所在班组被中航二集团和中国国防邮电工会联合授予“李冬林锻工班”称号。

20 多年前，李冬林由湖南炎陵考进南方动力机械公司技校锻工班学习，毕业分配到南方动力机械公司 503 车间当锻工。为了掌握 2 吨自由锻工掌钳的技术关键，每当师傅操作时，李冬林总是在旁边细细观察，记住师傅的一招一式，碰到操作难点，一定打破沙锅问到底，直到弄明白为止。就是靠着这种勤奋好学的工作态度，让李冬林的技术迅速成熟，26 岁的他成为掌钳工中最年轻的“掌门人”。随着公司航机任务的增加，接触的新材料、新产品也越来越多，为了掌握毛坯、材料的内部结构，性能、锻造等新要求，他买来书籍和杂志如饥似渴学习新知识，他的技术也日渐提升，许多让人望而生畏的难活，经他手都能迎刃而解了。

“打铁翻砂，不如回家”。这句话道出了打铁人的苦、险、脏、累。夏天，红彤彤的炉火烤得人火烧火燎地疼；冬天，身着单衣，胸前烤得火热，后背冷得刺骨。站在炉前眼睛通红，鼻子眼睛沾满灰尘油烟，还经常被飞溅火星灼伤。几十千克、几百千克重的锻件都要靠钳子翻动，一天下来，连骨头都是酸的。因为工作环境太差，李冬林所在班组有的职工改了工种，有的调走，但他却没有退缩，在这个岗位上干了 10 多个春秋。2002 年，他创造了一人完成 7324 个工时，产品合格率达 100% 的奇迹。

李冬林工作照

在取得一个又一个荣誉后，李冬林并没有知足，一直把“激情进取，追求卓越”作为工作的原动力，继续义无反顾地向更高目标冲刺。在个人追求的同时更注重团队建设，他立志要把班组打造成一支一流的团队，要在最基层创造出耀眼的辉煌。

从个人技能上，李冬林力求把班组每一个成员训练成一只“虎”。他经常组织开展技能培训、“特种兵”演练、“多面手”培训，让班组成员具有高技能、多技能的本领，他甚至手把手地教。

锻造是属于集体性强的操作工种，工作时经常是五六个人一起上场，动作的默契配合与心领神会的眼神尤为重要。2009 年车间任务比较繁重，尤其是存在个别班组间生产任务分布不均的情况，为了更好地完成生产任务，他们又成立了“机动部队”，由一些多技术操作者，组成一队，遇到紧急任务迅速组合，以此消除生产的瓶颈。

为了提高班组成员的整体素质，李冬林号召班组成员争做学习型高技能人才，经常采用理论与实际操作相结合的方式，比如上网参与锻造行业的论坛，在图书馆借阅技术资料。除此之外，还组织大家进行讨论式学习，结合具体问题，在实践过程中讨论，在讨论中领会，在不断地领会中积累提高。李冬林把自己掌握的技能毫无保留地传给其他成员，有效地保证了班组的战斗力。在实际工作中有时遇到镍基合金锻造缺陷，他就向技术人员求教或找资料自学，然后再教会其他同志。

通过训练，班组战斗力上来了，李冬林把注意力集中到提升班组执行力上。有人认为，执行力就是要靠制度，李冬林不这么认为，很多东西是制度管不了的，比方说：工作积极性、技能水平、改善、效率……要实现这些，员工必须产生一种自发行为。要达到这个效果，必须营造出一种氛围，在这种氛围中，员工从骨子里产生一种积极性，干什么事都是自愿的。如果能营造出这样一种氛围，就能打造出一支这样的团队；如果有了这支团队，就会有执行力。结合中航工业的宗旨理念和车间的执行文化宣贯，李冬林从观念、理念到思维方法，硬是弄了个一清二楚，不光是自己清楚，还得让班组的同志们都清楚。思想上的问题解决了，主动性上来了，成绩出来了，成就感上来了，氛围浓厚了，积极性更强了。良性循环，执行力大幅度提高。

带队伍，还有一个关键，那就是凝聚力。李冬林要把班组建成员工的“家”。家给人一种温馨的感觉，李冬林让每个成员都能感受到那种美好的感觉。他为班组成员建立了个人档案，包含他们的家庭情况、社会关系、优缺点、兴趣爱好、思想动态等。班组就像“家长”关心“孩子”一样对待每个成员。他还经常组织班组成员开展慰问活动，只要是员工婚丧嫁娶必访，员工家庭发生矛盾必访，员工生病住院必访，员工家庭有困难必访，班组进了新员工必谈。新工人进入班组时，要从工作、生活等多方面去关心他、爱护他，以师带徒，以身示范，使其尽快适应工作环境，熟悉岗位，逐步成熟起来。利用“饭桌”这一沟通平台，把问题带到饭桌上谈，把经验带到饭桌上谈，起到了意想不到的效果。

2010年，李冬林升任锻造车间副主任，他不怕苦险脏累、踏踏实实做事的精神正在影响越来越多的员工激情进取，追求卓越。

李方勇 2005年全国劳动模范

李方勇（1963.1— ），辽宁海城人，2005年全国劳动模范，时任中国一航沈阳飞机工业（集团）有限公司（现中航工业沈阳飞机工业（集团）有限公司，简称中航工业沈飞）董事长、总经理。1985年毕业于北京航空航天大学飞行器制造专业，同年分配到松陵机械公司（现中航工业沈飞），1993年加入中国共产党，现为研究员级高级工程师，享受国务院特殊津贴专家。在沈飞工作期间曾历任工艺科技术员、室主任、科长，公司副总工艺师、技术办公室主任、航空工程部副部长、副总经理、常务副董事长、总经理等职。1999年7月，任中国一航沈阳飞机工业（集团）有限公司董事长、总经理、党委副书记。2006年7月，任中航工业第一集团公司总经理助理。2007年任中国一航副总经理、党组成员。2008年10月任中国航空工业集团公司副总经理、党组成员。李方勇在任沈飞董事长、总经理6年的工作中，始终坚定地站在党和国家利益的高度，立足企业经营管理，锐意改革，勇于创新，带领企业跨越发展。他先后被评为沈阳市十大杰出青年、沈阳市有突出贡献的青年专家、沈阳市勤廉兼优先进个人、辽宁省劳动模范、中航第一集团优秀领导干部、国防科技工业有突出贡献中青年专家等荣誉称号。2003年，李方勇光荣地当选为第十届全国人大代表。2005年被国务院授予“全国劳动模范”称号。

李方勇在沈飞工作期间，先后参与了歼8系列飞机4个机种的研制和生产技术的协调工作，圆满地完成了某型飞机的17项技术攻关及科研课题的研究任务，确保了新机研制进度和批量生产飞机任务的完成。特别是在沈飞民机转包生产的创业时期，他作为负责MD－90干线飞机项目的主管领导，协调处理了大量的技术问题，扭转了曾一度出现的进度、质量危机。由他主持的MD－90－30飞机尾段制造技术项目获1999年部级科技进步奖。

李方勇于1999年7月任沈飞董事长、总经理、党委副书记。在工作中，他始终坚定地站在党和国家利益的高度，立足企业经营管理，锐意改革，勇于创新，带领企业跨越发展。

李方勇担任沈飞总经理第一年，面对诸多困难，他带领全体员工以超乎寻常的胆识和气魄，精心谋划、科学管理，取得了工程攻坚战的胜利。成功完成了三个型号科研飞机首飞，实现了前两个阶段重大节点目标，得到了中央军委的表彰。2000—2006年，沈飞的销售收入、工业总产值、工业增加值等主要经济指标逐年攀升。2001年，李方勇带领沈飞人敢于挑战极限，创造了提前10天完成某型号任务，且销售收入一举突破20亿元大关。2004年，某型号任务取得了超越计划生产能力的新突破，公司销售收入、工业总产值这两项主要经济指标提前一年完成了“十五”计划目标。2005年，公司工业总产值、产品销售收入两项经济指标高居中国一航企业榜首，民机零部件转包生产出口交付额持续快速增长。

沈飞承担的某国家项目周期紧、任务重，李方勇指挥若定，统揽全局，采取多项举措推进型号研制进程。一是针对多项重点型号高度交叉并行的特征，创新思维，先后建立和完善了行政指挥系统、现场指挥部、总工程师系统、总质量师系统等项目管理机构，贯彻落实责任制，形成了责、权、利清晰，纵向畅通、横向协调，运行高效的管理体系；二是针对新工艺、新技术处理复杂、协调困难的局面，组织成立了由权威部门领导及生产单位组成的多个现场工作组，分兵把守各生产阶段的技术协调关口，

沈飞公司总经理李方勇（前排中）、德国ECD公司总裁（前排左一）、中航技公司经理在友谊宾馆A320应急舱门合同续签仪式上签字并握手留影

极大地缩短了技术协调周期，保证该型号研制顺利进行；三是针对关键生产环节，他采取与相关单位签订“军令状”的方式，进一步落实责任，确保该型号研制任务的完成；四是针对影响生产关键的“瓶颈”环节，创造性地实行特殊政策，在工资奖金分配政策上实行特殊待遇，采用灵活机制打通“瓶颈”，全面保证了任务完成。

为振兴我国航空工业，李方勇高瞻远瞩，谋划企业未来。将“主业突出、寓军于民”的发展思路融入到企业的军民机产业战略布局中，把军机产业得天独厚的资源优势、技术优势、设备优势、人才优势等充分发挥运用到民机产业中去。把民机先进的管理理念、技术方法吸收到企业中来，并逐步地应用在军机研制上。以实现优势互补，在军、民机之间形成互补格局和“军民（民机）共进、两翼齐飞”的态势，突出公司航空产品主业，持续加快公司整体快速发展的步伐。在他的带领下，沈飞在利用全社会力量发展军用装备的同时，大力发展军工高技术产业，带动国民经济发展和产业升级，再通过民用技术和产业的发展来进一步促进军工产业的发展。

李方勇蓄能积势，积极探索具有企业特色的改革发展新路。沈飞作为一个具有悠久历史的老军工企业，在参与市场竞争时，其管理体制和内部运行机制暴露出比较僵化、创新力不足等一系列问题。为此，李方勇选择了一条循序渐进、蓄能积势的改革方式。他实施改革有三条原则：一是改革不一定减人越多越好，而是如何能把更多的人用好；二是改革不是为了解决一时之快，而是为了企业长期稳定快速发展；三是改革不是为了企业一时激进，而是为了迸发更持久的发展活力和生机。这三条原则，使企业稳住了人心，员工充满了奋斗激情，企业改革工作也取得了巨大成功。

李方勇始终站在国家和航空工业的高度，积极探索实施公有制实现的多种形式，不断推进辅业改制工作。2004 年底，沈飞辅业成功改制组建了新公司，为航空企业的深化改革提供了有益借鉴。通过改革出台了“公司工程系列专业技术职务管理暂行规定”等一批新政策，建立了沈飞内部工程系列新技术职务体系并进行了评聘，新设立了首席专家、专家级高级工程师等职务，在全行业首创实现了评聘分离。改革后员工收入首次拉开较大差距，调动了员工的积极性。这之后，他更是率先在行业内聘请了咨询公司，引入“外脑”，借助其先进的管理工具和方法对公司的人力资源战略和组织结构进行了梳理，进一步转变了员工的观念，使员工以更大的激情投入到工作当中。

李方勇追求第一，精益求精，为大型航空企业管理创新探索了一条精益发展之路。他在行业内率先引入了当前世界先进的精益生产的管理理念。由于他目标明确，踏实迈进，公司管理水平不断跃升。通过实施精益生产，沈飞某装配产品已由过去 50 人月产 3 架提高到 26 人月产 12 架。某型军机零件的合格率提高 40%，生产周期缩短 33%，按直接经济效益节省 100 多万元。2005 年，沈飞被中国航空工业第一集团公司确定为精益六西格玛推进试点企业。

李　涛 2005年全国劳动模范

李涛（1960.10—　），四川成都人，2005年全国劳动模范，时任成都飞机工业集团（现中航工业成都飞机工业（集团）有限责任公司，简称中航工业成飞）试飞站大队长。1980年6月毕业于海军航空技术专科学校航空机械专业，同年8月—1983年12月，在海军航空学校第五训练团服役；1983年6月加入中国共产党。1984年4月复员到国营峨嵋机械厂（现中航工业成飞）试飞站，先后任机务大队分队长、副大队长、大队长；2006年6月调技术服务部，任部长助理、副部长等职。李涛工作兢兢业业，先后从事了歼7系列、歼10系列飞机机务维护工作，曾荣立部级二等功1次、三等功3次，2001年被中航一集团评为优秀质量员工，2002年获国防科技工业质量先进个人称号，2004年被评为成都市劳动模范，2005年被国务院授予“全国劳动模范”称号。

李涛1984年从部队复员来到国营峨嵋机械厂试飞站工作，先后从事过歼7Ⅲ、歼7E、歼7D、歼10等多种型号飞机机务维护工作和新机研制试飞、设计定型试飞的机务保障工作。特别是从1997—2005年歼10飞机研制中，他日夜奋战在工作岗位，平均每年加班达1500小时，收集飞机各系统故障代码上万条，为准确判明故障的真实性积累了经验。李涛完成了新机大部分开车状态下的各种重大试验，地面开车2000多次，无一失误，为该机型试车次数最多的试车员，编写的“歼10飞机发动机开车状态下的综合检查程序”被军队、地方沿用；发明和创立的新机机务工作规范和程序填补了歼10飞机机务工作的多项空白。

李涛具有高度的责任感，无论在何时何种情况下都始终坚持质量第一方针。某型机01架首次滑行结束后，在检查机轮刹车的过程中，他用手指摸到的灰渣多了一些，凭着他高度的质量意识，感觉不对，立即组织人员推动飞机，再次用手摸了一次，还是同样有灰渣，他马上与设计人员一起分析研究原因，并拆下刹车进行分解检查，发现刹车块有撕裂。在他的组织下，故障得以及时排除，为01架飞机的安全首飞赢得了时间。

作为试飞站新机研制大队质量工作的第一责任人，李涛一丝不苟，先后制定了

“型号现场机上工作质量控制细则”、“机上改装排故质量控制细则”、“大队文明生产管理细则”等文件，同时大力开展群众性的质量活动，对质量问题一抓到底，将“决不在自己的手上留下一个质量隐患，决不在自己眼中放过一个质量隐患”的意识宣传到每一位职工中。大队的同志在发动机试车时，发现发动机漏出了不易被发现的几滴油，李涛在得知情况后，一面向上级领导汇报，一面迅速组织人员开车验证，事实证明确有漏油现象，但这一切又被在场的外国专家否定了。李涛不急不躁，以实事求是的工作热情，再次开车进行反复验证，漏油又出现了，外国专家在实事面前终于信服。为了尽快排除此故障，李涛组织力量，连续拆装4次发动机，奋战了3个晚上和4个白天，终于攻克了难关。这件事后来被誉为“三滴油精神”。

为了提高发动机地面综合检查效率，李涛及时提供发动机的有关参数，参与了发动机地面检测设备国产化的研制与开发工作，由他牵头，组织了大量的机上试验，在试验中对进口件进行了有效的质量控制，在确保原件正常工作的情况下，圆满完成了这一课题，并投入正常使用，其功效提高近两倍，填补了国内同类发动机地面设备国产化的空白。

为了加速型号新机的试飞和研制工作，李涛认真分析研究，发现飞机放飞前的部分工序和工艺分工存在明显的不足，且容易出现质量上的偏差。他与技术部门联系，通过近半年的研究和论证，提出了优化的方案，合理地调整了部分专业的工艺分工，缩短了飞机的再次出动准备时间，创下了一个飞行日完成6个起落飞行任务的重大突破，为提高试飞效率，加快试飞步伐做出了成绩。

李涛（左一）工作照

李涛在技术服务部工作期间，坚持“用户第一”的原则，尽全力为部队服务。在现场工作中，组织攻关小组，协助部队对飞行过程中出现的技术质量问题进行分析、处理。先后参与解决和处理了试飞行中发生的“交流电源系统空中断电”、“座舱压力突变”、“航空电子启动板掉电”、“环控系统供气中断”、“多架飞机刹车系统故障”等较大技术质量问题及故障。作为事故调查组成员，参与多起飞行事故的调查；同时，就“歼 10 飞机发动机试车状态下的综合检查”、“飞行过程中一般性故障处理”、“飞机系统原理及各系统交联关系”、“飞机人为质量问题的控制”等内容对部队空、地勤人员进行专题授课、培训，授课次数达 10 余次，听课人数达 800 余人。李涛在参与广州空军、南京空军、成都空军、北京空军等部队的歼 10 飞机技术研讨时，就飞机典型故障、维修保障、服务保障等内容与部队进行专题交流，从使用维护上对部队进行指导，其服务方式和服务质量受到部队官兵的肯定。

作为公司“液压导管攻关小组”的成员，李涛认真探索和钻研液压导管在飞行中的变化状态，提出合理化建议，对外场问题的快速解决做出了努力。同时，他参与公司“歼 10 飞机典型故障分析”的编写工作，首期出版物下发部队，对歼 10 飞机在部队的使用提供了极大的帮助。李涛密切关注歼 10 飞机在部队的使用情况，对使用信息进行收集、处理，及时帮助部队解决在使用过程中出现的问题，为用户排忧解难，赢得了部队官兵的一致赞誉。

刘 涛 2005年全国劳动模范

刘涛（1953.11— ），山东掖县人，2005年全国劳动模范，时任哈飞汽车集团公司董事长兼党委书记。1969年8月参加工作，1981年10月加入中国共产党，大专学历，一级高级经济师。历任哈飞公司工人、计划员、经管组长；1986年7月任57车间党支部副书记；1987年3月任6车间主任；1990年9月任公司副总机动师、机动处分党委书记、公司党委组织部副部长、生产指挥部副部长兼飞机总装车间主任。1994年8月，任哈飞汽车公司总经理助理，1995年5月任哈飞汽车公司副总经理。1998年12月，任哈飞集团公司副总经理兼哈飞汽车公司总经理。2003年3月，任哈尔滨航空工业（集团）有限责任公司常务副总经理、哈飞汽车公司总经理。2004年4月，任哈尔滨航空工业（集团）有限公司第一副总经理、哈飞汽车公司董事长兼党委书记，同时兼任哈尔滨东安汽车发动机公司党委书记。2007年8月调中航科工任副总经理。刘涛自任哈飞汽车公司总经理以来，面对国内汽车市场的激烈竞争和国际跨国集团的进入，狠抓产品开发和市场营销，大力推进企业改革，为企业的发展与进步做出了重要贡献。先后被评为黑龙江省、哈尔滨市及航空工业劳动模范、黑龙江省党风廉政建设先进个人、国防科技工业有突出贡献中青年专家，荣获中国汽车工业科技进步二等奖、中航二集团总经理鼓励奖。2005年被国务院授予“全国劳动模范”称号。

20世纪90年代末，刘涛走上了哈飞汽车公司总经理岗位。面对国内汽车市场的激烈竞争和国际跨国集团的进入，他提出并坚持“以我为主，滚动发展”的思路和理念，与世界著名的汽车设计公司合作，成功地陆续开发出“哈飞中意”、“哈飞百利”、“哈飞民意”、“哈飞锐意”、“哈飞赛马”、“哈飞路宝”、“哈飞赛豹”等新车型，并注重不断对后继车型的开发。为了做大做强汽车产业，从2003年起，哈飞汽车积极引进资金和零部件开发技术，进行零部件方面的合资合作，先后与万都、锦恒安全汽囊公司及河北凌云公司等单位签订了合资合作合同。筹集资金，加大投入，多次对企业进行技术改造。目前哈飞汽车已形成微型汽车、经济型轿车和中档轿车3个产品开发平台，公司的生产能力达到年产30万辆。2003年在纪念中国汽车工业50年评选活动中，哈飞汽车被评为“中国汽车工业 50 年 50 家发展速度最快、成长性最好的企业”。2005 年汽车产销量在全行业排名第七位，微型客车排名第三。

在深化企业改革、推进体制创新方面，刘涛顶住各方面的压力，大刀阔斧实行改革，精简机构、减少管理层次，对原有的 4 个零部件车间和模具中心进行分离，实行市场化运作，增加了干部职工的危机感、紧迫感和竞争意识，减轻了企业负担。在公司各关键重要岗位全部实行了岗位特贴制度，在调动各类人员的积极性和稳定队伍方面起到了重要作用。为培养人才，在他的倡导下，公司还与吉林大学开办了汽车工程硕士班，与哈尔滨工业大学开办了 MBA 硕士班。

在管理上，刘涛坚持依法治厂的理念，从完善管理体系和规章制度入手，使企业各项工作纳入规范化、科学化管理轨道。按照行业和国家有关部门的要求，哈飞汽车全部通过国家 3C 认证，并取得德国莱茵公司颁发的质量管理体系、环境管理体系、职业健康安全管理体系认证证书。通过实施“精品工程”，质量工作实现了新突破。先后开展六西格玛管理、细化 6S 管理和积极推行“流程再造”工程、严格控制配套成品质量等，促进了公司质量管理工作全面提升。哈飞汽车多次被评为黑龙江省名牌产品，并荣获中国质量协会和全国用户委员会授予的“全国用户满意产品”称号。他注重企业信息化建设，企业全面实施 OA 办公自动化，并实施 ERP 管理，使公司生产、物流、财务、质量、销售等工作的管理手段得到进一步提高。同时，在全面提升企业管理水平上，他始终狠抓基础管理工作不放松，通过强化制度建设来规范企业和员工的行为。

刘涛（左一）向上级领导汇报工作

刘涛还积极倡导“服务营销”，使销售管理和销售收入实现新突破。随着“哈飞赛豹”、“哈飞路宝”等轿车推向市场，原有的汽车销售管理模式出现极大的不适应。他通过向专业公司咨询，结合实际，大刀阔斧地对汽车的销售机构进行了调整，改革和精简机构设置，建立了轿车和微型车两套销售网络。同时，整顿销售队伍，明确责任和任务，狠抓销售人员的作风建设，使销售业绩和售后服务水平不断得到提升。几年来，随着新车型的不断推出和在大型展览会上的频频亮相，扩大了哈飞汽车的品牌效应和影响。针对销售市场的不断变化，他带领班子成员沉着应对，适时组织制定应对策略，通过提高产品性能、改变配置、增加品种、降低成本、调整价格、加强服务等手段，直接与竞争对手相抗衡，为实现销售目标创造条件，收到了明显的效果。随着销售网络规模的不断扩大，企业在全国各地的销售网点已达500多个。刘涛十分重视售后服务工作，不断加强对哈飞汽车1000家服务站售后服务管理工作，使汽车售后服务工作有了很大的改进和提高。截至2004年年末，公司已累计产销整车100多万辆，整车出口3万多辆，实现销售收入240多亿元，上缴税金13.31亿元，有力地拉动和促进了地方经济的发展。

罗群辉　2005年全国劳动模范

罗群辉（1961.7—　），湖北襄樊（现襄阳）人，2005年全国劳动模范，时任中国一航工业航宇救生装备有限公司（现中航工业航宇救生装备有限公司，简称中航工业航宇）董事长、总经理、党委副书记。1982年毕业于南昌航空工业学院，历任国营宏伟机械厂（现中航工业航宇）总工程师、厂长，江汉航空救生装备工业公司总经理兼中国航空救生研究所所长。2003年底担任中航工业航宇救生装备有限公司董事长、总经理。2008年后任中国航空汽车工业有限公司总经理、分党组书记等职。研究员级高级工程师，管理学博士，国防科技工业局科学技术委员会成员、南京航空航天大学特聘教授。罗群辉于2003年底，牵头对同属于航空救生领域的一所两厂进行重组整合，组建航宇救生装备有限公司（国营汉江机械厂、国营宏伟机械厂和航空救生研究所重组整合为中国一航航宇救生装备有限公司），实现了航空工业弹射救生、降落伞、个体防护等专业的系统集成，圆满完成了结构调整任务。罗群辉2000年被评为襄樊市首届青年科技奖；2002年被湖北省委省政府授予劳动模范称号；2003年被国家八部委授予某重点工程先进个人称号；2003年度襄樊市十大经济风云人物；2004年被评为湖北省十大杰出青年企业家，荣获国防科学技术进步三等奖，中国航空工业第一集团公司科学技术进步二等奖；2005年被国务院授予“全国劳动模范”称号；2009年被评为襄樊十大经济风云人物，2010年被评为中航工业优秀领导干部。2008年当选为第十一届全国人大代表。

航空救生领域的一所两厂的重组整合，是一个非常复杂的系统工程，是对我国航空救生领域的一次流程再造。罗群辉以改革者的胆识，按国防科工委（现国防科工局）的要求，组织调整了已实施30多年的航空防护救生专业历史布局，实现了航空工业弹射救生、降落伞、个体防护等专业的系统集成，圆满完成了结构调整任务，国防科工局有关领导称其为“军工行业重组整合的典范”。

从重装空投系统到战车空投系统，从航空防护救生装备到预警机、无人机配套产品，从跨大气层飞行器应急回收系统到“神舟”六号、七号宇宙飞船双人救生船，罗群辉带领公司广大干部职工以高度的政治责任感和超常的工作热情，正点合格地完成

“撒手锏”等大批国家重点高新工程项目，填补了多项国家空白，保证了部队装备需要。

罗群辉强力地推动民用技术进步和商业成功。公司研制的商用飞机座椅不仅成功配装我国新支线飞机 ARJ21（试验机），而且替代了国内航空公司波音、空客等飞机上的原装座椅，产品远销多个国家和地区。轿车座椅调角器覆盖了国内大部分中高档轿车市场，汽车门锁采用英国 VSS 公司先进技术，轿车开始从低端向高端转变。

罗群辉大力推进资本化运作，公司先后控股成立了 8 个子公司，将航宇公司从单一企业实体转变为复合型企业集团，实现了公司规模扩张，形成了实体经营与资本经营协调发展的全新的发展格局。

罗群辉积极抓国际国内两个市场开拓。公司研制的航空救生系统已出口到缅甸、津巴布韦、斯里兰卡、纳米比亚等多个国家，实现外贸总收入超亿元，民品出口到西欧、南美、非洲和亚太多个国家和地区。

在罗群辉和公司党政领导班子的带领下，航宇公司取得了长足的发展：刚组建时公司总收入仅为 5. 7 亿元，至 2009 年完成 22. 42 亿元，总收入以每年超过 30% 的速度递增，7 年来翻了近两番。公司获得国家、省、部级科技成果 64 项，其中国家科技进步奖 4 项。拥有有效专利 21 项，公司技术中心成为国家认定的企业技术中心，他主持和参与制定的国家及行业标准达 29 项之多。公司先后获得“全国文明单位”、“全国企业文化建设先进单位”、“中国优秀诚信企业”、“航空报国优秀贡献单位”、第四届“中国优秀企业公民”等荣誉称号，2008 年获得了我国企事业单位的最高荣誉——全国五一劳动奖状，并再次荣获“全国文明单位”。

罗群辉工作照

在致力于发展第一要务的同时，罗群辉本着回报社会、造福社会的理念积极参与社会事务，积极履行社会责任，着力塑造航宇公司企业公民形象。2008 年汶川特大地震发生后，正在国外学习的他第一个向灾区捐款 8000 元，后又缴纳了 1000 元特殊党费。在他的带领下，公司职工及家属踊跃向灾区捐款，共计 190 万余元，向四川灾区运送了价值 17 万元的救灾物资和 10 万元的新棉衣棉被。为了确保部队救灾急需，罗群辉将有关救灾装备产品的生产列为公司当前第一大事，不折不扣地完成救灾装备的生产任务。公司积极妥善安排四川地震灾区汉源县 6 名群众到公司就业，并为 6 名新员工的“新家”配备了相应的生活用品，开通了闭路电视、天燃气，用上了燃气灶和热水器等。

罗群辉积极支持贫困地区教育事业的发展。2008 年初，公司向遭受特大雨雪冰冻灾害的湖北五峰土家族自治县教育局捐款 50 万元，帮助尽快修复学校受损设施。公司向南漳县九集镇老官中心小学捐助了电脑、体育用品、文具及衣物等生活学习用品，并出资 80 万元援建宜城市小河镇希望小学。在他的支持下，航宇公司 2008 年冠名了湖北男排，参与了政府为农村援建家用沼气池的首批“百号百池”援建示范工程、襄樊市“农家书屋”工程结对援建工作，圆满完成了谷城县冷集镇胡家湾村 3800 多米的引水渠硬化工程。一系列慈善救助和社会公益工作，受到了社会的广泛赞誉，公司被评为襄樊市十佳企业公民、第四届中国优秀企业公民。公司荣获集团公司支援抗震救灾先进集体，襄樊市红十字会抗震救灾工作贡献奖。

马艳红　2005 年全国劳动模范

马艳红（1971.8—　），河北安平人，2005 年全国劳动模范，时任中航勘察设计研究院（现中航工业勘察院）生产经营处副处长。1985 年 9 月—1989 年 7 月在长春地质学校中专学习；1989 年 7 月—1993 年 6 月在中国地质大学（武汉）学习；1993 年 6 月—1995 年 2 月在中建一局机械化施工公司工作；1995 年 2 月—1997 年 2 月在中航勘察设计研究院上海分院工作；1997 年 2 月至至今在中航勘察设计研究院工作，高级工程师，曾担任生产经营处副处长、处长，现任公司党委副书记、纪委书记、工会主席。马艳红在上海分院期间主持的“上海浦东国际机场主跑道工程地质勘察”荣获国家第七届优秀勘察铜奖，为此撰写的《上海浦东国际机场跑道工程地质详勘实录》论文也被指定作为“第六届全国岩土实录交流大会”重点交流论文。先后 5 次荣获院级优秀共产党员称号；2004 年被评为全国三八红旗手；2005 年被国务院授予“全国劳动模范”称号；2007 年当选为党的十七大代表；2010 年荣获中航工业十大杰出青年；2011 年荣获中航工业集团航空报国优秀贡献奖。

中航勘察设计研究院有限公司是从事航空工业基本建设勘察的专业化公司，是航空工业基础设施建设的先头兵。过去有这样的顺口溜：“远看像要饭的，近看象逃难的，仔细一打听是勘探的”，这是对勘察工作者工作环境和条件艰苦的真实写照，很多男同志都望而却步或转干别的行业。马艳红这个在大学时代就加入了中国共产党的年轻“老党员”来到勘察设计研究院一干就是将近 20 年，她就是这样无怨无悔地选择了勘察工作，选择了航空工业。

新时期的航勘院是全国勘察行业百强单位，是勘察设计行业首家建立博士后科研工作站的单位，要在博士硕士济济的男子汉堆里崭露头角，对于只有本科学历的她来说，的确要比别人付出多得多的努力，克服比别人多得多的困难，承受比别人多得多的压力。

1995 年，新婚燕尔的马艳红奔赴上海，成为公司上海分院的第一位女项目负责人。1995 年和 1996 年是她在上海最忙碌、走进勘察工作者队伍的启蒙期。在这里，她先后

党的十七大代表马艳红

主持了“上海浦东国际机场详细勘察”、“上海东方太阳城物流超送中心勘察”等数十项工程，项项都是优质工程。

作为上海市重点工程——上海浦东国际机场详细勘察的项目负责人，她要面对很多难题：一是时间紧，必须在两个月内完成；二是任务重，机场主跑道长 4.6 千米，需要施工钻孔 1000 余个；三是施工难度大，施工现场地形复杂。面对这样一根“硬骨头”，她沉着冷静，与同事们一道，挑灯夜战，迅速拿出了最佳设计及施工方案。为了抢进度、保质量、保安全，她吃住在工地，马不停蹄，昼夜兼程，60 个日日夜夜之后圆满完成了任务。

1997 年 2 月，由于工作需要，她被调回北京，开始从事市场营销工作。这对她来说是一个全新的领域。她坚信，要扩大市场份额，企业实力是基础，诚信是保障，经营人员的服务是关键。于是，她努力钻研经营之道，琢磨如何把服务做好，把市场做大。她以技术为依托，坚持以人为本，凭借自己热情、朝气、恒心、毅力和刚柔并举的处事风格，赢得了一个又一个客户的信赖。仅在 1997 年不到 1 年的时间里，个人拿回订单近 1000 万元。

1999 年 11 月，她当上了母亲。本可以休足产假，但由于院里经营需要，她终止了产假，把刚满百日的孩子托付给保姆，提前回到工作岗位上。

“钻孔夯扩挤密复合桩地基处理技术”是公司 1995 年开发的一项专有技术，该技术比传统方法降低工程造价近 20% ~30%，特别适合北京地区超高层建筑的地基处理。为使更多的设计人员认同并采用这项新技术，她总是利用一切机会，不厌其烦地讲解该技术的优势，并组织有关工程技术人员实地考察、参观，使越来越多的设计人员认同并采用了这项新技术，使科研成果迅速转化为现实生产力。该技术在北京望京等地区 130 多栋 18 ~ 33 层高层建筑的地基处理工程中得到成功应用，为国家节约了 10 亿元以上的基建投资。

每当合同签订后，她都及时了解合同履行过程中存在的问题，并根据客户的要求，随时加以改进。当工程结束后，她不忘后续服务，定期上门征求客户的意见，以了解信息，沟通感情，改进工作。缘于此，许多开发商愿意继续与她合作。如某开发商把北京高校育新花园 5 栋高层住宅楼 610 万元订单给她后，由于她服务到位，该开发商又把随后的 1100 余万元大额订单给了她。

2006 年，生产经营处处长离开公司，她毅然挑起了主持全处工作的重担，并在十分困难的条件下，迅速扭转了生产经营的被动局面。此后两年，她带领全处职工开拓市场，每年签订合同额均超过 6000 万元。

在繁忙工作之余，马艳红不忘自身素质的提高，努力学习项目管理知识，注重理论联系实践，不断提高自身工作水平。几年间，她先后取得了全国注册造价工程师执业资格证书、全国注册监理工程师执业资格证书、全国注册咨询（投资）工程师职业资格证书。

中航工业集团公司重组整合后，马艳红被任命为中航勘察设计研究院公司党委副书记、纪委书记、工会主席。初涉新的工作领域，身兼“三职”的她边干边学，一点一滴地啃书本，一字一句地钻研《工会法》，她经常向分工会主席和纪检监察部门人员学习，向基层的同志求教，虚心听取他们的意见和建议；她注重与时俱进，努力探索思想政治工作和工会工作的新途径与新方法，针对勘察行业的特点，开展内容丰富的工会活动。2010 年 3 月，公司工会被授予中航工业直属工会 2009 年度先进基层工会荣誉称号，马艳红本人被评为中航工业直属工会 2009 年度优秀工会干部。

孟宪新 2005年全国劳动模范

孟宪新（1947.6— ），山东安丘人，2005年全国劳动模范，中航工业沈阳黎明航空发动机（集团）有限责任公司（简称中航工业黎明）车工、高级技师。1962年5月3日参加工作，在国营黎明机械厂（现中航工业黎明）科研工装厂夹具工部干车工，他以高超的车工技能、高度的责任心在平凡的工作岗位上做出了突出的贡献。1991—2002年，孟宪新连续12年被评为黎明公司劳动模范，自1995年以来连续被评为黎明公司优秀共产党员，2003年被评为黎明公司功勋职工，连续4次被评为沈阳市劳动模范。1998年被评为辽宁省劳动模范、辽宁省优秀共产党员，2004年荣获全国五一劳动奖章，2005年被国务院授予“全国劳动模范”称号。曾当选为沈阳市大东区第十三、第十四届人大代表。2007年6月退休。

孟宪新1962年来到国营黎明机械厂，从事车工工作，一干就是45年。

在近几年某重点型号发动机研制工作中，他每年都解决技术关键任务十几项，并帮助工艺员解决工艺技术难题。遇上轮廓和构造复杂的零件，他潜心反复琢磨，怎么干更省时间，怎么干精度更高。他把车工岗位作为创新的阵地，从小革新、小攻关、小改造着手，从解决生产中的技术难题开始，先后设计、自制了几十项夹具和刀具，不仅解决了新机研制加工过程中的难题，攻克军品重点任务的一个个难关，保证国防重点任务的进度，还提高了生产效率和产品质量，节省大量材料费和外委加工费。孟宪新多次被评为黎明公司最佳岗位之星，沈阳市技术革新能手，沈阳市岗位技能带头人，被授予辽宁省国防科工委创业一等功，航空部新机研制三等功等。

2003年，军品任务十分繁重，孟宪新一如既往地冲在最前面，攻克了大量的关键技术难题。在加工某重点型号发动机工装时，由于插床高度不够无法加工，整套工装生产面临超期。孟宪新提出一个大胆的想法：用车床拉式加工，同时与机修钳工研究车床内部结构，将主轴箱齿轮脱离，使主轴不转、车身行走，从而实现了快速进刀、提高精度的目标。原来定额7小时一件，改进加工方法以后，仅用30分钟就能生产一件，效率提高了十几倍。在确保重点型号任务顺利完成的同时，提高了工作效率，创造了更大的经济效益。他还利用业余时间，编写了《车工快速操作手册》，将自己独到的快速加工方法和技术心得汇编成册，与同行分享，为企业献力。孟宪新的操作技巧和丰富的工作经验对提高车工的实际操作水平起到了极大的推动作用，受到了职工们的普遍欢迎。为适应现代化生产需要，他还自学数控操作和数控编程技能，向更加先进的加工方法进军，使车工技能不断提高，日渐完善。

孟宪新能打硬仗，敢啃硬骨头，每次总是把难度大、工时少、准备时间长的活留给自己，心里时刻装着工厂车间，每天早来晚走，苦干脏活累活。在近几年重点型号发动机研制工作中，他每年完成工时都超过 8000 小时，加班加点达 100 多天，从未休过一个完整的星期天和节假日。根据统计，5 年中他共工作 35000 小时，相当于干了 8 年的工作量。每年为工厂解决大量的技术关键，开展了多项技术革新，价值达到几百万元之多。

2003 年 6 月下旬的一天，孟宪新突然倒在车间生产现场，经医院检查患上了脑血管栓塞。人躺在病床上，他心里却依然惦记着车间生产，经常询问前来探望他的同事，工段的任务怎么样了，能不能干得过来。黎明公司“双百会战”刚一开始，孟宪新就躺不住了，当得知班里的生产任务非常紧张，精加工成了“细脖子”时，他不顾老伴的再三劝阻，匆匆上班了。在闷热的三伏天里，一站到车床前，便忘记了自己的病情，还和过去一样，与同志们一道加班延点到深夜，周六周日不休息。仅在短短的一周时间内，孟宪新完成的精加工工时就达到了 120 小时！2003 年，在有病的情况下，他仍完成定额工时 8000 多小时，相当于 4 年的工作量，被誉为“走在时间前面的人”。

孟宪新工作照

多年来，孟宪新为企业培养了大批的生产技术骨干，把自己高超的操作技能无私地传授给徒弟们。自己花钱给徒弟们买书学习，每年新入厂的大学生都要跟他学习 1 个月的实践知识。在他住院期间，前往探望他的一个徒弟，无意中说起一个零件的加工难度比较大，孟宪新立即忘记了病痛，认真详细地告诉徒弟怎样干，用什么样的车刀、卡活时应该注意什么、进刀量是多少、分几刀工序粗精车等。多年以来，孟宪新坚持做好传、帮、带工作，不但传授自己多年积累的工作经验，也将无私、忘我、敬业、奉献的崇高精神传到了他们心里。强将手下无弱兵，如今孟宪新的 20 多名徒弟中各个都是生产一线骨干，先后有 4 人加入党组织，两人担任了生产班长，其中一人在黎明公司首届职工技能运动会中夺得车工第一名，两人夺得黎明公司青年车工状元，5 人考上了技师，其中一人考上了高级技师，3 人获得黎明公司“技术能手”称号。2004 年在中国一航举办的首届技能大赛中他培训的 5 名徒弟取得了东北赛区前 5 名的好成绩。

孟宪新从不计较个人得失，总是把最苦最累的活留给自己。他多次婉言回绝其他企业的聘请，用住房、高薪都换不走他那颗热爱航空事业的赤诚之心，毅然扎根黎明公司，身体力行，实践了“航空报国，强军富民”的企业宗旨。2006 年 2 月 27 日，孟宪新车工技能辅导站举行了揭牌仪式，几年来，车工辅导站总计培训了二类以上技术能手和高级技师、技师及部分高级工达 200 多人次。

孟宪新 2007 年 6 月退休。

吴　跃　2005年全国劳动模范

吴跃（1963.6—　），浙江慈溪人，2005年全国劳动模范，时任中国直升机设计研究所（简称中航工业直升机所）所长。1987年7月西北工业大学电气技术专业毕业，2003年12月北京航空航天大学自动化学院研究生毕业。1987年8月到中国直升机设计研究所工作，历任技术员，研究室副主任、主任，研究所副所长。2003年6月任中国直升机设计研究所所长。2006年3月兼任党委书记。2008年11月任中国商飞公司项目工程部部长。吴跃担任直升机研究所所长期间，重点型号研制取得了骄人的业绩，研究所核心竞争力全面提升，科研硬件平台建设和科技人员技术水平实现了双重飞跃，为直升机事业实现全面、持续、快速发展做出了贡献。2003年被评为中航二集团劳动模范；2004年获得江西省五一劳动奖章；2004年获中航二集团总经理鼓励奖；2004年评为中航二集团有突出贡献的中青年专家；2005年被国务院授予“全国劳动模范”称号；2006年荣获首届长三角自主创新青年领军人物；2006年当选国防科工委级专家、中国科协第七届常委。

1987年，吴跃毕业于西北工业大学，来到中国直升机设计研究所，被分到特设研究室，从事直升机电气系统的设计工作。由于他专业基础扎实，工作很快就进入了角色，先后参加了直8、直9、直11以及国家重点工程等多个直升机型号的研制。扎实的理论功底、长期的工程实践，使他一步一步成长为直升机型号研制的专家，在航空电气、特设及其综合控制领域取得了非同凡响的成果。他的《非航空电子监控处理系统顶层设计》、《CATIA建模系列标准》、《直十一型机直流电源系统研制》等20多项成果和论文分别获得集团公司、研究所科技进步一、二、三等奖，填补了多项技术空白，为国防建设做出了突出贡献。

非航空电子监控处理系统和环控系统是国内首次在直升机装备的系统，技术起点高，相关交联系统多，协调工作复杂，研制周期又十分紧张，而且战线长，人员不足，技术资料缺乏。面对重重困难，吴跃运用改革机制，精心组织专业技术队伍，形成了一个人员交叉，彼此协调，各有主攻方向的矩阵系统，大大提高了全室人员的攻关能力和工作效率；在进行充分分析计算的基础上，吴跃认为某些方面可以借鉴其他机种的成熟技术，以降低研制风险，加快研制周期。他带领着设备组的同志与相关单位进行了多次的技术协调，确定了最佳方案，保证了工程周期和技术要求，确保了系统任务有条不紊地顺利进行。

2003 年 6 月，吴跃担起了中国直升机设计研究所所长的重任，继而担任某重点工程现场总指挥。以他为首的新班子审时度势，及时提出了“建设主业突出、核心能力强、国内一流、国际知名研究所，打造中国直升机研发中心”的奋斗目标和“一流技术、一流人才、一流管理、一流服务、一流环境、一流理念”6 个一流的发展目标，制订了中国直升机设计研究所中长期发展规划。他坚定不移地支持总设计师的工作，虚心听取专家意见，集思广益，对重点型号重大工作计划确立、关键技术攻关、重大技术方案制订、重要试验安排等做出科学、正确的决策；他经常深入科研生产一线，全面了解、快速协调和解决问题，促进了型号研制的顺利进行，取得了骄人的业绩。

“十五”期间，直 8、直 9、直 11 原型机及 3 个改型机圆满完成研制任务，中国直升机设计研究所配合主机厂共向用户交付三型机百余架，直升机产业化工程不断推进，形成了“一机多型、系列发展”的格局。2003 年 12 月 24 日，直 11MB1 单发改型机继首飞成功后又在京获中国民航总局颁发的民航合格证，实现了航空高科技产品军转民的重大突破。2003 年，重点工程胜利实现两机首飞，创造了航空史上的多项奇迹。

吴跃（左一）在高新工程模拟器前向胡锦涛主席（左二）汇报工作

2006年是中国直升机设计研究所型号研制的高风险年、决战决胜年，8机23型直升机研制同时展开。全所干部职工众志成城，激情进取，超常拼搏，胜利实现了10机试飞、2机立项、3机首飞的型号研制目标。重点工程研制克服重重困难，按节点目标顺利向前推进；国际合作项目直15型直升机完成初步设计及评审，进入详细工程设计；直11武装型直升机圆满完成鉴定试飞；直8、直9等系列直升机研制齐放异彩，实现了卓越目标。条件保障建设取得重大进展；预先研究立项工作形势喜人；信息化建设强力推进，直升机数字化工程可行性研究报告通过了科工委评审，构建了直15型机型号研制应用环境，初步构建了信息安全框架，研究所核心竞争力全面提升。

在型号研制取得累累硕果的同时，吴跃抓住机遇，全面加强研制保障条件建设。经过吴跃和几任领导班子的数年奋战，一大批新建项目相续竣工并交付使用，使中国直升机设计研究所具备了高新技术武器的基本研制保障条件和能力，直升机常规设计手段及试验设施跨入世界先进行列，直升机综合设计、试验检测和自主创新能力大大提高，整体科研实力上了一个大台阶。一个崭新的、适应世界直升机发展潮流的现代化直升机设计研究所已初具规模，推动了科研硬件平台和人员技术水平的双重飞跃，为型号研制的决战决胜奠定了坚实的基础！吴跃为实现这一切倾注了巨大心血，做出了重大贡献。

在吴跃的主持下，中国直升机设计研究所按照集团公司战略重组要求，积极配合组建了“中国直升机研发中心”，拓展了直升机发展领域；按照“摸清家底、找准差距、突出重点、跨跃发展”的思路，制订完善专业技术发展规划，不断引领直升机核心技术、关键技术；全面加强基础能力建设，构建跨越发展平台；积极推进主辅分离、六西格玛管理和流程再造，提升核心竞争力，力促直升机事业实现全面、持续、快速发展。

张　波 2005年全国劳动模范

张波（1965.1— ），湖北武汉人，2005年全国劳动模范，时任江西洪都航空工业集团有限责任公司（现中航工业洪都航空工业集团有限责任公司，简称中航工业洪都）设计所所长。1987年西北工业大学毕业，分配至航空工业部南昌飞机制造公司设计所工作，历任设计员、副组长、副主任、副所长、型号总设计师、副总工程师、设计所所长，是享受国务院特殊津贴专家。2007年12月任洪都公司副总经理，2012年7月任公司党委书记。1999年在为庆祝新中国成立50周年而举行的受阅装备工作中，由于任务完成得圆满、出色，荣获国防科工委和中航二集团颁发的一等功证书和奖章。张波先后荣获中航二集团劳动模范、中央企业劳动模范等荣誉称号；国防科工委授予国防科技工业有突出贡献中青年专家，中国航空工业第二集团公司授予有突出贡献中青年专家；2006年入选新世纪百千万人才工程国家级人选；2009年被评为江西省突出贡献人才。先后获得国家科技进步二等奖1项，国防科学技术进步一等奖2项、二等奖1项、三等奖1项；中航工业科技进步一等奖2项、二等奖2项；授权发明专利（国防专利）4项，被中航工业集团公司授予中航工业武器技术首席技术专家。2005年被国务院授予“全国劳动模范”称号；2007年当选党的十七大代表。

1987年，张波以优异的成绩毕业于西北工业大学宇航工程系，来到了南昌飞机制造公司。20多年来，张波敬业爱岗，虚心好学，和同事们一道取得了一个又一个的好成绩。

1998年初，公司研制生产的某产品被列为参加国庆50周年大阅兵受阅装备。接到这一任务后，时任设计所副所长的张波多次带队进京汇报，8次修订实施方案，克服了时间紧、任务重、质量要求高、技术协调广、配合难度大等困难。在短时间内，配合生产部门制造出产品和模拟装置，并组建了一支强有力的技术保障队伍，配合部队训练，并提供技术保证和服务保障。张波不仅身先士卒，也注意发挥集体的力量，3次预演和正式受阅，均堪称完美。阅兵方队授予公司“情注阅兵部队，携手共筑长城”锦旗；车辆方队授予公司“精益求精，实现保障有力，首都阅兵尽显军威国威”锦旗；受阅保障总指挥授予公司“设备保障先进单位”称号。

张波工作照

2000年，张波被任命为某型号总设计师，时年35岁。在研制过程中，他在重大问题决策和复杂问题处理中表现出了较强的组织和协调能力。随着某型号进入飞行试验阶段，张波和他的团队在抓好各项地面试验的同时，严格按照研制程序要求，认真做好各项设计、试验工作。经过多年艰苦努力，试验取得了圆满成功，型号按期定型，为国防建设做出了重大贡献。

2003年，张波被任命为设计所所长。他率领所领导班子认真贯彻对知识分子“政治上充分信任、工作上放手使用、生活上关心照顾”的政策，使一批德才兼备的中青年技术骨干走上了领导岗位，使干部的知识、年龄、专业结构趋于合理。

2007年，张波任公司副总经理。按照公司的统一部署，他先后分管公司产品的科研、技术、条件建设、型号管理和经营计划。数年间，他带领团队在推动公司产品研发设计、加强企业经济运营能力、强化市场意识、提升企业能力建设及国际市场开拓等方面做出了突出贡献，与领导班子一道确立了“引领飞训，军民共进，惠泽员工，跨越发展”的公司使命。

2012年，张波担任公司党委书记，他按照党的“十八大”中“党的中心工作就是要以经济建设为中心”这一要求，团结带领公司各级党群组织，围绕公司发展战略和经营目标，服务公司转型升级和跨越发展大局，创新开展党建工作。

张波同志热爱航空事业，专业知识丰富，凭借强烈的事业心和责任心，以顽强的作风和正派的学风，克服了型号研制过程中的诸多技术难题，填补了航空领域多项技术空白，打造了一支优秀的武器装备研制团队，培养了一批层次高、自主创新能力强的设计研发队伍，为国防科技工业做出了突出贡献。

张大祥 2005 年全国劳动模范

张大祥（1956. 8— ），江苏南京人，2005 年全国劳动模范，中航工业吉林航空维修有限责任公司（简称中航工业吉航）科技开发处处长、无线电专家。1974 年毕业后就职于中国人民解放军第 5704 工厂（现中航工业吉航），历任无线电工人、计量理化中心技术员、计量理化中心助工、高工、副处长、特设车间工程师。2002 年起任科技开发处处长、副总工程师，产品研发中心主任。曾任辽宁航空协会理事，吉林市电子协会理事。张大祥多年来凭着自己高超的技术专长，潜心创造发明和技术创新，解决重大技术难题几十个。在我国新机修理和承担外协重大项目中，取得突出的成绩。1994—1996 年被空军装备技术部授予科技先进个人称号；1997 年被空军授予部级有突出贡献专家称号；2001 年被中共吉林市委评为工交系统优秀共产党员；1996 年、1999 年、2002 年三次被吉林市政府评为劳动模范，2004 年 9 月，被吉林省委、省政府授予吉林省特等劳动模范荣誉称号。2005 年被国务院授予“全国劳动模范”称号。

张大祥是中航工业吉航科技开发处处长、电气专业高级工程师。在工作中他敢于向高新技术挑战，加大外修转自修、外制转自制的力度，为企业培育了新的经济增长点。近几年来，由于缺乏设备等原因，给承修国家各型新机及国外飞机带来了诸多困难，在此情况下，张大祥在一无图样资料、二无更换备件、三无试验设备情况下，勇于攻克技术难关。为了配合工厂试修新机种，在他的指导下，一年就完成外修转自修某型歼击机雷达检查仪 6 台，航向指示器 12 台，飞行参数记录仪 7 台。同时，修复了周期长、费用高，曾一度严重影响生产进度，制约生产发展的多台无线电检测仪器设备和某型飞机测试设备，为生产的顺利进行创造了条件。

作为工厂新的技术项目——机场清扫跑道喷气式扫雪车智能控制系统的设计制作曾因科技含量少而一度搁浅。张大祥接手之后，经过反复测绘、试验，克服了很多困难，用最短的时间拿出了最佳方案，经装配、试车，被列为部队机场的必备装备，现已成批生产，年销售额 90 多万元。

在工厂援外工作中，张大祥承担了“119”工程设备的制造任务，完成了16套电气组合设备的制作任务，既提高了设备的安全性、可靠性、实用性，又节约创收资金几十万元。

目前，国外主战机种中，某型飞机均已经配有专用机载设备检测车，使其出勤率、出战速度和战斗力大为提高。而某系列飞机是我国的主战机种，却没有这类检测车。为此，张大祥经过调研，设计制作了机载无线电设备综合检测车，能够完成对我国主战系列飞机机载无线电装备的在线（无须拆机或改装）检测，对设备在机工作状态和性能进行统计分析实现故障预警，确定故障部位，给出排故建议和方案，保证有故障隐患能提前预知，有效防止事故发生，提高战机的维护质量，使部队外场维护和机务保障效率明显提高，大幅度提高飞机的出勤率和战斗力，适应了现代化战争的需要，填补了国家空白。

随着现代航空业的崛起，现有的飞行大气参数测试设备已经难以满足当前军民航空领域测量要求，急需一种测量精度高、功能强大的设备。了解到这种情况，张大祥便带领有关同志研制了飞行大气参数综合测试仪。2003年6月，测试仪研制成功投入批量生产。

在与部队签订的80多万元航空地面检测设备的研制工作中，该仪器是独立设计、开发的以高性能单片微处理器为核心的智能仪器。该仪器由于采用许多世界上最先进的集成电路芯片，使该仪器具有功耗低、重量轻、精度高、操作简便等特点，其技术性能已达到国内领先水平。目前，该产品已经批量投入部队使用，深受欢迎，收到较好的经济效益和社会效益。

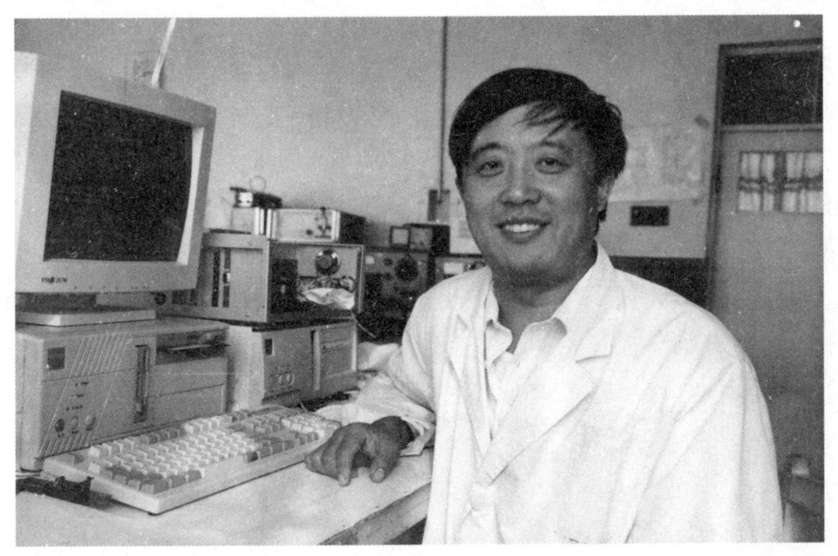

张大祥工作照

2001年初，经过张大祥的不懈努力，凭借多年积累的丰富知识，在竞争异常激烈的夺标中，张大祥战胜了众多的强手，终于拿下了吉林市博物院陨石雨一、二期工程项目。这一工程施工难度大，工期要求紧，而且国内没有资料可以借鉴。为了圆满地完成这一任务，他翻阅了大量的资料，刻苦钻研，精益求精，反复试验，终于使该项目一期工程取得了圆满成功。在得到专家的认可之后，于9月又顺利完成了模拟星空的制作。自博物馆开馆以来，得到各级领导和广大游客的一致好评，极大地提高了市博物馆和吉林市的知名度，为工厂创造了40多万元的经济效益，为今后开拓市场，承揽高新技术工程打下了基础。

张大祥主持研制的蒸汽洗车机项目，是针对当前城市水资源严重匮乏、原有的洗车方式造成资源的极大浪费及环境污染提出的。传统方法洗一部汽车需要用水240升以上，而蒸汽洗车机仅耗水200毫升，是传统洗车用水的1/1000，实现了集洗车、保养于一体，既节水，又环保，方便，具有很强的市场应用前景。同时，他们又积极承揽设计了高温定型车，创产值630万元，设计制造排椅，创产值20多万元，为扩大经济规模起到了良好的作用。目前，张大祥正在带领同志们开展汽车电喷发动机ECU单元的研制；与吉林省人防厅等单位联合研制智能化人防××系统，并在某市建立了警报站，在多个警种的智能化警报网络进行试点。

2008年度，张大祥努力拓宽市场，完成了多家单位的航空检测设备研制，共完成145项产品，创产值280万元。带领科技开发处全处人员在没有检测设备，缺少技术资料的条件下，完成了14项进口飞机产品、14项歼击机产品、某型飞机惯导产品的维修。以极低成本，高效的工作，优良的质量创造了优异的成绩，实现了航空维修技术领域中的创新，创造产值120万元，实现了三代机维修零的突破。在民品领域中，先后完成了现有热吹型扫雪车、航空部附件、工业用件的替代设计，以降低成本，解决器材短缺的难点，完成小型民用吹推式扫雪车的样机研制，形成了新的经济增长点。他还抓住石油钻探技术领域的有利机遇，潜心钻研，采取各种新工艺新技术，突破了音频数据传输系统、电阻率无磁外壳等多项科研技术难关，开展石油钻探设备的研制和开发。

赵建刚　2005 年全国劳动模范

赵建刚（1954.7— ），北京人，2005 年全国劳动模范，中航工业北京青云航空仪表有限公司（简称中航工业青云）精密制造分厂铣工、高级技师。1970 年 6 月毕业于北京市 123 中学，分配在北京青云仪器厂工作。1988 年，在青云技校学习，获得中技文凭，高级技师。40 多年一线生产的磨炼，使他熟练掌握了冲模、塑压模、压铸模等各种模具的加工，还能根据不同零件的要求，干任意一种类型的铣床、插床，解决了大量的生产技术难题。由于他的突出表现，获得了多种荣誉称号：1991 年度航空航天部劳动模范；1995 年度北京市劳动模范；1997 年北京市工业系统百名优秀职工；2003 年航空技术能手和国防科技工业技术能手；2004 年全国五一劳动奖章；2008 年北京市国资委优秀共产党员；2011 年中国航空工业集团公司航空报国突出贡献奖等；2005 年被国务院授予“全国劳动模范”称号。

赵建刚 1970 年进厂时是初中毕业生，他肯干、巧干、爱钻研，技术水平不断提高，逐步成为分厂的技术骨干。“干难度高的活儿，特有成就感，感觉特充实”，这是他的口头禅。他先后设计、自制了上百项成形的夹具和刀具，既解决了加工过程中的难题，又提高了工作效率，节省了大量的材料费和外协加工费。随着时间的推移，工作经验的积累，他越来越感觉到，技术水平和工作效率的提高需要新知识作为强劲的助推力。工作之余，他报名参加技校的培训班，在苦练技术的同时，自觉补习文化知识，不断地学习、充实、提高自己。通过不懈的学习和工作锻炼，1995 年 10 月获得了部级技师资格，1998 年 12 月获得部级高级技师的资格。

1999 年，由于他表现出色被公司派到美国学习数控铣床的操作技术。全英文的操作界面，是他面前的第一个拦路虎。做笔记，背单词，他靠着一股子不学到手不罢休的劲头，把计算机编程和实际操作两项技能拿下，让同去的年轻人都折服。

刚步入中年，腰椎骨质增生的病痛就缠绕上他，为了不耽误工作，经常吃几片止痛药，又拖着病体来到机床前。2003 年最后一季度，青云公司为确保全年军品生产任务的完成，发出了“决战四季度”的号召。赵建刚带头响应，全身心地投入生产。每天

赵建刚工作照

早来晚走加班加点，还放弃了周六周日的休息，只要任务需要，他就出现在生产车间。11月上旬的一天，他原打算去医院拿点药，为出席集团公司组织的劳模活动做准备，没想到让医生给留下了。经医院检查发现，他出现了严重的胸积水，此后他经历了三次抽水，分别为1600毫升、1000毫升和800毫升。医生分析，从最初出现炎症到发现积水，至少已经1个月了，而这1个月是病人相当难挨的日子。但是赵建刚舍不得请假去医院看病，而是坚持和同志们一起抢进度，加班加点。他以无私的行为带动和鼓舞了所在的分厂干部、职工，使他们在四季度的决战中取得了突出成绩。

2004年，分厂安排赵建刚从事数控设备操作工作，编程工作由年轻人承担。可是他硬是用短短一个月时间啃完机床的技术资料，自己进行编程。在工作中赵建刚保持着凡事爱动脑思考、干活总爱问一个怎样干才能更快更省的好习惯，在编程、装夹和选择刀具等方面总结出不少新经验，将数控设备的优势发挥到新境界。并见缝插针地设计自制了多套工装夹具。某重点型号的产品，2002、2003年交付定检合格率一直徘徊在20%左右，赵建刚和另一名工人师傅承担攻关任务，他们共同寻找原因，根据零件特点设计、制造铣床夹具，经改进后该零件一次交检成功率在85%以上，经二次返修合格率达到了95%，保证了价值数百万元的系统按时交付。

赵建刚不仅对业务工作认真负责、善于钻研，在“传、帮、带”方面也毫不含糊。在带徒弟过程中，赵建刚讲究方式方法，言传身教、耐心细致，在技术传授方面，他从不藏着掖着，总是将自己多年的加工经验和盘托出。他不仅教授加工技能，更注重传授工作思路，他鼓励徒弟们尽可能多地动手操练，能够尽早独立承担加工任务。尽管带徒弟要投入不少时间和精力，但赵建刚毫无怨言。现在，他的不少徒弟已经成长为技师、高级技师和班组长，成为生产骨干。

当了十几年的劳模，出席过不同规模、层次的座谈会、表彰会，他始终保持着工人的本色，不喜张扬。去工作现场，总能看见他躬腰干活的身影。赵建刚技术好，干活快，干出的产品质量高，完成每月工时定额，绰绰有余，可是他从不轻易离开机床，十几年来，年年超额完成生产任务，一直占据着铣工班工时排行榜第一的位置。每年工时完成量总能占班组里的半壁江山。仅 2000 年，他完成工时 11732 个，相当于定额工时的 603%。

曾有人试图用高于他现在几倍的月薪来挖走他，被他婉言谢绝，对航空事业执着追求使他的心离不开这里。

赵　霞 2005 年全国劳动模范

赵霞（1961.2—　），山东青岛人，2005 年全国劳动模范，中航工业沈阳飞机设计研究所（简称中航工业沈阳所）副所长。1982 年 7 月毕业于西北工业大学空气动力学专业，同年分配到沈阳飞机设计研究所工作。历任工程师、高级工程师、室副主任、党支部书记兼副部长、部长、副总设计师，2010 年 5 月任副所长。1987 年 8 月入党，1990 年 6 月获北京航空航天大学空气动力学专业工学硕士学位，2009 年 7 月获北京航空航天大学流体力学专业博士学位。曾于 1995 年 9 月参加北京航空航天大学举办的“发动机设计”第三期高研班学习；三次赴俄罗斯进行技术合作，一次赴美国进行技术合作。是中航工业首席技术专家，总装气动力专业组和总装 863－××专家组成员。曾荣获全国三八红旗手、全国三八红旗手标兵；全国国防科技工业系统劳动模范；沈阳市优秀专家；先后 7 次荣立部级一、二、三等功；获国家科技进步特等奖，获部科技进步一等奖、二等奖和光华科技基金奖三等奖多次及航空银奖等；2005 年被国务院授予“全国劳动模范”称号。2007 年当选中共十七大代表。

赵霞入所 30 多年来，一直坚守在战斗机设计研制的第一线，先后参加或组织完成了歼 8 系列等多个国家重点型号飞机研制和总装、空装及集团公司预研课题的研究工作。主要从事飞机总体气动布局设计研究，是本专业学术带头人。

她负责的飞机前缘缝翼设计，在当时是一项高新技术，采用该技术可以显著改善飞机的机动性。工作中她采用先进的分析方法和试验手段，在全面系统摸清各设计参数影响规律的基础上，充分考虑工程可实现性，最终攻克了技术难关，获得了满足型号研制技术要求、性能先进的最佳方案。

从 1986 年开始，她先后负责或参加了三大系列飞机各类外挂武器、外挂物分离轨迹仿真分析、风洞试验研究，解决了一系列仿真及试验中的技术难题，不仅顺利完成了型号飞机涉及的各类外挂物分离特性研究工作，为飞机安全分离外挂武器提供了准确可靠的设计依据。同时也不断提升了数值计算方法在外挂物分离轨迹仿真分析中的应用水平及风洞外挂物分离轨迹测量试验技术水平。

赵霞工作照

在国产第三代歼击机研制正式立项之前，飞机总体气动布局分析摸透工作已经提前启动，这项工作意义重大，直接关系到能否全面掌握第三代先进歼击机设计理念和设计思想。工作难度大、技术资料缺乏，现有计算手段和试验条件远远满足不了需要。面对困难，作为总体气动部的负责人，她带领技术人员积极应对、果断决策，与风洞试验单位共同成立联合攻关小组，制订了详细计划，确定了合理可行的方案，采用先进的仿真计算方法和风洞试验技术相结合，同步展开全面的仿真分析和试验验证。经过几年的努力，不仅全面系统地掌握了第三代先进歼击机总体气动设计思想、气动特性，还突破了所涉及的气动布局设计与风洞试验关键技术，为后续改进改型和新一代先进战斗机设计奠定了坚实的基础，同时推动了多项风洞试验技术的创新与发展。

作为气动力专业总师，她带领团队全面突破了某型飞机高增升装置设计；某型战斗机气动、隐身一体化设计；良好隐身特性的先进进气道综合设计；××无人战斗机验证机气动布局与无尾飞翼布局非常规控制措施等关键技术，为后续型号研制奠定了技术基础。同时组织主管专业全面清理了适合数字化设计的飞机研制流程，建立了相应的分析手段，提升了飞机总体、气动、隐身等多专业一体化综合设计水平。

作为某型飞机常务副总设计师，针对该项工程研制进度紧、技术风险大、涉及相关技术范围宽、组织协调难的特点，协助型号总师制订了详细的研制规划，采用项目管理新理念，统筹规划、合理布置、动态管理，并行交叉有序地开展各项研制工作。在方案设计和分析研究中，采用数字化分析设计手段，不仅确保了技术方案的准确性和先进性，同时将先进的三维数字化设计技术成功地应用于型号研制中，实现了设计与工艺并行，提高了设计质量、缩短了研制周期。

在该型飞机定型试飞和部队领先使用过程中，她精心组织、科学规划，建立了比较完备的试飞和领先使用保障组织体系。对使用中暴露的技术质量问题，及时组织力量迅速排除，确保该型飞机按节点高质量完成了设计定型。

面临研制周期短、关键技术难、管理难度大等问题，赵霞组织相关单位，采取了一系列解决问题的举措：提前启动，从立项论证开始，就启动飞机设计、制造的相关准备工作，工艺人员提前介入，与设计集中并行工作；加强管理，成立攻坚会战领导小组和设计发图技术保障小组，由总师及主管所领导牵头，负责型号研制过程中的技术协调、资源保障；开展型号攻坚会战，实行“711”工作制，每周定期召开工作例会。各级领导深入一线，对出现的问题及时处理、果断决策，重大问题必须在 24 小时内反馈落实；严格考核，编制各专业的详细计划，对设计发图工作实施绩效目标考核；提升手段，采用基于三维标注的全三维设计制造技术，真正实现“无纸设计”。

“八五”以来，赵霞作为预研课题主要负责人，带领课题组采用新思维、新方法突破关键技术，采用可行性与创新性有机结合，优化技术方案，先后组织完成了多项航空技术最新领域的预研课题研究工作。在多项新技术领域取得了突破性进展，为新一代飞行器设计奠定了坚实基础。

周万成 2005 年全国劳动模范

周万成（1946. 9— ），河北乐亭人，2005 年全国劳动模范，时任贵州航空工业（集团）有限责任公司（现中航工业贵航）董事长、党委书记。1969 年哈尔滨军事工程学院毕业，1970 年 8 月分配到贵州兴红机械厂工作，历任工人、技术员，车间副主任、主任、副总工程师、副厂长。1983 年 11 月调任贵州航空工业管理局，任副总工程师、副局长。1993 年后先后任贵州航空工业管理局局长，011 基地主任，中国贵州航空工业总公司副董事长、总经理、董事长、党委书记。1997 任中国贵州航空工业（集团）有限责任公司董事长、党委书记。周万成在担任贵航集团董事长、党委书记期间，共承担并完成了 10 多个国家重点型号配套研制项目近 5000 项。周万成 1990 年荣获贵州省“七五”汽车工业发展突出贡献奖，1998 年荣获贵州省授予“优秀企业思想政治工作者”称号，2001 年荣获中国一航授予航空报国优秀党务工作者称号和八七扶贫攻坚工作突出贡献奖一等奖，2003 年荣获中国一航优秀领导干部称号，2004 年荣获贵州省五一劳动奖章；2006 年中国一航航空报国杰出贡献奖。2005 年被国务院授予“全国劳动模范”称号。2008 年 9 月退休。

周万成在担任贵航集团董事长、党委书记期间，提出了打好“差异化发展战略”的口号，研发生产航空几大主机厂没有涉足的产品。他毅然决定，研制未来高新技术武器装备系统。从 2001 年开始启动研制，到 2003 年 12 月 26 日贵航多用途某新机首飞成功，是贵航人在“十五”期间创造的一座光辉灿烂的里程碑。随后，该新机被总装备部正式批准立项，列入“应急采购专项”计划，成为贵航发展史上第一个被列入到国家重点武器装备的计划项目。

周万成提出了坚持走专业化、大协作、大联合、发挥集团优势的道路，使汽车与汽车零部件、工程机械液压基础件、农业机械、环保设备、烟草机械、医疗器械等民用产品不断形成新的经济增长点，并逐步发展成为集团主要的支柱产品。截至 2006 年底，贵航集团民用产品销售额占贵航集团销售总额的 57%。2002 年 2 月，开始研制具有自主知识产权的大型自走式采棉机，并于 2004 年实现 10 台采棉机销售。2005 年与大型煤矿企业集团联合开发研制生产煤矿机械，2006年即实现了4600万元销售收入。开发研制了重型燃机用新型特种合金锻件，解决了重型燃机发展的一大难题，填补了国内空白，该项技术的应用处于国内第一。汽车零部件目前已达2000多种产品，2006年实现销售收入14亿元，占贵航销售收入总额的18%。

周万成提出了“出口带动发展”战略。多年亏损的华烽公司，通过出口实现扭亏为盈，并发展成为优势企业。贵航集团的出口额由1996年的2448.4万美元增长到2006年的1.35亿美元，其中民用产品（含转包生产）增长了8倍，成为贵州省十大出口创汇企业、贵州机电产品出口第一的企业。

周万成提出了技术开发系统、经营销售系统、决策指挥系统实施“阵地前移”发展战略。经过努力，累计完成投资近11.6亿元，将分散在山沟里离城区较远的17家企事业单位调迁至贵阳市区和安顺市区附近，2000年又将集团公司本部迁到贵阳。

周万成在任期间，贵航集团29户工业企业，有14家企业依法改制为有限责任公司。组织了力源液压、贵州贵航汽车零部件股份公司等2家公司在国内上市，从社会募集资金4.37亿元。1999年11月，贵航集团公司“捆绑式”债转股方案获国家经贸委批准，成为全国唯一“捆绑式”整体实施债转股的试点单位。对7户企业进行了整体债转股，转股金额6.87亿元，每年为企业减少利息支出4000万元左右，实现了多元投资的机制。7户企业实施破产，共计冲销企业债务17.37亿元，其中，银行债务8.13亿元，冲销其他债务9.24亿元；减员5000余人，从国家获得政策性安置资金5.23亿元。2004年，全面完成集团事业单位职工养老保险试点统筹向企业省级统筹并轨，参保人数达79408人。

周万成（中）工作照

周万成在任期间，共修订和建立公司综合管理、人力资源等规章制度 390 余项。创建管理成果 25 项，有两项分别获得贵州省企业管理创新成果二、三等奖；5 项分别获得航空工业企业管理成果一、二、三等奖，6 项成果获得首届中国国防科技工业企业创新管理成果奖。几年间，贵航集团取得科技成果 106 项，组织专利申报 61 项，获得专利授权 40 项。

周万成于 2008 年 9 月退休。

黄　强 2005年全国先进工作者

黄强（1963.4—　），浙江东阳人，2005年全国先进工作者，时任中国航空工业第一集团公司第一飞机设计研究所（现中航工业第一飞机设计研究院，简称中航工业一飞院）所长。1983年7月毕业于西北工业大学电器工程专业，1990年3月，西北工业大学硕士研究生毕业，2003年9月—2006年6月，西北工业大学管理学院管理科学与工程专业在职博士研究生，工学博士。1992年2月起历任西安飞机设计研究所（现中航工业一飞院）特设室主任、副所长兼科技实业总公司总经理、常务副所长，2000年5月任所长。2003年6月—2006年2月任中国一航第一飞机设计研究院院长兼党委副书记、党委书记。后任国防科工局副局长。新世纪百千万人才工程国家级人选，陕西省三五人才工程第一层次人选，享受国务院特殊津贴专家。黄强1991年分别被航空航天部和西北工业大学授予做出突出成绩的中国硕士学位获得者称号；1992年被评为陕西航空十佳青年，被航空航天部评为首届航空优秀青年；1995年荣立运7－200A首飞部级一等功；1997年荣获航空工业总公司科技进步三等奖；1998年荣立“飞豹”飞机设计定型部级三等功、所级一等功；1999年被授予陕西省有突出贡献的中青年专家；2001年荣获首届陕西青年五四奖章、中国一航优秀领导干部、第十二届中国十大杰出青年称号；2002年荣获中国一航科技进步成果一等奖，全国国防科技工业系统科技进步成果一等奖；2004年荣获全国优秀科技工作者，国家科技进步二等奖。2005年被国务院授予“全国先进工作者”称号。

黄强2000年5月任所长之际，恰逢党和国家做出发展国防高新武器装备的重大决策，一批涉及国家安危的重点型号相继立项，由西安飞机设计研究所承担研制。在时间紧、任务重、技术难度大、多型号任务并行交叉的困难面前，黄强担任这些型号的现场总指挥或副总指挥，大胆决策，精心组织，实施并行工程，边设计，边试验，边生产。组织干部职工每周工作6天，每天工作10小时，苦干、实干、科学地干。在他的领导和指挥下，研究所承担的三项重点型号都按照研制计划，高质量地完成了任务，受到上级和军方领导的高度评价。

黄强在指挥高新工程决战决胜的同时，为ARJ21飞机的研制和研究院的建设工作倾注了极大的心血。2003年6月研究院成立伊始，黄强和院党委书记从振兴国家民机产业的大局出发，发挥班子整体作用，维护研究院稳定，整合西安、上海两地资源，理顺生产关系，组建了研究院新支线机总师系统，启动研保条件建设项目，细化总体设计方案，组织开展了一系列技术攻关，解决了一批久拖未决的关键技术问题，扭转了工程设计的被动局面，拉开了我国研制民机的序幕。他大力推行并行工程，实行大规模异地协同数字化设计和VPM系统管理。实行新的工作制度，相继保住了一系列重大节点，确保了ARJ21飞机研制有序推进和研究院的高效协调运转。

黄强敢为人先，勇于创新。面对军令如山的任务，他果断采取国际最新的CATIAV5版本进行设计，终于实现了飞机设计全部计算机化。在他的领导下，设计了我国第一架全机数字样机，实现了中国飞机设计电子样机协调和预装配，建立了国内第一个VPM管理系统标准。同时，首次实现了国内飞机研制生产的无纸设计，首次自主研制成功中国飞机航电火控系统综合化。

黄强锐意改革，科学管理，努力将研究院打造成为国际化、数字化的大中型飞机设计研究基地。他具有强烈的改革意识和忧患意识，提出了“远虑近忧，居危求进，从严治院，管理在‘严细慎实’上下功夫”的治院思想。认真贯彻国家主辅分离政策，精化主体，分业经营；创新科研管理机制，实行指令性计划管理和项目负责制相结合的矩阵管理，推进型号总师项目负责制，积极推进知识管理和技术创新；创新行政管理，实施了收入分配制度改革，建立岗效工资制度，以人为本，实施人才强院战略，设立了徐舜寿青年科技进步奖，鼓励青年科技人员岗位成才。2003年研究所荣获“中国青年科技创新先进集体”称号。

黄强工作照

黄强十分珍惜来之不易的研保条件建设项目，精心组织基建技改工作，作为第二条火线严格管理，全面规划，分步实施，确保建设质量。在保障了重点型号研制试验条件建设的同时，一个高质量的飞机研发基地拔地而起。一飞院科研综合大楼荣获 2003 年度“中国建筑工程鲁班奖”（国家优质工程）。

黄强担任全国青联常委，陕西省青联副主席、陕西省科协副主席等社会职务。先后到 10 多所国家著名大学演讲，宣传“飞豹精神”，进一步扩大研究院的社会知名度。在他的带领下，全院职工团结一心，发扬“飞豹精神”，连续作战，自主创新，为强我国防、壮我军威做出了突出贡献。2004 年研究所获得全国五一劳动奖状。

荣毅超　2005 年全国先进工作者

荣毅超（1964. 9— ），河南方城人，2005 年全国先进工作者，时任中国空空导弹研究院（简称中航工业导弹院）院长。1991 年 9 月加入中国共产党，1984 年 7 月毕业于西北工业大学，2001 年 11 月获清华大学工程硕士学位。1984 年 7 月分配到洛阳空空导弹发展中心（现中航工业导弹院）工作，先后任理化室副主任、主任；质保部副部长、部长；中心主任助理兼任生产部部长；1999 年 1 月任中国空空导弹研究院副院长，2002 年 12 月任中国空空导弹研究院院长。2008 年任中航工业技术基础研究院院长、分党组书记；2013 年 3 月任中航工业技术基础研究院董事长。荣毅超担任导弹院院长时期，正是重点型号研制关键时期，他采取各种有效措施，保证了“撒手锏”研制任务的成功和多项重大预研课题相继取得突破性进展，促进了新型号的上马和新的重大预研课题的立项。1994 年被中共河南省委宣传部、共青团河南省委评为优秀青年；1996 年先后被中共洛阳市委和中共河南省委评为优秀共产党员；2003 年 11 月荣获第十四届中国十大杰出青年称号；2004 年被全国总工会授予全国五一劳动奖章，被俄罗斯工程科学院选举为外籍院士；2005 年被国务院授予“全国先进工作者”称号，同年获得中国一航优秀领导干部称号；2006 年被中国航空工业第一集团公司授予航空报国杰出贡献奖、首届管理创新先进个人称号；被国防科工委记一等功；被国家人事部授予新世纪百千万人才工程国家级人选。2007 年获国家科技进步一等奖和国家科技进步二等奖各一次。

2003 年，荣毅超在走上中国空空导弹研究院院长岗位之初就不失时机地提出了 21 世纪头 20 年中航工业导弹院的发展远景，形成了 2020 年前的发展目标、发展思路、发展策略、发展方式和发展举措。即：明确了到 2005 年、2010 年、2020 年分三步走的目标；进一步理清了“探索新概念，预研四代后，研制第四代，改进第三代，扩展派生型”的型号发展思路，“集团式组织，开放式规划，哑铃式运作，合作式竞争，跨越式发展”的总体发展策略、“预研与型号相结合，自研与引进相结合，科研与生产相结合，军品与民品相结合，发展与人才培养相结合，产品研制与手段建设相结合”的发展方式，“加大结构调整，进行产权多元化改造，加快产业调整，实施名牌经营等”的发展举措。

荣毅超（左一）向江泽民主席（左二）汇报工作

荣毅超在导弹院期间，正处在激光制导炸弹、某雷达型空空导弹、某小型红外制导空空导弹等重点型号研制关键时期，他采取各种有效措施，坚决完成“撒手锏”任务，建立了“给想干者机遇、给能干者舞台、给干成者待遇”的激励机制，做到了以事业、感情、待遇留人。

荣毅超在导弹院期间，积极争取国家支持。国家累计投入重点工程技改经费共 20 余亿元，相继建成了科研大楼、雷达弹装配大楼、精密机械加工厂房等基础设施，完善补充了先进的设计、试验手段，加速了航空科技重点实验室的 7 个重点试验单元和 5 条装配生产线的新建和扩建，促进了导弹院的科研、生产条件和环境设施再次跃升到一个新水平，为导弹院的快速发展起到了极其重要的推动作用。

2002—2006 年 5 月，某 B 型空空导弹、某激光制导炸弹导引头、雷达型空空导弹、小型红外空空导弹相继定型并批量生产。这 4 项“撒手锏”的先后研制成功，特别是雷达型空空导弹的研制成功并开始批量生产，使中国成为继美、俄、法之后第四个自主研制成功发射后不管中距拦射空空导弹的国家，谱写了空空导弹事业的新篇章，创造了中国空空导弹研制史上的新纪录、新成就、新辉煌，在中国空空导弹发展史上树立了又一座光辉的里程碑。

在荣毅超和院领导班子的带领下，上述 4 项“撒手锏”研制成功和多项重大预研课题相继取得突破性进展，又促进了新型号的上马和新的重大预研课题的立项工作。新型红外型空空导弹被总装备部批准立项研制；远程空空导弹的预研工作也全面展开；各型号空空导弹的派生产品、远程滑翔制导炸弹和其他精确制导武器、光电侦察设备等研制均取得重大突破。

荣毅超在导弹院期间，导弹院的经济总收入从2003年的10.05亿元，到2007年实现33亿元。型号研制与经济发展步入良性循环，职工收入也随之大幅度提高。

在精密机械、红外、微波、激光、仿真、遥测、飞行器设计、自动控制、计算机应用、固体火箭发动机等专业技术领域具有先进的研制开发和生产制造能力及完善的过程控制质保体系；已经建成或正在建设的具有相当规模的重点实验室7个，现代化的武器装配生产线5条。中国空空导弹研究院已经成为一个专业门类比较齐全、设备先进配套、技术实力雄厚，具有国内领先水平的科研生产经营型的光、机、电技术发展中心，能够向多兵种提供空空导弹和其他高精尖武器装备。

与此同时，荣毅超积极推动管理创新和文化建设，导弹院相继获得了质量体系ISO9001、环境管理体系GB/T24001/ISO14001和职业健康安全管理体系GB/T28001—2001的认证；先后获得国家级重大成果近30项，省部级成果100余项；拥有有效国防专利和国家专利40余项；获得市级以上荣誉称号100余项，其中被国家知识产权局授予全国专利工作先进单位称号，被劳动和社会保障部、教育部、中华全国总工会等6部委授予人才培养先进单位称号，被中华全国总工会授予全国模范职工之家称号，被中央精神文明建设指导委员会授予全国精神文明建设工作先进单位称号等。

杨 伟 2005年全国先进工作者

杨伟（1963.5— ），四川资中人，2005年全国先进工作者，时任中国航空工业第一集团公司成都飞机设计研究所（现中航工业成都飞机设计研究所，简称中航工业成都所）所长、总设计师。1978年9月考入西北工业大学空气动力学专业，获工学学士学位；1982年9月—1985年5月，西北工业大学飞行力学攻读并获取工学硕士学位。1985年11月到航空工业部第611所（现中航工业成都所）工作，历任专业组长、研究室副主任、主任、副所长兼副总设计师、副所长兼总设计师、所长兼总设计师等职。2008年任中国航空工业集团公司副总工程师、中国航空研究院副院长，享受国务院特殊津贴专家。杨伟先后担任歼10系列飞机、“枭龙”飞机和某型机等多个重大型号的总设计师，曾多次荣获国家科技进步特等奖，国防科技进步特等奖，国防科技进步一等奖、二等奖等。先后荣获全国先进工作者、全国五一劳动奖章、全国先进科技工作者、中国青年五四奖章、国防科技工业杰出人才奖、国防科技工业劳动模范等光荣称号，以及国防工业和四川省有突出贡献中青年专家、2003年度中国十大科技新闻人物、2008年科学中国人年度人物、高新工程重大贡献奖、中航工业风云人物、航空报国金奖、2012年度CCTV科技盛典科技创新人物等多项荣誉。2005年被国务院授予“全国先进工作者”称号；2011年，在新中国航空工业创建60周年之际，获得航空报国特等金奖和中航工业中青年自主创新领军人才荣誉称号。

作为我国新一代歼击机电传飞控系统的组织者和开拓者，杨伟成功主持研制了第三代战机歼10飞机纵向放宽静稳定度全权限三轴四余度数字式电传飞控系统。在查阅、摸透大量技术资料的基础上，他设计出10多种不同的方案，以全新的思路对系统可靠性进行对比分析，攻克了以余度配置、同步算法、电磁兼容等一系列关键技术，实施了全系统数字仿真和原理试验。

他主持研制了地面综合动态试验设施——“铁鸟”台。这是飞控综合仿真、模拟试验设施在我国首次研制成功，获得“功能齐全、手段完善、效率高，是国内最先进的飞控试验设施”的高度评价，填补了国内空白。

为提高部队综合训练水平和保障能力，他主持研制了歼 10 飞机综合仿真模拟训练系统和综合自动检测系统，创新性地提出全任务构型、多级配置、系列化发展的设计理念，实现了高逼真作战环境下的单机训练、联网协同作战以及对抗训练。

由于设计科学，试验充分，使得极具风险、技术难度巨大，最令人放心不下的数字式电传飞控系统，最终成为让试飞员放心的系统。试飞员们给予这套全新系统以高度评价："飞控系统表现很好，飞行品质均为一级！"

2001—2004 年，作为成都所总设计师，受型号总师委托，杨伟全面主持歼 10 飞机的设计优化、排故攻关和设计定型等一线工作。根据试制、地面试验和试飞结果，开展了近百项专项攻关、优化改进设计，对歼 10 飞机设计定型并批量装备部队做出了突出贡献。

歼 10 飞机设计定型后，杨伟开始全面主持歼 10 飞机的系列化发展工作。他主持采用总体、气动、飞控综合优化设计技术，经过多轮方案论证与优化，较好地解决了作战与训练需求的矛盾，突破了总体气动布局、大型整体水泡式座舱盖、航电系统、飞控系统、燃油系统、氧气系统等关键技术，实现了歼 10 双座机与单座机具备相当的飞行性能、机动性和飞行品质，提高了飞机的综合作战能力。

"枭龙"飞机是我国首次利用外资，针对国外用户需求和现代化战争需要而研制的

杨伟在清华大学演讲

轻型低成本多用途第三代战斗机。其成功在于有效地将用户丰富的战争经验融会到飞机研发当中，并解决了高作战效能与低成本、大航程与轻重量、高机动性与大速度特性等突出矛盾，成功引领航空高技术及产品出口。

作为“枭龙”飞机的总设计师，杨伟主持完成了设计方案调整，全机总体分区协调，全尺寸样机的改造，结构、系统重点试验组建的任务。他创造性地提出采用大边条气动布局，有效增大了飞机的升力，优化了飞机的焦点，提高了飞机的机动性和航程；在国内首次采用两侧无隔道“蚌式”进气道，通过进气口前方机身上的一个鼓包，对进入进气道的空气进行预压缩，并且吹除边界层，有效提高了进气效率，节省了飞机结构重量；研发了基于 Smart 显控设备的综合化航电系统，初步实现了玻璃化座舱；同时还突破了多项技术关键。在研制过程中，杨伟全面推行成本设计，应用数字化手段和并行工程的理念，使飞机从冻结技术状态到实现首飞仅用了 23 个月，创造了当时我国军机研制的新纪录。2007 年首批交付国外用户，赢得用户高度赞誉。目前，“枭龙”飞机已完成设计鉴定并正在批量生产。

作为某型机总设计师，杨伟成功主持了飞机的方案选型与论证，提出了多种布局方案，经过十余轮方案优化，确定了飞机的技术方案。立项研制以来，他主持突破了一系列关键技术，使研制取得重大成功。

于　涛　2005 年全国先进工作者

于涛（1954.3—　），黑龙江绥化人，2005 年全国先进工作者，时任中国航空工业空气动力研究院（简称中航工业气动院）院长、党委副书记，空气动力学专家。1971 年进入国营伟建机器厂（现中航工业哈飞）当工人，后到北京航空学院进行专业学习。1980 年毕业于北京航空学院空气动力与飞行力学专业。1994 年获哈尔滨工业大学管理学硕士学位，2007 年获得北京航空航天大学管理学博士学位。于涛 1996 年任哈尔滨空气动力研究所所长，2000 年 7 月任中国航空工业空气动力研究院院长。2009 年任中航工业发展研究中心高级专务。多年来，他从事风洞试验技术研究，获得 100 多项省部级以上科技成果奖。成功研制出 RB－1 型旋转天平系统，填补了我国空白，创造的多项处于国内领先、国际先进的风洞试验技术在飞行器研制过程中发挥了重要作用。由他主持的哈尔滨低速增压风洞，被列入国家“十五”期间建设的重点实验室行列。于涛是中国航空学会理事，中国空气动力学会副理事长，黑龙江省航空学会副理事长，北京航空航天大学和沈阳航空工业学院兼职教授，黑龙江省人大代表。曾荣获 1998 年黑龙江省国防科工办优秀生产经营管理者标兵，哈尔滨市第 27、第 28 届劳动模范，2001 年哈尔滨市党风廉政建设先进个人，2002 年黑龙江省劳动模范和哈尔滨市第 29 届特等劳动模范称号，2003 年被授予黑龙江省五一劳动奖章，2004 年获得全国五一劳动奖章，2005 年被国务院授予“全国先进工作者”称号，2006 年获中航一集团航空报国杰出贡献奖。

1996 年于涛初任哈尔滨空气动力研究所所长时，正是研究所处于最低谷的艰难时期。于涛临危受命，直面挑战，凭借他的专业知识和管理才能，领导以后的气动院抢抓机遇，奋发图强，使一个举步维艰、濒临倒闭的单位，一举变成了科研实力雄厚，国内空气动力业界领先的省级文明单位标兵。几年来气动院的科研生产捷报频传，经济收入连年大幅攀升。科技成果不断涌现，已有 120 余项成果获部级以上科技进步奖。

上任伊始，于涛从发挥气动院自身的优势项目和特色技术入手，引入市场经济机制。为此他确立了“以质量求生存、以技术求发展、以服务求信誉、以管理求效益”

的方针，提出了“用项目拉动气动院发展”的策略，号召广大干部职工发扬老军工“团结进取、无私奉献”的精神，以改革为动力，努力挖掘技术储备，强化竞争意识，积极参与市场竞争，在市场中求生存、求发展。

1997年8月26日，在航天某重点型号任务的竞争中，气动院完全依靠自己的技术实力，在激烈的跨行业竞争中脱颖而出，赢得了历史上第一项重大型号项目，取得了4千多万元项目经费。作为项目的总负责人，于涛在项目的实施过程中主持了多项技术论证，使发动机进排气动力模拟等一大批国内领先的试验技术在风洞试验中得到了成功应用，在国内首次开展了风洞试验过程中发动机进排气同时模拟，是我国风洞特种试验技术的又一项突破和创新，为保证型号的顺利研制和提高FL－7风洞试验能力起到了关键作用。

在于涛的带领下，经过几年的艰苦努力，气动院迅速摆脱了困扰多年的不利局面，走上了健康发展之路，成为我国重要的飞行器研制试验基地。

为了不断拓展专业发展领域，2003年气动院和西安飞机制造公司联合签订了研制涡扇高级教练机的协议，填补了我国飞机设计和制造领域的空白，为气动院早日实现气动研究和风洞试验并重的长远发展目标拓展出了新的发展空间。

于涛始终不渝地坚持两手抓，积极建设集团文化和企业文化，用先进的文化管理气动院，2005年实现了省级文明单位标兵的奋斗目标。在气动院持续快速发展过程中，于涛强力实施“人才战略工程”。几年来，投入了几百万元经费用于人才培养，2002年气动院被国家人事部批准为“博士后工作流动站”，人才培养的经验在哈尔滨市首次人才工作会议上进行了交流。

于涛（左一）在庆祝“五一”国际劳动节招待会上与中华全国总工会主席王兆国在一起

于涛在从事繁重的管理工作之余，参加编写了《英汉空气动力学词典》，该词典获得部级科技进步三等奖。于涛作为副主编，组织我国知名专家、学者编写了国内第一部《风洞试验手册》，全书百万余字，并附有大量的图表、曲线。为了规范和统一国内风洞试验的名词、术语和代码，于涛主编《风洞试验分类（相关）代码汇编》一书，是我国风洞试验领域第一部带有标准性质的汇编。

于涛带领科技人员，经过充分论证和多年的奔波努力，在2000年10月24日，国家正式批复了气动院在哈尔滨建设低速增压风洞的总体设计方案。该项目是根据我国航空工业跨越式发展提出的一项具有战略意义的基础设施建设计划，是我国空气动力试验设备建设和空气动力发展的重要里程碑，将彻底结束我国不能自主完成所有风洞试验的历史。该风洞是世界第三座、亚洲最大的低速增压风洞，将填补我国低速高雷诺数风洞的空白，使我国低速风洞试验设备和试验技术跨入国际先进行列。作为发展中国航空工业的重要基础设施，该风洞已被列入国家“十五”期间建设的重点实验室行列。经过几年的建设，目前该风洞已经基本竣工。

在项目实施建设过程中，于涛担任总指挥，通过对国内外风洞的大量调查研究和艰苦努力，提出了增压风洞建设实施途径，确立了内外结合、专家把关的设计、建造路线；在项目重大设计把关上解决了很多关键问题，如：收缩段收缩曲线的选择、试验段扩散角的设计、蜂窝器的设计计算等。

张新国 2005年全国先进工作者

张新国（1958.11— ），陕西乾县人，2005年全国先进工作者，时任中国航空工业第一集团公司西安飞行自动控制研究所（现中航工业西安飞行自动控制研究所，简称中航工业自控所）所长。1982年毕业于西北工业大学，1995年获北京航空航天大学飞行器控制、制导与仿真专业博士学位，2006年获西安交大管理学博士学位。1982年分配到航空工业部第618研究所（现中航工业自控所）工作，曾任课题主管、专业组长。1990—1991年作为访问学者赴英国索尔福德大学进修。1991年任自控所飞行控制系统研究室副主任、主任，1996年任副所长，2001年任所长、党委副书记、总工程师、科技委主任等职，是享受国务院特殊津贴专家。2006年8月任中国航空工业第一集团公司副总经理，2008年任中国航空工业集团公司党组成员、副总经理。张新国在自控所期间，作为导航、制导与控制专业学科带头人，先后参与/主持多项国家重点工程及重大基础课题研究，是我国先进战机电传飞控系统技术的主要开创者与完成者之一，多项研究成果填补了国家空白；在管理上坚持自主创新，取得显著成效。曾荣获国家科技奖、国防科技奖和省部级科技奖数十项，四次荣立个人一等功；获得国防科技工业、航空工业、陕西省有突出贡献中青年专家；荣获陕西省十大杰出青年、全国留学回国人员成就奖、陕西省廉勤兼优领导干部、中央企业劳动模范、全国文化管理企业家奖、中国一航优秀领导干部、航空报国杰出贡献奖。2005年被国务院授予“全国先进工作者”称号。

1982年，从西北工业大学毕业的张新国，被分配到航空工业部第618研究所，在飞行控制研究部任设计员，幸运地加入了刚刚成立的主动控制技术验证机某型单轴电传飞控技术预研课题组，从事系统控制律的设计，这一机遇使他成为国内在该技术领域的探路者之一。参加工作的第三年，他与同事合作撰写的论文《数字式电传飞控系统控制律设计》被录入《中国航空科技文献》。1990年该项目成功实现首飞，填补了我国在该技术领域的空白，获航空航天工业部科技进步一等奖。

在承担某型验证机项目的同时，1986年，张新国主持了低空突防飞控系统的方案论证，并担任该课题主管；1987年又担任了机载CIMS项目副总设计师，主持总体方案

张新国（右一）在工作现场

的论证和规划，组织项目开发实施，在其后10年的工作中，该课题的研究成果在飞控工程研制中得到了广泛应用，获得1997年度部级科技成果一等奖。

1991年，张新国留学期满，谢绝国外高薪聘请，毅然回国，立刻投入某型三轴数字电传飞控系统研究，担任了项目的主任设计师，并承担多模态三轴控制律的设计。该系统于1996年实现首飞，使我国在主动控制技术领域达到了国际先进水平，先后获得国防科技成果一等奖和国家科技进步二等奖，并荣立个人一等功。

张新国同时担任了某型飞控系统副总设计师，一方面主持高难度飞控计算机和综合式伺服作动器等子系统的国内研制，另一方面执行对外方技术谈判和技术合作任务。在工程研制的后期，他又领导课题组攻克了主控阀组件等非技术转让的高难度项目，使得新歼飞控系统全面实现了国产化。2000年国产化新机又一次成功首飞，标志着数字电传飞控系统在国产飞机上正式形成装备，张新国荣立一等功。

张新国先后被西北工业大学、北京航空航天大学、南京航空航天大学等三所大学聘为兼职教授、博士生导师，近10年来共培养了博士后、博士、硕士研究生30多名。

2001年2月，张新国担任了自控所所长、总工程师、党委副书记。面对繁重的科研生产任务，他提出“以重点型号工程任务为中心，以技术进步和产业升级为手段，以专业融合和资源融合为转折，以管理创新和企业文化建设为牵引，以实现我所跨越式发展为目标”，“建立适应市场经济要求的经营机制，对内加速模拟企业化运行，对外大力组织外协和社会化生产，形成高效率、高效益、高层次的哑铃型科技企业模式”。产品配套已涉及11个地区16个单位的20多类产品，为自控所13个系统/分系统配套，联合生产5年增长11倍，生产协作网发展扩大到10个省、市、地区近25家主要联合生产厂、所。2005年所外与所内加工量比达到6:4。

张新国主持了自控所“八五”以来的各项预研工作，在导航、制导与控制专业的许多前沿领域取得重大突破。作为国家重大项目某无人机自主飞控技术研究的课题组长，在研制中发挥了技术带头人作用。作为所长和总工程师，他对全所承担的28个机种、导弹的29项重点工程及“十五”预研的制导、导航与控制负技术和行政双重责任，并且取得了重大突破性进展。

张新国在担任所长后，把提升管理水平作为实现跨越式发展的基础战略，对全所干部进行了30余项系统的管理知识培训。同时积极推动网络信息化建设和科研、生产、物资供应等各项业务的流程再造，进行资源整合和精化分立，取得了显著成效，为整个行业的改革探索出一条新路，得到了集团公司和陕西省的认同，成为陕西省制造业信息化首批示范企业。

作为自控所的管理负责人，通过采取对内整合资源，对外开放经营，实施流程再造，重视团队建设和企业文化，加速信息化建设等管理创新手段，使自控所产品交付连续以30%～50%的速度增长，2004年总产值实现7.6亿元，是2001年的2.7倍，人均产值突破45万元。固定资产投入与产值比也由0.66上升到1.12，上缴费用和职工收入都在成倍增加。

刘井宏 2006年全国优秀党务工作者

刘井宏（1963.12— ），辽宁凌源人，2006年全国优秀党务工作者，时任北京航空材料研究院（现中航工业北京航空材料研究院，简称中航工业航材院）党委书记。1989年7月大连理工大学金属材料与热处理专业硕士研究生毕业后分配到航空航天工业部第621研究所（现中航工业航材院）三室从事金属材料及热处理研究工作。在航材院工作期间，历任航材院研究室党支部书记、技术开发处副处长、人劳处处长、党委副书记、党委书记兼副院长。2006年9月调任中国航空工业第一集团公司人力资源部部长，2008年9月任中国航空工业集团公司人力资源部部长，2008年12月兼任北京云湖度假村有限公司董事长，2010年2月任中国航空工业集团公司副总经济师兼人力资源部部长，享受国务院特殊津贴，2011年12月任中国航空工业集团公司总经理助理。刘井宏任党委书记后，坚持用先进的管理思想和方法不断创新党建、思想政治工作和文化建设，大大提高了航材院党建工作水平。航材院先后获得全国企业文化建设先进单位、思想政治工作先进单位称号，刘井宏本人也荣获中国航空工业总公司“优秀党员”、中国航空工业第一集团公司优秀党务工作者、优秀思想政治工作者、人才工作先进个人、优秀领导干部、航空报国杰出贡献奖、中国航空工业集团公司总经理特别奖、中央企业工委优秀党务工作者等荣誉称号。2006年被中共中央组织部授予“全国优秀党务工作者”称号。

1989年7月，刘井宏于大连理工大学毕业，到航材院结构钢及金属热处理工艺研究室从事金属材料及热处理研究工作。为完成某重点课题任务，他无暇顾及有孕在身的妻子，在沈阳飞机制造公司（现中航工业沈飞）跟产数月。从事科研工作。他严谨、肯钻研，具有出色的科研业绩和睿智的组织才华。1991年，刘井宏被任命为研究室党支部书记，成为航材院最年轻的中层领导干部。

1992年1月，刘井宏被选派到河南长垣县进行技术扶贫和挂职锻炼。在担任科技副县长期间，针对该县地理位置偏远、信息不灵、企业缺乏可发展项目等实际情况，他带领人员跑项目、谈合同，开展实地调研和协调工作。并积极参与新城区开发过程中拆迁、征地等一些难度较大的工作，耐心细致地做好群众的思想工作，受到当地群众的好评。

1994 年 2 月，刘井宏回航材院，1997 年任院党委副书记，1999 年任党委书记，2000 年任党委书记兼副院长。

刘井宏任党委书记后，坚持用先进的管理思想和方法不断创新党建、思想政治工作和文化建设，倾心打造“数字党建”、“亲情文化”、“和谐高效”等新思路，创造性地将基层党建、思想政治工作和文化建设融入科研生产，融入管理，有效地促进了航材院持续、健康、快速发展。他探索并实施党员代表常任制，充分发挥党员代表在党代会闭会期间参政议政作用。将六西格玛等先进管理思想与方法运用于党建工作中，大力倡导用数据说话。

作为党委书记的刘井宏在工作中十分注意与院长的充分沟通，倾心致力于领导班子建设，注重发挥领导班子的整体功能，提出要像爱护眼睛一样维护领导班子的团结。他从制度建设入手，组织修订了《党政领导合作共事“十条原则”》，要求两级领导班子成员都要在“十条原则”下合作共事，并将领导班子民主生活会作为检验班子建设的重要载体。在这种思想影响下，在党政一把手的密切配合下，院领导班子做到了同心、同力、同声、同步、同德，院领导班子连续三年获得集团公司“优秀四好领导班子”称号。

作为党委书记、人事副院长，刘井宏还十分重视选人育人，不仅注重人的学识能力，更注重人的个性特征及其岗位适应性。2002 年 1 月，航材院首次在全院范围内公开竞聘 41 个中层管理岗位。面对改革中的不理解和埋怨情绪，刘井宏亲自作动员，讲政策，讲大局，讲发展。在他的直接领导下，航材院人力资源部协同专业咨询公司按照

刘井宏工作照

“公开、公正、公平、竞争、择优”的原则，对院内81名通过资格审查的员工经过笔试、面试等公开竞聘程序，对每位竞聘者分别进行了职业技能、个性特征及其岗位适应性的综合测评。通过中层管理者的全员下岗、公开竞聘、择优上岗，不仅为院的人事制度改革开了一个好头，也使航材院彻底打破了传统意义的选拔与任用干部的机制，实现了“由相马变赛马”的新机制，干部职工的思想观念从“要我干”彻底转变为“我要干”。院人事制度改革也逐步深化。为加大对在职人才的培养，刘井宏亲自与清华大学等领导沟通，连续开办“材料工程”等专业的硕士学位班，培养了青年人才。

作为党委书记，刘井宏与院长一道积极倡导培养以良好工作习惯为核心的组织文化，为全院干部职工努力创造温馨和谐、心情舒畅的工作和生活环境。航材院先后获得全国企业文化建设先进单位、中央国家机关文明单位、思想政治工作先进单位和人才工作先进单位等一系列荣誉称号。

2006年调任集团公司工作后，刘井宏科学规范、创造性地开展人力资源管理与开发工作，为集团战略落地、持续改革提供了有效的人才支撑和组织保障。他根据中航工业改革发展的需要，紧紧围绕集团发展战略，努力构建战略人力资源开发管理体系。圆满完成集团公司重组后总部组织机构设置和人力资源整合工作，构建完善了集团重组（整合）后的中航工业人力资源工作体制和管理制度体系，构建了三级干部管理新体制；组织编制、下发了集团公司“十二五”及中长期人才发展规划，全面实施集团各类人才的教育培训及国际化人才培养；积极组织开展领导班子集中全面考核和后备干部的选拔培养，开展集团公司全球招聘高管，加大领导人员竞争性选拔力度，努力提高选人用人满意度，促使一大批1970年、1980年以后出生的优秀年轻干部脱颖而出。同时，在全集团正式启动企业年金制度，进一步完善集团公司总部选录人员机制，探索建立与市场接轨的薪酬分配体系，为集团战略落地、改革的深入及文化的融合提供了有效的人才支撑和组织保障。

庞　建　2006年全国优秀党务工作者

庞建（1956.11—　），河南通许人，2006年全国优秀党务工作者，时任哈尔滨飞机工业（集团）有限公司（现中航工业哈尔滨飞机工业（集团）有限责任公司，简称中航工业哈飞）董事长兼党委书记。1992年9月加入中国共产党，大学学历，社会科学研究员职称。1974年12月—1979年8月，在黑龙江省哈尔滨市阎家岗农场任知青、教员，1979年8月—1981年8月，在伟建工学院中师班学习，毕业后被分配到国营伟建机器厂（现中航工业哈飞）工作。1981年8月—1999年12月，先后担任哈尔滨市162中学的教师、教导主任、副校长、第一副校长、党支部书记兼校长。1999年12月任哈飞集团公司党委宣传部部长、统战部部长；2000年6月任哈飞集团公司党委副书记兼工会主席；2004年4月在哈飞公司与东安公司整合期间任哈航集团公司党委副书记兼工会主席、副总经理；2006年1月，任哈航集团公司副董事长、党委书记；2006年12月任哈飞集团公司董事长、党委书记。2009年3月调中航工业规划建设公司工作。庞建从事党务工作多年，始终围绕企业发展和职工根本利益开展党建工作，促进了企业的发展和稳定，赢得了职工群众的尊重和信任。庞建先后荣获哈尔滨市第27届劳动模范、哈尔滨市厂务公开优秀个人、中航第二集团公司先进工会干部、哈尔滨市优秀党务工作者、黑龙江省企业民主管理优秀党委书记，2006年被中共中央组织部授予“全国优秀党务工作者”称号。

庞建具有很强的学习能力、工作能力，有比较深厚的理论功底和创新精神。在担任哈飞集团公司党委宣传部部长期间，提出并坚持“内鼓士气、外树形象”的工作原则和“严谨、务实、向上、创新”的工作作风，做好职工形势任务教育、舆论监督和思想政治工作，组织开展企业精神文明建设活动。他十分注意抓好公司主产品的广告宣传工作，积极协调，科学管理，超前思维，主动策划，改变了过去产品宣传工作中存在的“轻、散、乱、差、少”局面，使哈飞松花江系列汽车响彻大江南北。他注重抓好公司闭路电视、报纸等宣传阵地的建设，不断增加经费投入，围绕中心，面向一线，服务职工，发挥作用，提高了企业办报水平和宣传工作的战斗力，大大提高了哈飞公司的内外形象。他重视精神文明建设的各项工作，积极推动组织协调，抓好落实，

庞建（右一）陪同李源潮同志（中）视察工作

由于公司获全国精神文明创建工作先进单位称号。他还十分注意抓住职工中的热点、焦点和难点问题，有针对性地开展职工思想政治工作。担任公司党委副书记和工会主席期间，他先后主抓工会、宣传、团委和组织工作，工作量很大，但他把工作做得井井有条。在兼任集团公司工会主席的5年半时间里，他提出了“围绕中心，服务大局、突出维护、促进发展”的工会工作思路，提出了新时期企业工会工作应遵循的基本原则，要求各级组织和干部要始终心里装着群众，关心职工的疾苦，努力为职工说话、办事，排忧解难。针对职工普遍反映的职工患病住院看病贵，看不起病的问题，他经过组织调研，推动公司、工会和职工个人出资共同成立了《职工爱心医疗互助基金》，减轻了患病职工的负担，受到职工的欢迎。

庞建主抓党委组织工作时，十分注意加强党员、干部队伍建设和各级领导班子建设，不断深化公司内部干部制度改革。他坚持把党管干部原则同董事会、总经理依法和按程序行使干部任免权有机结合起来，按照干部“四化”方针和德才兼备标准，着眼于企业长远发展的要求，特别注意把那些政治素质好、懂经营、会管理，“靠得住、有本事”的优秀中青年干部选拔到各级领导岗位上来。起到了“用好一个人，带动一大片”的效果，为促进企业发展提供了组织保证。同时，组织制定并按照《哈航集团公司领导干部管理工作暂行规定》的要求，对各单位干部职数进行核定，对各级领导班子、中层干部进行了合理调配。他十分注重加强职工民主评议干部工作的组织和评议后的意见转达，认真组织对不称职率较高的干部进行考核，不断加大干部的调整工作力度，使干部队伍始终充满活力。为确保党组织有效参与重大问题决策，他组织完善了党组织参与决策的制度和程序；发动广大党员、干部和职工认真贯彻党政联席会的决议、决定，推动公司的改革发展。他带头执行党风廉政建设责任制，带头抓好党风廉政建设和廉洁自律工作，受到了职工群众的尊重。

2005年，庞建作为哈航集团先进性教育活动领导小组的常务副组长，组织先进教育办公室，紧密结合企业实际，扎实有效地推动先进性教育活动，使哈航先进性教育活动取得了一系列的实践成果、理论成果和制度成果，群众满意率达99.08%。

庞建任哈飞公司董事长、党委书记期间。注意发挥党委的政治核心作用，提出了“三力三发展”的党委工作思路，即“努力提升能力谋发展，激发活力促发展，增强合力保发展，始终围绕企业发展和体现广大职工的根本利益开展党建工作”。积极推进主辅分离，辅业改制工作。公司有12家子（分）公司成功进行了改制，改制分流职工2300多人，从而使这些企业走向了良性循环。相继组织开展了“学党章，守党章”活动，“践行企业文化走在前”活动，“争先锋，做表率”党内主题实践活动，干部述职述廉活动和质量效能监察活动以及“走访慰问送温暖”活动等，在党员、干部职工中产生了较大的反响，促进了公司的发展和稳定，赢得了职工群众的尊重和信任。

吴大观 2009年全国优秀共产党员

吴大观（1916.11—2009.3），江苏镇江人，2009年全国优秀共产党员，航空发动机专家，时任中国航空工业第一集团公司科技委常委、顾问。1942年在贵州大定第一航空发动机制造厂任技术员。1944年在美国莱康明发动机厂、普·惠航空发动机公司等企业学习。1947年回国到航空发动机制造厂广州分厂做筹建工作，后任北京大学工学院机械系讲师。1948年在华北人民政府企业部工作并参加了对北平的接管。1949年调重工业部，任航空筹备组组长、航空工业局科长、处长。1957年赴沈阳航空喷气发动机厂（现中航工业黎明）组建发动机设计室，任主任。1961年被任命为国防部第六研究院第二研究所（现中航工业动力所）技术副所长。1972年起任所革委会副主任、主任，党委副书记；国营黎明机械制造厂（中航工业黎明）革委会副主任、主任、党委副书记。1977年底调任国营红旗机械厂（现中航工业西航）副厂长兼设计所所长。1982年起先后任航空工业部、航空航天工业部、航空工业总公司、中国航空工业第一集团公司科技委常委、顾问。2009年3月因病去世。

吴大观是我国航空工业和航空发动机设计研制事业的主要创始人之一。他毕生致力于适合我国国情的新型航空发动机研制方法和程序的研究，主持研制多种型号的发动机，并培养了几代专业人才。吴大观具有坚定的政治信念，从20世纪50年代起，坚持每月上缴100元党费，直至去世前。在生命的最后一刻，他要求家人将一生储蓄的一半——10万元用于缴纳党费。他多次向“希望工程”和母校以及社会慈善机构捐款，他一生用行动实践“人生是施与不是索取”的人生格言。1990年获国家级有突出贡献的专家称号，1992年被授予航空航天部有突出贡献的老专家称号，1993年被国家人事部定为暂不离退休的专家。2009年7月2日，中共中央组织部追授吴大观同志“全国优秀共产党员”称号。

主要事迹见《中国航空工业人物传·专家篇①》。

李先哲 2010年全国劳动模范

李先哲（1966.5— ），山东掖县人，2010年全国劳动模范，中航工业哈尔滨飞机工业（集团）有限责任公司（简称中航工业哈飞）副总工程师。1987年于西北工业大学飞机系空气动力学专业毕业后，分配到哈尔滨飞机制造公司（现中航工业哈飞）工作。2000年6月加入中国共产党。2000年9月获研究员级高工。1987年7月—1997年先后任飞机设计所一室、十一室设计员；1997年10月—2000年7月，先后任飞机设计所十一室、一室主任；2007年7月，任飞机设计所一室副总设计师兼主任；2000年9月—2008年2月，任飞机设计所定翼机副总设计师、总设计师；2008年2月，任公司副总工程师兼定翼机总设计师；2009年8月任公司副总工程师。是国防科工委航空器总体和结构标准化技术委员会专家组成员。李先哲1987年以来，一直从事运12系列机的设计研发工作，先后获得中国航空工业总公司科技进步三等奖3项，中国航空工业总公司科技进步二等奖1项，中航二集团科技进步一等奖1项，立个人一、二等功各1次，获中航二集团总经理鼓励奖1次，哈尔滨市第32届劳动模范，2009年黑龙江省劳动模范，2010年被国务院授予“全国劳动模范”称号。

李先哲在运12系列机设计研发过程中，他潜心钻研，虚心求教，很快成为民机总体设计、气动力设计、飞行品质分析、适航验证技术领域的专家，研究成果在第四届中俄气动年会上宣读，受到中外专家一致好评。在从事运12系列飞机设计研发的长期工作中，面对国际上激烈的航空市场竞争，他坚持走自主创新之路，认为“没有创新和新技术的应用，不可能研制出真正有市场竞争力的产品”。在运12Ⅳ型飞机取FAA型号合格证期间，该型机完成了国际上尚无飞机进行的结冰尾翼适航验证，使中航工业哈飞成为国内唯一掌握此项高难度、高风险验证技术的航空企业。他参与和主持设计的运12系列飞机，现已成为我国民机适航水平最高、出口量最大、性能最稳定的飞机。在研并成功首飞的新一代涡桨通用支线运12F飞机，是运12系列飞机的跨代之作，集中采用当代先进技术，完全自主研发、拥有自主知识产权。

李先哲在运12F飞机设计上，大胆采用计算流体动力学（CFD）技术应用于飞机总体气动布局优化，使中航工业哈飞的气动力设计水平跨入同行业先进行列，并节约试验费用近400万元。2005年，他承担了运12F型号研制的全面工作，该型号研制任务重、时间紧，工作量大。他身先士卒，带领设计团队完成设计、工程出图和工艺准备、研制与试制并行阶段，连续迈出三大步。推行“损伤容限”设计方法，此设计方法是国产轻型运输机的新课题，在国内轻型民机设计研发尚属首创。在他的带领下，参研团队经过一年半的努力，克服重重困难，掌握了结构损伤容限设计、分析、试验和验证方法，多项关键技术取得突破，验证方法得到美国FAA适航当局的认可。他组织建立了型号设计规范，适时引入计算流体动力学仿真、液压系统数值仿真、电磁兼容数值分析及损伤容限分析软件，积极采用飞行仿真等先进设计分析方法，组织攻克了如“运12F容限设计分析”、“计算流体动力学”等多项技术关键。先进技术的引进和创新应用不仅缩短了飞机研制周期，降低了大量科研费用，还提升了团队自主创新能力和企业核心竞争力。他带领的运12设计团队，近几年取得17项省、市、国家科研成果和3项国家专利。

“型号设计顶层文件”是型号设计的行为规范和基本依据，是设计意识和思维方式的具体体现。当时哈飞还没有一套属于自己的、完善成熟的产品研制顶层文件体系用于指导新飞机的研制工作。在李先哲的积极努力下，经过系统定义、初步设计和详细设计阶段的不断修订，建立了比较完善的飞机设计技术规范，为编制产品技术说明书和规范生产产品打下了良好的基础，填补了公司型号设计顶层文件空白。吸取以往运12飞机适航验证初期的不足，在运12F飞机设计之初就把适航审定基础、验证方法、

李先哲（右三）同运12F飞机试飞人员合影

验证计划确定下来，在设计全过程中遵循，为运 12F 飞机适航验证工作的顺利开展铺平了道路。同时，在运 12F 设计初期，引进可靠性、维护性理念，使飞机日后更便于用户维护，缩短了维护时间，为该机的商业成功奠定了良好基础。

作为专业技术带头人，李先哲注重专业基础建设，倡导设计人员进行知识储备，并且注重储备的广度和深度，创造民主论证的学术氛围，为推进飞机设计研究的技术进步和数字化设计与应用做出了突出贡献。2008 年 2 月，兼任公司副总工程师后，他积极推进现代项目管理和系统工程管理思想，加强项目风险管理，强化设计、工艺、生产、供应部门之间的相互沟通，努力降低设计成本、采购成本和生产成本，提高资金利用率，使运 12F 飞机实现整机成本下降 260 余万元，具有较好的性价比，商业前景十分广阔。

李先哲在型号研制的关键时期，恰逢其爱人患病住院，他只在手术当天陪护在爱人身边，其余时间一直坚持工作在现场和一线，利用早晚业余时间到医院去探望。近几年来，为工作“加班”、“加点”对他来说已成为生活中的常事。2007 年 5 月进行风洞试验最为关键的几天，他甚至吃住在风洞试验现场，与气动专业设计人员一起，现场发现问题，现场解决问题，为运 12 系列飞机科研胜利打下了扎实的基础。

李志瑶 2010年全国劳动模范

李志瑶（1964.11— ），湖南邵东人，2010年全国劳动模范，中航工业贵州安大航空锻造有限责任公司（简称中航工业安大）锻造工段长，国家高级锻造技师。1984年毕业于贵州安大航空技工学校锻造班，同年8月到国营安大锻造厂（现中航工业安大）当上了一名锻造工人。李志瑶具有丰富的现场生产经验，对各种材料锻造特性有着自己独到的见解。他曾参与多项新工艺研究，其中安装边整体锻造等3项工艺在国内首次提出并应用，填补了我国在该领域的空白；他参加了多个国家重点型号发动机用新材料的研制工作，在试生产中为各科研院所的专家提出了很多合理化建议，为这些材料早日实现工程化应用打下了坚实基础。2006年获中国一航航空报国优秀贡献奖；2007年获贵航集团力克百亿突出贡献奖；2010年被国务院授予“全国劳动模范”称号，同年被评为贵州省有突出贡献高技能人才；2011年获中航工业航空报国突出贡献奖；2011年6月荣获贵州省首席金牌员工称号及贵州省五一劳动奖章。

李志瑶从1984年来到国营安大锻造厂当上锻造工起，在这苦、脏、累、险的岗位上一干就是29年。

2000年，国营安大锻造厂自由锻分厂的主力生产班组锻造一班，由于种种原因生产始终达不到公司要求，产值上不去，质量无保证。在这困难面前，李志瑶被推上了兵头将尾的“领导”岗位。上任后，李志瑶首先进行“我爱航空事业”的基础教育，提高每一位班组成员的思想素质，同时进行业务培训，提高生产技能。在他的带领下，锻造一班人气日旺，精神面貌得到了彻底的改变。全班人员克服困难，顽强拼搏，努力工作，月月超额完成任务。也正是从这一年起，锻造一班年年被评为公司级先进班组。

2005年是“十五”规划的最后一年，是中国一航贵州安大航空锻造有限责任公司（现中航工业安大，简称安大公司）重点型号的决战决胜年，也是抓住机遇寻求发展的关键一年，自由锻分厂承担了1.9亿元产值的任务。时任自由锻分厂220#厂房工段长的李志瑶为满足产品配套要求，发扬了敢打硬仗、连续作战的工作作风，他不辞辛苦，不计报酬，经常加班加点工作，对特别急的任务，甚至实行了料不落地，料到装炉，任务不完不下班，表现出了高度的主人翁责任感。李志瑶所带领的一班单月产值在1000万以上的就有7个月，创造了单月产值突破5000万元的纪录。锻造一班11个月完成产值达1.2亿元，合格品率为99.74%。

在生产过程中，由于原材料多为高温合金、钛合金等贵重金属，价格不菲。如何精化锻件、节约材料成本成了当务之急，为此李志瑶认真消化图样、工艺规程等技术文件，与技术人员共同讨论锻件的节材方案。他采用减小冲孔底片厚度、按锻件公称尺寸控制、合理安排工艺流程等手段，与工艺室的技术人员逐一测量每支棒料的规格，并根据实测规格进行套材下料，降低原材料的定额消耗。在科学、合理节材的同时，根据实测尺寸情况对锻件进行二次节材，充分挖掘节材潜力。据统计，仅此一项，每年就为公司节约原材料资金380余万元。

安大公司重点型号生产任务十分繁重，李志瑶所在的自由锻分厂承担了多个重点型号机型的坯件研制生产任务，产品任务量每年多达300余项，这些产品的材质大多数为高温合金、钛合金，锻造工艺性差，生产难度大，而生产进度特别急，生产又很不均衡，大量生产任务集中在李志瑶所在的锻造一班，这为组织生产带来了诸多困难。

为了按期完成重点型号产品任务，李志瑶带领一班迎难而上。在生产中，高温合金、钛合金等产品容易“出伤”，为了抢进度，缩短产品生产周期，他就带头趁热对锻件进行修伤打磨；由于设备满负荷生产，加上设备老化易出现故障，又是他带头加班加点，冒着高温抢修排故，保障正常生产。

李志瑶工作照

2007—2009 年 3 年里，他带领班组共完成国家重点型号任务约 6000 件，累计完成产值 11.4 亿元，为国防工业的建设做出了重大贡献。

作为一名国家高级技师，李志瑶有着丰富的现场生产经验，他对各种材料锻造特性有着自己独到的见解。他曾参与多项新工艺研究，其中安装边整体锻造、低压涡轮轴整体锻造、地燃机用大型盘件轧制 3 项工艺在国内首次提出并应用，填补了我国在该领域的空白。

李志瑶和同事们在科研课题攻关方面积累了丰富的经验和雄厚的技术基础，多次成功地完成了国家及省部级重大项目，尤其是在各种高温合金、钛合金锻造的研发及应用领域居于国内领先地位。安大公司针对重型燃机制造所需的两大核心关键件压气机盘和涡轮盘锻件的制造瓶颈难题，开展了盘形锻件轧制技术研究。李志瑶和同事们一道集体攻关，通过对 3 米轧环机进行轧盘装置的改造，实现了使用轧环机进行轧盘的技术突破，在国内首次成功轧制出了普通材料和不锈钢材料的盘形锻件。在高温合金、钛合金锻造、异形环锻件辗轧等方面拥有较强的技术优势和自主知识产权，并被定点为中国航空工业环形锻件制造中心和贵州省高新技术企业。

李志瑶和同事们通过开展大型盘件轧制技术研究，在盘件制坯、成形技术、热变形流变应力数学模型的建立等方面取得了突破性进展。该项目已申请专利 10 项，其中已获得专利权 4 项。他参与的“高温合金变截面长轴类大锻件坯料的局部加热电炉”和“轧制成形的大中型对称空心盘型锻件”先后获得国家实用新型专利证书；他参与的“不锈钢异形环锻件的辗轧成形方法”获得了国家专利；他参与的“TB6 钛合金材料应用研究”、“大重型盘形锻件精密轧制技术产业化技术研究”获得安大公司 2007—2008 年度科技进步一等奖。

梁晓庚 2010 年全国劳动模范

梁晓庚（1960. 6— ），河南孟县人，2010 年全国劳动模范，中国空空导弹研究院（简称中航工业导弹院）副总工程师，某重点型号导弹总设计师。1982 年毕业于西北工业大学。同年，被分配到航空工业部 612 所从事导弹飞行控制的研究工作。1986 年重回西北工业大学攻读硕士学位，3 年后以优异的成绩毕业。1992 年攻读导弹控制专业的博士学位，1995 年获得博士学位。先后任导弹院总体部副主任、某型号副总设计师、014 中心副总设计师、某重点型号总设计师，研究员职称，是享受国务院特殊津贴专家。梁晓庚全程参与多种型号导弹的研制工作，成功填补了国内数控导弹的空白，主持了数项国家预研、行业预研项目的研究。梁晓庚于 1996 年被中国航空工业总公司授予部级突出贡献青年专家称号，2001 年后先后被评为河南省国防科技工业系统先进工作者、全国国防科技工业系统劳动模范、全国五一劳动奖章、国防科技工业百名优秀博士、硕士荣誉称号，航空报国优秀贡献奖。2004 年 3 月获得国家科技进步一等奖。2010 年被国务院授予“全国劳动模范”称号。当选为河南省第九届、第十届人大代表。

从大学毕业进入工作岗位，梁晓庚全程参与多种型号导弹的研究。从一个普普通通的设计人员到某重点型号的总设计师，每走一步，他都付出了巨大心血，流下了无数辛勤的汗水。30 多个春夏秋冬，他牺牲了几乎所有工作时间之外的娱乐，拒绝了来自国内外的高薪诱惑，用“每周 10 个工作日”的精神，把自己最美好的青春年华都献给了为之奋斗的事业，终于成功填补了国内数控导弹的空白。

数控导弹是西方尖端的高新军事技术之一，但在当时的国内还是一个空白。要掌握这一技术，需要以集体的智慧，做大量复杂的工作。从技术上讲，要上这种控制方案，一切都要从零开始。组织上对梁晓庚很信任，老领导金先仲副院长亲自挂帅为他保驾护航，吴催生、张同贺、贾晓洪等这样的骨干做他的搭档，全院上万只眼睛都在殷切地注视着他，年轻的梁晓庚深深地感受到了这副担子的分量。

梁晓庚和他的搭档们通过查找国内外资料，借鉴过去导弹研制过程中的经验与教训，熬过无数个不眠之夜，历尽辛苦，终于制订出一套科学而切实可行的实施方案。该方案被研究院专家所认可。

梁晓庚和他的同事们依托现有技术条件，首先选用工控机代替弹载计算机进行信号处理，两个月后机器顺利地按照人的意志转动起来。工程样机在地面上绕飞，满足探测灵敏度要求，截获稳定，跟踪平稳。紧接其后的一系列试验，都取得了成功！研究工作进行得比较顺利。在一片赞誉声中，该型号导弹的研制被纳入国家高新计划。

然而意想不到的事情发生了，首次空中发射失利！失败的阴影笼罩着型号线上的每一个人，梁晓庚和他的搭档们通宵达旦地一遍遍地分析数据、查找资料、反复验算、讨论和试验。最后他们的结论是：新型制导导弹的总体方案是正确的，试验失利表明了设计还存在着某些不足。在讨论新型制导导弹的后期试验要不要继续下去的专家会上，梁晓庚平心静气地回答了专家们的种种质询，诚恳地陈述试验进行下去的必要性和取得试验成功的各种有利条件。经过几个小时的“舌战群雄”，专家们被说服，同意恢复后期的试验工作。

梁晓庚对这个失而复得的机会十分珍惜，经过精心组织，空中靶试终于取得成功。

整整 5 年的风雨兼程，经过全体参试人员的合力攻关，从工控机到台式计算机到嵌入式芯片计算机最终装入弹体，从“谐振”被忽略到动态修正体系的调试成功，从试验弹和实弹应用软件的各自独立到完全兼容，每一个问题的出现所伴随的都是繁重的计算和测试，梁晓庚总能敏锐地预见到问题出现的症结所在，并和大家一起用最短的时间修正错误。

梁晓庚工作照

参加工作近30年来，梁晓庚一直就是在吸收、消化、运用国际先进技术中忙碌着。他一直战斗在关键岗位上，取得了让人刮目相看的业绩。他首次创造性地提出与武器控制系统相适应的多模制导规律，为新型武器制导控制系统的研制探索了一条可能的途径。他研制的仿真系统总控制台的电控部分，为武器的研制提供了必要的试验手段。到目前为止该设备已经完成多种武器的仿真任务。在三通道脉冲调宽控制系统建模与仿真研究工作中，他负责控制系统六自由度数学模型的建模和部分仿真研制工作。在工程配套专用测试设备研制工作中，负责试验台的调试、试验交付，缩短了研制周期并为国家节约研制经费数十万美元。他主持了国产支线客机“运7－200A”襟翼分挡控制装置的方案设计，成功地解决了相关的适航问题。他还主持了数项国家预研、行业预研项目的研究。

梁晓庚一直活跃在我国导弹研究的最前沿，近年来共发表论文和研究报告50多篇。获得省、部级科技成果奖5项；荣立部级一、二、三等功各1次；获国家专利3项。同时，他还是军工系统最年轻的仿真专家组成员。

刘时勇　2010 年全国劳动模范

刘时勇（1969.6— ），四川仪陇人，2010 年全国劳动模范，中航工业成都飞机工业（集团）有限责任公司（简称中航工业成飞）部装厂飞机铆装钳工，高级技师，歼 10 飞机 1 号油箱段产品线负责人。1988 年 11 月参加工作，1992 年 11 月加入中国共产党。刘时勇爱岗敬业，勤奋好学，勤于琢磨，勇于创新，在歼 10 飞机和“枭龙”飞机的试制生产中，攻克了一个个技术关键，解决了一道道试制难题，1998 年获歼 10 飞机 01 架原型机首飞中国航空工业总公司个人三等功。2002 年获成都市青年岗位能手。2004 年获全国国防邮电工会岗位创新能手、全国技术能手、全国五一劳动奖章。2008 年获得国务院政府特殊津贴。2010 年被国务院授予“全国劳动模范”称号，同年参加了中航工业劳模考察团赴法国调研学习。

刘时勇 1988 年进入成飞公司部装厂，先后参与了歼 7 系列飞机后机身结构装配制造、干扰弹箱改装、“枭龙”飞机 1 号油箱段、中机身段、后机身段及歼 10 飞机 1 号油箱段结构装配工作。

刘时勇爱岗敬业，勤奋好学。只有初中文化程度的他，为了适应工作岗位的需要，他积极参加公司举办的各种职业技术培训班学习。为了保证学习质量，他努力克服自己文化基础差给工作和学习带来的困难，坚持白天工作、晚上上夜校，很多时候都是加班到很晚了还坚持要消化当天上课所学习的内容。功夫不负有心人，通过自己的努力，刘时勇先后完成了职业技术初级、中级到高级专业班的培训学习，取得了成飞技校的初、中级技术证书和高级技术证书。

刘时勇在工作中一丝不苟，勤于琢磨，勇于创新。他先后进行飞机装配技术革新 20 多项，为公司创造直接经济价值近 5 万元，特别是在歼 10 飞机 1 号油箱段的生产中，他以其丰富的操作经验和职业意识，及时发现油箱炮梁工装定位错误，并向有关技术部门汇报，仅此一项就为公司挽回经济损失近万元。歼 10 飞机研制过程中，后机身急需进行“瘦身手术”减重，整个过程需要对飞机某机加框进行整体拆换，并要求按原有技术状态要求换装一套试验框。更换过程中，如何确保发动机吊挂梁交点孔与试验框上协调孔保持同轴同心成了此次“瘦身手术”的关键工序。在发动机吊挂梁交点孔已经成为状态固定的终孔的条件下，如果操作上稍有失误便会产生错孔质量问题，甚至影响到飞机“瘦身手术”的成败。面对困难，刘时勇开动脑筋，开始琢磨起试验加工方案。一次一次改进加工方案，一次一次修正操作细节。最终，刘时勇协调工艺特制钻孔工艺衬套压入吊挂梁交点孔，采取一次钻孔定位，再借助导向钻套将新框协调孔一次性扩孔到位的加工方案，100% 确保了制孔的质量。在歼 10 飞机鸭翼舱地板与鸭翼接头协调制孔工序中，细心的刘时勇发现原有先安装托板螺母后配钻地板和鸭翼接头的操作流程极易产生“8”字孔质量隐患，造成产品质量缺陷和返工。凭借多年的工作经验，他及时调整优化装配流程，将地板与鸭翼接头先行架内配钻，分解拆卸再装托板螺母。这一优化方案的实施不仅有效地稳定了此项工序产品质量，同时也使工序装配周期缩减为原有周期的 3/4，获得了相关领导的好评。

刘时勇有极强的攻关精神，越是技术难度大的部位，他越是争取去干。在“枭龙”飞机后机身装配铆接过程中，由于飞机技术平台的提升，装配铆接面临三大技术难点：一是结构复杂；二是对合精度要求高；三是装配公差范围小。为了攻克技术难关，刘时勇连续几天熬夜搞测试，取实样，探索加工方法，并自行设计可拆卸钻模板，有效地

刘时勇工作照

提高了后机身机加框的钻孔精度，确保了产品的铆接质量。他针对飞机某些部位操作空间狭小，施工难度巨大，常规操作无法实施等困难，他认真消化技术图样资料，反复推敲自制划线定位器、定位样板，自制多用途顶铁 20 余项，并将先进工作方法及工具推荐到其他工段，极大地提高了飞机装配效率，降低了职工劳动强度。

刘时勇秉持谦虚谨慎的态度和默默奉献的精神，坚守着“航空报国”信念，以阳光心态抒写责任人生。几年来，他完成工时一直是本工段人均完成工时的 1.5 倍以上，并从未出现过产品质量问题和安全事故，一次交检合格率也年年名列专业厂前茅。在困难和压力面前，他始终坚守“没有最好，只有更好”的人生信条，不仅出色完成本职工作，而且利用各种媒介主动学习，领悟国内外先进的飞机铆装技术。在自身成才的同时，刘时勇主动承担起“导师带徒”的职责，带动身边的青年朝着高素质、高技能、高文化的方向发展。在他的带动下，一大批青年骨干快速成长起来，成为飞机装配方面的技能骨干。2002 年，他以名列榜首的优异成绩被公司聘为飞机铆装钳工高级技师。

谭卫东 2010年全国劳动模范

谭卫东（1954.7— ），重庆人，2010年全国劳动模范，时任中航工业贵州航空工业（集团）有限责任公司（简称中航工业贵航）董事长。1971年12月参加工作，在贵州国营红林机械厂历任工人、技术员、中心工艺室主任、车间主任、副总工程师。1996年4月先后任贵州红林机械厂厂长，贵州红林机械公司董事长兼总经理。2001年12月任中国贵州航空工业（集团）有限责任公司（简称贵航集团公司）副总经理。2004年5月任中国一航发动机事业部副主任。2005年9月任中国贵州航空工业（集团）有限责任公司副董事长、总经理，贵州航空工业管理局局长，011基地主任，党委副书记。2006年9月起任中国贵州航空工业（集团）有限责任公司董事长、总经理，贵州航空工业管理局局长，011基地主任，党委副书记，中航通用飞机公司总经理等职。EMBA硕士研究生，研究员级高级工程师。现任中国航空工业集团公司总经理助理。同时，谭卫东也先后荣获1997—1999年度贵航集团公司劳动模范；2006年4月获中国一航航空报国突出贡献奖、中国一航优秀领导干部；2008年2月获贵州省五一劳动奖章获得者；5月获全国五一劳动奖章；2010年5月被国务院授予“全国劳动模范”称号。

从1996年4月起，谭卫东担任贵州红林机械厂（简称红林厂）厂长，2001年8月，该厂改制为贵州红林机械公司后担任董事长兼总经理。在他的带领下，红林厂3年扭亏，从低谷步入了良性发展的轨道。

谭卫东在贵航集团工作期间，团结和带领董事会、总经理班子，按照中航工业“两融、三新、五化、万亿”发展战略的要求，研究制定了《贵航集团公司关于深入贯彻实施大集团战略、发挥专业化优势、实现跨越式发展的决定》。

谭卫东担任中航通飞公司总经理后，积极推进公司组建和重组整合工作，较快地完成新通用飞机公司的合资注册，使首批现金资本金20亿元和公司珠海总部基地、产业基地的土地资源迅速落实，形成了航空工业与广东省地方经济优势互补、合作共赢、共同发展的良好格局，开创了省企合作的全新局面。

谭卫东为了应对金融危机，多次赴飞机厂、所、机载专业化企业和困难企业进行调研、考察，详细了解企业发展中存在的各种问题，并与相关成员单位领导积极沟通，针对问题提出解决措施，帮助企业解决困难，增强他们搞好企业的信心。每到一处，谭卫东都仔细了解企业的生产经营科研情况，小到产品加工细节、工艺流程，大到企业经营战略、远景目标，鼓励大家在市场经济中眼睛一定要向外，要树立远大的志向，“有志才有为，有为才有位”，在企业做强、做大上下功夫。

谭卫东高度重视沟通协调工作，为了促进装备制造和农业机械的发展，他专程拜访新疆建设兵团的领导，落实了采棉机的生产订单；为了争取飞机订单、协调推进新机研制等工作，他经常与部队总部领导和有关负责同志沟通、协调。特别是在“山鹰”高级教练机研制工作最为关键的 2002 年到 2004 年 5 月期间，谭卫东作为贵航集团公司分管计划的副总经理，主要负责型号研制计划方面的工作。他针对贵航集团公司各单位科研、生产能力的实际情况，结合“山鹰”高级教练机研制工作量大、时间紧迫的特点，科学、正确地组织制订了研制计划。当计划下发后，他经常深入科研、生产单位，随时了解研制、生产中出现的问题，并及时组织协调、解决，将并行工程系统理论应用在研制过程，制定了行之有效的措施。他坚持执行研制计划节点的严肃性，提出了动员全集团力量确保“后墙不倒”的口号，有力地保证了 01 架飞机在 2003 年 5 月 15 日开铆，在 12 月 13 日实现首飞的研制大目标。贵航集团公司因此也创造了国内新机研制史上的奇迹。2005 年 9 月，谭卫东担任了贵航集团公司的主要领导后，兼任“山鹰”高级教练机研制现场指挥部总指挥，全面负责“山鹰”高级教练机的研制工作。在此期间，他提出了在新机研制中要切实树立用户至上、打造精品工程的观点，并针对在前期空军体验飞行时提出的改进要求，说服其他同志克服对新机进行改进的

谭卫东工作照

畏难态度，果断决策并有序地组织了飞机两项重大技术改进，使“山鹰”高级教练机更加满足用户的使用需求。通过技术改进后，“山鹰”高级教练机 2009 年 9 月 29 日通过全机技术鉴定审查，标志着贵航集团公司自主创新再次取得丰硕成果，新机研制能力得到了进一步提升。除此之外，在大家的共同努力下，大型水陆两用飞机“蛟龙”600 获得国家立项并召开了研制工作启动会，这是我国继 C919 大型客机之后的又一重大民用飞机研制项目，也是中航工业成立后第一个立项的民机型号。其他如“海欧”300、浮空器型号研制工作均取得一定的成绩。特别是在阅兵活动中，他所领导的中航通飞公司积极主动做好保障服务工作，受到了有关方面的充分肯定。

谭卫东以关键工程、重点工作项目为契机，开展以重要活动为载体的“成就百亿大业”的热潮，使贵航集团公司在 2007 年总收入历史性地突破百亿元，比 2006 年同期净增 26 亿元，同比增长速度与新产品产值率双双超过了 30%，成为贵州省包括中国航空工业屈指可数的百亿元大型企业集团之一，实现了跻身百亿企业集团的历史性跨越。

王　欣　2010年全国劳动模范

王欣（1969.1—　），天津人，2010年全国劳动模范，中航工业沈阳黎明航空发动机（集团）有限责任公司（简称中航工业黎明）科研试制快速反应中心数控铣工、高级技师，公司首席技能专家。1987年技校毕业进入黎明公司，从事铣工工作。多年来，他完成了150多项技术革新，解决了200多个技术难题，并在公司及行业内广泛推广。年均完成工时6000多小时，年创造节约产值80余万元。先后获得黎明公司劳动模范、沈阳市大东区先进生产者，沈阳市蓝领之星、岗位技能标兵、五一劳动奖章、知识型职工标兵、首席工人、特等劳动模范、金牌工人，中国一航航空报国贡献奖、中国航空报十大新闻人物，全国数控技能大赛数控铣工辽宁赛区第1名、全国第6名，辽宁省知识型职工标兵、省劳动模范，2010年被国务院授予“全国劳动模范”称号。

1987年，王欣从技校毕业进入黎明公司，靠勤学苦练掌握了数控铣加工技能，英语水平不高的他将满是英文的数控机床面板及操作说明书硬啃了下来。不仅如此，他还通过自学，成了数控编程专家，练成了“一听”、“一看”、“一把刀”、“三量尺”的“绝活”。

“一听”，用耳朵听铣刀切削的声音；“一看”，用眼睛看切削形状、表面光度和铁屑的形状；“一把刀”，对特殊刀具手工刃磨、一次加工成形；“三量尺”：一量“试程”尺寸，二量“初铣”尺寸，三量“精铣”尺寸。

2003年，他在黎明公司首届职工技能运动会上，获得数控铣工第一名。

2004年，王欣代表黎明公司参加在全国首届数控技能大赛荣获辽宁第二名，全国勇夺第六名，为辽宁省、为黎明公司赢得了荣誉。

2007年，王欣在黎明公司第三届职工技能运动会上，第三次将数控铣工第一名收入囊中，实现了三连冠，黎明公司奖励他一台价值5万元的“吉利”轿车，成为沈阳市首位获得轿车重奖的一线工人。

2009年，三获公司技能运动会数控铣冠军的王欣在公司第四届职工职业技能运动会设“台”打“擂”比武，王欣以他独特理念设计的“歼1”作品，将大航空、强航空、争第一的文化理念融入其中，赢得了评委认可，守擂成功，获最佳创作奖和最具观赏奖两个第一。

“某机匣类整体浇铸蜡模”是公司重点科研攻关项目。作为新一代发动机的关键零件——机匣，过去采用焊接加工，零件合格率低，造价高，因为我们做不出来整体机匣模具。该类型模具体积大、结构复杂。由200余块形状复杂零件组合而成。由该模具制造出来的蜡件，直径900毫米、高度250毫米，这么大的蜡件以往都是分组加工，而现在是整体加工，一次压铸成形。数控铣加工是整个模具加工中的重点和难点。王欣经过仔细分析，将工件三维图形尺寸扩大作为毛胚外形尺寸进行编程，采用等高、分层、多刀次高速加工、前后角螺旋下刀等方法，解决了“啃刀”、零件变形、放射型窄槽、型槽清根等技术难题。当蜡件一次浇铸合格的那一刻，困扰发动机生产多年的技术难题被攻克了，它填补了我国在该领域的技术空白，并使黎明公司一跃成为世界上继英、美等国之后能够制造整体机匣的几个国家之一。

在加工“某无余量叶片蜡模”时，三坐标机床不能整体加工镶块与模座。王欣采用单个加工的办法解决了这一问题。他将镶块型面卸下单独加工，将镶块型面与下模座结合面垂直放正就可以加工型面了。可是这个办法只能单件加工，也不能加工结合面与型面不垂直的镶块。经过研究，他设计了一套夹具，采用不同角度的专用夹具进行多次装夹加工，用工艺基准孔找正，三坐标机床上加工出五坐标机床加工的零件，解决了生产上的难题，提高工效近3倍。

王欣爱动脑，善钻研。他开发利用机械手、探头、手工指令编程等功能，提高工效6倍，仅工时费用一台机床一年就节省1万多元。他经常提出合理化建议，小改小革。编制一个小程序，把数控铣床后置处理的问题给解决了，为工厂节约了5万元的

王欣工作照

软件购置费；提出一个小建议，不同零件使用不同合金刀具，一年节省 30 多万元；发明一个小革新，把废旧合金刀具变成了设备的导电块。

王欣两次被派到德国学习培训和验收设备。德国产的德玛吉数控铣床是一台三坐标的精密设备，最高转数可达 40000 转/分，加工制造精度达到 0.005 毫米，造价 200 多万元。在设备验收时，王欣凭借多年来练就的绝活，发现机床主轴轴承出现了问题，却遭到对方刁难，王欣亲自操作，验证机床问题，德方只好无条件地进行了更换。王欣的技术让德方震惊和佩服，在接下来的验收调试中，王欣又多次提出自己的建议，他们都一一给予解决。王欣用技术为公司挽回了损失，为中国技术工人赢得了尊重。

2009 年，王欣接过“首席工人技能辅导站”的牌匾。这一次他接受的不是获奖的荣誉，而是沉甸甸的技术辅导责任。

王英武 2010 年全国劳动模范

王英武（1974.4— ），黑龙江巴彦人，2010 年全国劳动模范，中航工业哈尔滨东安发动机（集团）有限公司（简称中航工业东安）新机研制中心车工。1994 年 6 月东安技校毕业，分配到哈尔滨东安发动机制造公司，先后在 401 车间、511 车间、国际业务部和新机研制中心干车工。1998 年 5 月加入中国共产党，2002 年 7 月获得高级技师资格证书。王英武从一名技校生到高级技师，用自己的聪明才智，拿出了数十项革新与发明。王英武先后荣获全国五一劳动奖章、中央企业知识型先进职工标兵、黑龙江省劳动模范、哈尔滨市劳动模范、哈尔滨市特等劳动模范、集团公司技术能手等荣誉称号。2009 年被授予哈尔滨市新中国成立以来最具影响力劳动模范提名奖，2010 年被国务院授予“全国劳动模范”称号。

1994 年东安技校毕业时，王英武的理论和实践总分获全市统考第一，被分配到哈尔滨东安发动机制造公司干普通车工。干过车工的人都知道，车工是“三分技术七分刀”。王英武深知这个理儿，他暗下决心：要干，就干出个样，无愧于自己的选择！在实习期间，他就开始在磨刀技术上下功夫。经过勤学苦练，王英武练就了一手磨刀绝活，他磨出的刀具不但好用，外观还十分好看，就像是一件艺术品。

技校毕业生至少要实习 3 个月才能独立操作，可王英武凭借自己扎实的功底，很快就开始独立加工零件。王英武用 100% 的产品合格率向大家证明了自己的实力。在他眼里，干不好本职工作，连自己这一关都过不去。为此，他的业余时间都“交”给了书本。在学习本专业知识的同时，他还背英语、啃计算机编程，拿下了黑龙江省教育学院计算机专业大专文凭。

学习，使这位普通的青年工人实现了人生旅途上的巨大跨越，从一名技校生到高级技师，他只用了 8 年时间。知识，更教会了他用脑子干活。例如，刚进厂时，王英武接手的铝圈活儿又薄又大，加工完的尺寸在机器上量丝毫不差，可拿到手上一量却不对了。他一琢磨，发现原因出在拧螺丝时手劲不匀。从此，他班前班后练手劲，干其他活儿时也留心手指的轻重与效果。到后来，王英武不仅加工每件铝圈都能达标，车起相当于头发丝 1/70 厚度的精确的部件时也能得心应手。车间里不管哪个种类、哪个型号的车床，王英武都能熟练操作。遇到形状不规则、操作复杂的加工件，他常常是一个人转四五台机床：小床子施展不开了，就上大车床；三爪床干不了，再用四爪床，哪儿适合就到哪儿。功夫不负有心人，在 2005 年的哈尔滨市“技运会”上，王英武拿了车工第一名。

王英武所从事的工装生产，是机械加工行业难度最大的环节，每天接触的几乎都是小批量零活儿，有时甚至只加工一两件。这些年，王英武用娴熟的技艺，为车间生产解决了无数个关键问题，更用自己的聪明才智，拿出了数十项革新与发明。

某科研发动机夹具的图样出来了，是在一个不锈钢长杆螺丝的 3 毫米宽内孔里再车一个内沟槽，别说材料本身不好加工，就是那么细的孔，一般刀也进不去，何况还要在里边留出抠槽的移动空间！这难题，又是王英武拿下的。

锥度量规是加工航空产品的专用工具，只有鸡蛋大小，着色在 90% 以上，而且表面粗糙度要求极低。可由于这种锥度量规角度大，内磨又无法磨制。王英武知道后，建议精车锥面然后研磨。怎么干的问题解决了，新的问题又出现了。以他这样的手法，一天只能加工一两件，太慢了。王英武又反复摸索，总结出一套“锥度校正法”，一天能加工出 8 ~ 10 件，大大提高了工作效率。

他还研制完成了“多活合一车削法”、“双向专用车刀”、“废钻改制车刀”等数十项革新发明，提高了工作效率。每年仅革新项目就为公司节约创效 10 多万元。

某型机涨圈加工几十年来合格率仅为 10% 左右，在该生产线调整到 511 车间后，公司领导点名让王英武参与攻关。王英武经过一段时间地摸索和总结，果然不负重望，产品合格率很快提高了四五倍，并最终达到 80%，整整提高了 7 倍。

王英武工作照

在加工某大型运输机科研机型的中心拉杆时，国内研制该产品的企业共有 3 家。由于该零件系超细长杆，长度和直径比近 30 倍，而精度要求又高，加工难度大，其他两家一直未能交付合格试验件。王英武又勇挑重担，与技术人员一起改进工艺路线，仅用一个月时间就交付了合格试件，用普通车床创造了科研生产奇迹，打破了国外对此机型关键件的技术封锁，现在该产品的生产周期仅为 7 天左右。

在工作中，王英武毫无保留地把技术传授给大家，起到“传、帮、带”作用。在哈尔滨市“名师带高徒”活动中，他连续两届获得“模范名师”荣誉称号。

吴方辉　2010 年全国劳动模范

吴方辉（1956.7—　），江西宜黄人，2010 年全国劳动模范，时任中航工业江西洪都航空工业集团有限责任公司（简称中航工业洪都）董事长兼总经理。1982 年毕业于西北工业大学；2001 年获华中科技大学计算机管理工程硕士学位；研究员级高级工程师；第十一届全国人大代表。历任江西洪都航空工业集团有限责任公司（以下简称洪都公司）技术员、副主任、主任、副处长、处长、副总工程师、副总经理，江西洪都航空工业股份有限公司总经理兼党委书记，洪都公司总经理兼党委副书记、董事长兼党委书记，洪都公司董事长兼总经理。2010 年 5 月调任中航工业防务分公司特级专务、副总经理、分党组成员，2012 年 5 月任中国航空工业集团公司特级专务，中航飞机有限责任公司监事会主席。吴方辉具有丰富的大型工业企业经营管理经验，在他的带领下，企业连续 7 年被评为江西省优秀企业；获得全国“五一”劳动奖章。他本人也曾多次荣获江西省优秀厂长（经理）；南昌市工业经济十大突出贡献企业家；国防科技工业有突出贡献中青年专家；国家科技进步二等奖；享受政府特殊津贴；中国航空工业第二集团公司总经理奖；中航工业总经理特别奖（三项）；中航工业风云人物；2010 年评为全国优秀企业家。2010 年被国务院授予“全国劳动模范”称号。2008 年当选第十一届全国人大代表。

自 2004 年初担任洪都公司主要领导以来，吴方辉团结和带领干部职工，全力以赴推进企业发展科技进步，深化改革加强管理，维护稳定关爱职工，使洪都公司在短短的几年内取得了长足的进步，企业的经济实力得到快速增强。

以经济建设为中心，推动企业持续发展。吴方辉认为，发展是硬道理，是企业存在的意义和奋斗的目标，只有加快企业经济发展速度才能不断增强企业的市场竞争力，才能保持国有资产保值增值。他上任之后，首先在全公司范围内深入开展解放思想、转变观念学习教育活动，把干部职工的思想统一到促进洪都公司实现跨越式发展的目标上来，形成万众一心、众志成城、顽强拼搏的生动局面，并创造了良好的经济效益，从 2004 年初至 2009 年底企业的经营收入从 17.1 亿元上升到 52.5 亿元，利润从 3000 万元增长到 2.48 亿元。

2009年9月4日，吴方辉（前右一）向前来视察的国务院副总理张德江（中）介绍情况

吴方辉认为，企业的发展规模再大，如果没有自主创新能力为支撑，也终将在市场竞争中败下阵来。他将“科技创新”摆放在突出位置，不断加大科研投入。2004年以来，洪都公司平均每年的科研经费投入占销售收入的10.35%，累计研发投入达23.77亿元。持续开展技术创新，加强了强5系列飞机、K8系列飞机的改进改型，极大地增强了产品生命力，提高了部队作战能力和市场开拓能力；研制了具有国际同类机型先进水平的L15高级教练机，得到了国内外各方的高度认可，胡锦涛主席亲笔批示赞扬；重点型号导弹武器产品也已占据国内行业领先地位，填补了我国在军事科学领域的多项空白，获得国家重大贡献奖并受到胡锦涛等党和国家领导人的接见和颁奖。此外，还大力推进农5B飞机、新初教飞机、无人机等一系列新产品的研制；承担了数十项重大国防基础科研项目。

要保持企业持续健康快速发展，必须要不断深化改革，优化结构，吴方辉带领洪都公司坚定不移地推进各项重大改革。2003年以来，洪都公司陆续实施了摩托车子公司政策性破产、主辅分离辅业改制、军品科研生产能力结构调整、分离企业办社会职能、管理机构精简瘦身等多项改革工作，从而有效地精干了主业，优化了企业产品、产业和人员结构。吴方辉还主持了公司股份制改革工作，成立了上市公司，并在成功募集9.1亿元资金基础上，2010年又通过上市公司再融资25亿元，为洪都公司的发展奠定了坚实的基础。

吴方辉始终认为，国有企业有着其他企业所不能比拟的资源优势，只要建立了适应市场经济的运营管理机制，国有企业的发展潜力将得到充分的释放。因此，几年来，吴方辉同志坚持以创新的精神推动管理升级，积极开展管理创新活动，在全公司推行

EVA管理、6S管理、精益管理、资产管理、六西格玛管理，推动其标准化和管理升级。通过推进管理创新，创造了省部级以上管理创新成果23项。其中：国家级企业管理现代化创新成果一等奖1项，填补了原中航第二集团公司及江西省的空白，国家级企业管理现代化创新成果二等奖6项；江西省企业管理现代化创新成果一等奖3项、二等奖2项。企业管理水平迈上了一个新的台阶，企业呈现出积极向上、和谐奋进的良好氛围。

洪都公司是一个典型的老军工企业，长期缺乏国家重点投入，历史欠账多，遗留问题多，在职工住房、子女就业、离退休人员待遇等方面还背负着沉重的包袱，存在很多不稳定的因素。吴方辉高度重视企业的和谐与稳定，始终把企业稳定放在极其重要的位置，在涉及职工利益调整的重大改革实施前，他带领班子和有关部门，系统学习研究国家有关文件，把握政策，吃透精神，召开各种座谈会，宣传国家政策，把干部职工的思想认识统一到对政策的理解上来，树立信心，明确方向，得到了职工的理解和支持，使改革得以顺利推进。在出现一些因历史遗留问题而造成的群众上访等不稳定因素时，吴方辉和班子成员坚持亲自接访、亲自与上访群众对话，与上访群众坦诚沟通，引导他们正确认识，以合理的方式解决问题。事后，他还亲自研究部署有关工作，组织有关单位和部门做好善后工作，切实做到诉求合理的问题解决到位，生活困难的帮扶救助到位，解决了许多与群众生活息息相关的问题，取得了较好的成绩，得到广大职工群众很好的评价。

吴方辉推崇企业发展和惠及职工并重，重视和关心职工群众生活，在企业发展的同时不断提高职工收入及离退休人员节假日慰问金和津补贴。在职工团体人身保险的基础上，积极倡导成立了洪都集团帮扶救助基金，并率先捐款。通过企业拨款、职工捐助等多种渠道，筹集资金1100余万元，帮扶救助那些因天灾人祸、意外伤害、患重大疾病造成家庭生活困难的职工，使那些生活困难的职工及时得到帮助，感受到组织的关爱。此外，高度重视工厂区和家属区环境保护和建设，使得工厂和生活区环境得到极大改善。

吴希明 2010年全国劳动模范

吴希明（1964.9— ），福建福州人，2010年全国劳动模范，中航工业直升机设计研究所（简称中航工业直升机所）总设计师。1984年7月由南京航空学院直升机设计专业毕业至中国直升机设计研究所工作。1984年7月—1999年9月在一室历任设计员、专业组长、研究室副主任、主任。1995年7月—1996年7月，获国家教委公派以访问学者身份到英国格拉斯哥大学学习。1999年9月—2001年2月在中国航空工业第602研究所（中航工业直升机所）任副总设计师，2001年2月起任总设计师、国家某重点工程总设计师。吴希明将计算机辅助设计系统首次应用于某型号的数字化全机理论外形设计，填补了我国直升机领域的CAD/CAM空白。2002年获“国防科技工业有突出贡献中青年专家”称号；2003年获第二届“中央企业十大杰出青年”称号；2004年当选第15届中国十大杰出青年、中国十大科技新闻人物；2009年获江西省最高人物奖——第三届十大井冈之子称号；2010年被国务院授予“全国劳动模范”称号，同年获“全国优秀科技工作者”称号；2011年4月荣获航空报国特等金奖和航空报国金奖一等奖。

1984年，吴希明以优异的成绩从南京航空学院毕业，他毫不犹豫地选择了位于三线地区的中国直升机设计研究所，从普通设计员到研究室主任、副总设计师直至总设计师，一步一个脚印，一干就是29年。

刚到研究所时，面对直升机总体设计这一复杂、系统的工程和日新月异的直升机研制技术，吴希明深感自己工程实践经验缺乏。他利用周末和晚上进行学习，不断丰富和充实自己的专业水平和设计能力。短短几年时间差不多翻遍了图书馆里所有直升机技术方面的图书资料，记的笔记就有厚厚的十几本。

吴希明坚持学以致用、学用相长，工作中勇挑重担，全身心投入直升机型号研制，参与或主持了包括直8、直9、直11和国家重点工程等多个系列直升机的研制。扎实的理论功底、长期的工程实践，使他一步一步成长为直升机领域堪当大任的专家。

吴希明首次用计算机辅助设计建立了实用的全机理论外形，填补了我国直升机领域CAD/CAM的空白，开创了直升机数字化设计的先河。1994年12月，直11型机顺利实现首飞，我国终于拥有了完全自主知识产权的直升机。该机的研制水平处于国内领先水平，取得6项技术突破、7项国内第一，并获得国家级科学技术进步二等奖，是在部队服役出勤率最高的直升机机种。

20世纪90年代后期，中国直升机设计研究所承担了国家某重点工程研制任务。从1998年开始，吴希明先后担任国家重点工程第一副总师、总设计师，负责重点工程研制的技术协调、组织和管理。他带领全体参研人员以临战的姿态、长期坚持“6+11”工作制，在重点工程研制任务最艰巨的两年中，吴希明只在国庆和春节各休息了两天。

2001年，37岁的吴希明挑起了中国直升机设计研究所总设计师的重任。以他为首的总师系统与所行政指挥系统密切配合，统筹规划，科学管理，靠前指挥，极大地提升了科研工作效率。在带领科技人员争分夺秒拼命干的同时，吴希明十分注重遵循科学规律，不断推进技术创新和管理创新，充分发挥从事多个型号研制积累的人才和技术优势，采用新技术、新材料、新工艺，攻克了一个个技术难题，化解了一个个技术风险。由于采用当代最先进的设计手段和设计软件，中国直升机设计研究所采用数字化设计手段，史无前例地在一年时间内完成工程设计发图，为工程制造铺平了道路。通过该型号的研制，将我国直升机研制水平向前推进了20年！

作为总设计师，吴希明总是站在全局的战略高度思考问题，坚定地贯彻总体战略意图，充分发扬技术民主，集思广益，科学决策，统筹兼顾。在优质高效地完成多项

2007年4月，吴希明向中央军委副主席郭伯雄（右一）汇报型号进展情况

重点工程研制任务的同时，直 8、直 9、直 11 系列直升机改进改型齐头并进，捷报频传，呈现了多用途、多用户的大发展格局。直升机发展形成了“探索一代、预研一代、研制一代、生产一代”的合理格局和“一机多型、系列发展、军民互动”的良好态势。研究所配合生产厂家向部队和用户交付了数百架各种用途的直升机，为国防和国民经济建设做出了重大贡献。通过重点型号的自主创新，攻克了总体气动设计、任务系统关键设备以及大型复合材料旋翼系统研制等一系列直升机关键技术，军民用直升机的设计水平达到世界第三代先进直升机技术水平。近 10 年来，中国直升机设计研究所先后获得国家级科学技术进步奖 4 项，省部级科学技术进步成果奖 80 多项。

在引领直升机产业发展的同时，吴希明带领他的技术团队，在振兴航天事业中也有所作为。该所研制的航天员训练设备和航天座椅，拥有完全自主知识产权，达到国际先进水平，荣获“中国载人航天工程突出贡献集体”称号。

面对前所未有的直升机发展机遇，面对迅猛发展的直升机市场需求，吴希明和他的总设计师团队，制订了国家“2030 年直升机型号发展规划”和“2030 年直升机技术发展规划”，成为加速我国直升机产业科学发展的纲领和指南。

作为总设计师，吴希明高度重视人才队伍和专业能力建设，经过长期不懈的努力，一支专业理论功底扎实、工程实践经验丰富的新一代总设计师群体和一支“结构合理、专业配套、素质优良”的专业技术带头人队伍已经形成，已经担负起直升机事业继往开来、跨越发展的历史重任。

薛 莹 2010年全国劳动模范

薛莹（1973.8— ），辽宁大连人，2010年全国劳动模范，中航工业西安飞机工业（集团）有限责任公司（简称中航工业西飞）国航总厂波音737－700垂尾前缘组件的装配铆工。1992年12月参加工作，中共党员，中央党校函授经济管理本科学历，工人技师。先后被评为西飞文明先进个人、有突出贡献技术工人、质量标兵、巾帼能手、劳动模范、十佳知识型职工标兵、“薛莹班”的班长。薛莹在铆工的普通岗位上，带领80%为女职工的垂尾前缘班，在世界一流航空公司产品的装配研制中，确保了产品优质按节点交付。薛莹曾被评为陕西省和陕西航空工业局五一巾帼标兵，获得全国五一劳动奖章、全国五一巾帼奖、国资委和中航工业优秀共产党员等荣誉称号。2012年2月荣获全国三八红旗手称号，2013年2月荣获全国三八红旗手标兵称号；2010年被国务院授予“全国劳动模范”称号。2007年当选陕西省人大代表。2012年11月当选为党的十八大代表、主席团成员。“薛莹班”先后荣获公司红旗班组、陕西省和陕航局创新示范岗、学习型组织标兵班组、全国巾帼文明示范岗和三八红旗先进集体、全国质量信得过班组、全国优秀青年突击队、全国工人先锋号等荣誉。2010年9月，获中央企业红旗班组标杆称号，成为全国100个获此殊荣的班组之一。

薛莹在铆工的普通岗位上，承担着世界一流航空公司产品的装配研制任务。2000年，在波音737－700飞机垂尾试制的关键时刻，27岁的薛莹走马上任波音垂尾前缘班班长。波音737－700垂尾前缘组件，由4段马鞍形镜面蒙皮对接装配而成，产品质量要求非常高。她带领80%为女职工的垂尾前缘班，不负众望，克服了常人难以想象的困难，确保了产品优质按节点交付。

2002年4月，波音垂尾前缘工装需4周时间返修，波音代表认为西飞无论如何赶不上主进度计划了，已通知总部准备罚款。但在班长薛莹的带领下，团队拼搏大干，不仅完成了任务，还比主进度计划提前了两天。2002年10月15日，波音公司来信称赞说：“您和您的团队成员超越了我们的期望，证明了这个团队的承诺和对我们波音项目的贡献。”全班职工被波音公司授予“用户满意员工”证书。

薛莹在工作现场

2004年，波音代表提出必须用小于5磅[①]，相当于一个大拇指的推力，使前缘组件上的300多个孔与前梁上的孔同心。面对这几乎不可能完成的任务，薛莹和她的团队开始了艰难的攻关，翻阅图样、技术文件，改变铆接顺序、改进锪窝钻、钻头等工具，增加垫片反向校正，使工装与蒙皮紧密贴合；改变工艺方法，优化加工流程，使蒙皮装配后力量分布均匀，保持一条线。重达60多千克的前缘，一天之内在5台工装间抬上抬下30余次，40多个昼夜30多架份的试制，终于赢得成功。2005年3月，驻厂波音代表一行7人来到薛莹家做客，赠送给薛莹一架波音737-700飞机模型，感谢她在工作中的突出贡献。

2004年，波音737-700垂尾批量月产由7架份猛增到12架份以上，薛莹带领全班精细操作，密切协作，除保证了全年计划的128架份优质交付外，还赶制了23架份储备，受到波音代表的高度赞扬。为此，团中央授予“薛莹班”全国“优秀青年突击队”红旗。

为了提升班组凝聚力和战斗力，薛莹班制定了一套健全的班组管理制度和考核标准，并严格按制度执行，使之成为每位员工的自觉行动。在依法治班的同时，薛莹突出人性化管理，以快乐工作、舒心工作激发班组成员热爱岗位、关心班组和能动作用的发挥，形成了员工行为文明、技能高超、工作热情高涨的文化氛围。

薛莹善于总结经验，优化生产流程，提高产品质量，持续改进工作。制度管理，标准考核，团队学习，整体提升，典型带动，技术创新，成果共享，和谐奋进。2000

① 1磅=0.454千克。

年，波音737－700垂尾前缘装配质量攻关被列为总厂重点项目，第400架份以后，外商不允许有任何程度的打磨，这对她们来说是一个很大的挑战。她们经过3个多月对锪窝钻、窝头、钻头等工具进行改进，对工件采取保护措施试验，最终达到了不划伤产品的要求，使产品质量与进度有了保证，同时生产效率提高25%。截至2011年3月份，累计交付1800余架份，如今，在全球飞行的6000多架波音737系列飞机中，就有2200架上装着中航工业西飞制造的垂尾。

2008年以来，中航工业西飞承接的转包生产项目和产量逐渐增多，为了尽快使新进厂的青工独当一面，在签订了“师徒帮教合同”的同时，她组织开展技术交流活动，先后带出了5个徒弟，成为生产一线的骨干。班里先后有8名同志因工作突出被评为公司级以上各类先进。薛莹常和身边的人说：“我们要干世界一流飞机，就必须有一流的高素质的职工队伍。”她在自己努力学习的同时，建立职工书屋，积极组织班组成员探讨问题，交流思想，使学习更加科学化和系统化。

2007年12月30日，国务院总理温家宝视察中航工业西飞时，幽默地对薛莹说：“你是世界劳模嘛!”给予了薛莹很高的评价和赞扬。

姚　华 2010年全国劳动模范

姚华（1960.12— ），湖北武汉人，2010年全国劳动模范，中航工业航空动力控制系统研究所（简称中航工业动控所）总设计师兼副所长。1982年毕业于武汉钢铁学院自动化专业，分配至航空工业部第624所（现中航工业涡轮院）工作，任设计员、专业组长。1991年作为专业技术骨干调入航空航天工业部第614所（现中航工业动控所），历任设计员、总体室副主任、副总设计师。于1991年、2006年分别取得硕士和博士学位，中航工业集团公司系统技术首席专家，享受国务院特殊津贴专家；航空动力控制系统研究所总设计师、副所长。姚华长期从事航空发动机数字控制系统的研究工作，解决了航空发动机数控技术中的多项重大关键技术问题，使我国成为继世界上少数几个国家之后，具有研制航空发动机全权限数字电子控制系统能力的国家之一。1989年获航空航天工业部科技进步二等奖；1996年获航空工业总公司科技进步一等奖，遴选为“新世纪百千万人才工程”第一二层次人选；1997年获航空工业总公司突出贡献专家称号；2001年获全国国防科技工业系统劳动模范称号、中国一航科技进步二等奖；2002年入选国防科工委第一批国防科技工业511人才工程——学术带头人，获国防科工委国防科学技术二等奖；2003年获国防科工委国防科学技术一等奖；2006年被授予中国一航航空报国突出贡献奖，荣立中国一航个人一等功；2008年荣立中国一航个人一等功，获国家工业和信息化部国防科学技术二等奖；2010年被国务院授予“全国劳动模范”称号；获航空报国金奖三等奖。

姚华1982年本科毕业后，他便与航空动力控制专业结下了不解之缘。航空发动机全权限数字电子控制，是航空发动机领域里的一项高新技术，国外航空发达国家视其为核心机密，既无样机可供测绘，又无资料可供借鉴。姚华参加了我国第一代航空发动机数控系统的研制。他刻苦钻研技术，先后承担了电子硬件、控制软件、发动机数学模型、控制系统总体等多项研究工作，从一个普通的设计员逐步成长为一名总设计师。在姚华的主持下，攻克了全飞行包线控制规律、数控系统的故障诊断和容错、电子控制器的电磁兼容性等一系列关键技术。在项目试飞期间，姚华自始至终奋战在现场，白天、晚上甚至连进餐时间都还在讨论工作，顾不上陪伴在做手术住院的妻子身边，用他的智慧和执着，解决了试验、试飞过程中各类技术难题。经过艰苦努力，我国首套具有自主知识产权的全权限航空发动机数控系统通过了所有试飞项目的考核，获得圆满成功，填补了我国航空发动机领域一项空白，使我国成为继世界上少数几个国家之后，具有研制航空发动机全权限数字电子控制系统能力的国家之一。

在技术上突破以后，姚华又全身心投入到将全权限数控技术应用于各种工程型号的研制中。姚华作为发动机控制系统的总设计师，先后承担了国家多个型号项目的研制。试验中，他研究试验数据，观察试验曲线，对系统潜在的问题有极强的敏感度，对发现的问题从不放过。不知有多少个节假日都是在实验室里度过的，把很多的工程问题解决在了实验室中。在无数个深夜，常常看到他的办公室还亮着灯光，审查每一份报告，计算、仿真校核关键数据，思考故障如何归零，牵挂和部署试验和试飞工作。无论是试验、试车、试飞现场，还是在设计室里，哪里有问题，他就盯在哪里，日夜操劳，倾注了大量心血，解决了数以百计的技术问题、质量问题和管理问题。在他的带领下，研究所初步建立了一套航空发动机全权限数控系统从设计到试制、试验的规范体系和方法，走出了一条独立自主研发的道路。

姚华在工作中严谨求实，一丝不苟，对发动机控制涉及的多门学科都有广泛的认识与深入的研究。在主持和组织的多个重点型号研制任务中，姚华在实践过程中积累了专业技术和系统工程管理等多方面的经验，并在决策、协调、开拓创新、领导艺术等方面具有很强的能力。姚华同志十分重视航空发动机控制技术与控制理论的研究，

姚华工作照

在攻读博士研究生期间，他撰写的博士论文被评为南京航空航天大学优秀论文；多年来撰写了 20 多篇论文在国家级核心刊物上发表，并参与了航空工业出版社出版的《航空发动机设计手册》第 15 册的编写。

作为学术带头人，姚华更关心团队人才的培养。他常常深入一线，现场讲技术，讲细节，讲方法，讲习惯，潜移默化地培养项目组人员严谨的工作作风，对研制过程中出现的任何问题，组织大家认真分析，制定改进措施，言传身教，诲人不倦。在他的悉心指导下，一批专业技术人才脱颖而出，成为多个项目管理的领军人物，结合项目研制，培养了一支航空动力控制系统研究的专业骨干人才队伍。

余　枫　2010 年全国劳动模范

余枫（1961.9—　），江西鄱阳人，2010 年全国劳动模范，中航工业昌河飞机工业（集团）有限责任公司（简称中航工业昌飞）董事长、总经理。1983 年 7 月从沈阳航空工业学院航空机加工艺专业毕业分配到昌河机械厂工作，历任工艺员、模具设计员、室主任、工装处副处长，公司副总工艺师、副总工程师兼总工艺师，是享受国务院特殊津贴专家。2001 年 3 月任昌河飞机工业（集团）有限责任公司副总经理兼总工程师及科技委主任。2008 年 2 月任公司总经理，同年 9 月，任公司董事长、总经理。11 月，兼任江西昌河航空工业有限公司执行董事、总经理。余枫长期从事直升机研制和技术管理工作，对数字化制造和管理也有深刻研究和独到见解，他主持和参加了国家 863 项目以及多个科研项目，2001 年被授予国防科技工业有突出贡献中青年专家称号。曾获中国模具工业协会特等奖 1 项，国防科工委、中航二集团科学技术进步一等奖 3 项；工业和信息化部、江西省人民政府、中航工业科学技术进步二等奖 6 项、三等奖 3 项；省部级科学技术奖 8 项；国防科工委、中国航空工业总公司二等功 1 次、三等功 2 次。2010 年被国务院授予“全国劳动模范”称号，并获得中航工业航空报国金奖二等奖。在新中国航空工业创建 60 周年之际，获得航空报国杰出贡献奖。2013 年当选第十二届全国人大代表。

在余枫的带领下，中航工业昌飞近年来在科研生产经营中连年实现新跨越，品牌形象大幅提升，并在企业管理、技术创新、质量控制、对外合作等方面取得一系列可喜成绩。国家高新工程研制按计划节点向前推进；直升机产品升级换代成果突显，国产直升机特别是大型系列军民用直升机实现了核心技术的重大突破和批量交付。直 8、直 11 型机改进改型；各项技改工作全面有序展开，公司逐渐形成了多型号批产能力和高效快捷的技术管理流程；有效奠定了科技强企的坚实基础，企业科技进步明显，新材料、新工艺广泛应用；各项基础管理和质量安全体系稳健运行，产品质量水平不断提升；军机和民机市场得到进一步拓展；直升机研制生产和国际合作呈现出良好的发展势头。

余枫（中）在直升机总装现场与工人交谈

余枫上任伊始精心制订了公司直升机中长期战略发展规划，进一步明确了昌飞航空产品未来的型号发展方向。余枫紧紧抓住我国直升机产业大发展、快发展的战略机遇期，以型号研制和产业化为重点，创新思路、开拓进取、锐意改革、科学管理，大力组织实施直升机产业转型升级，统筹军民两个市场，以军机技术为牵引，促进民机发展，努力形成军机、民机发展的H形构架，主动融入国际、国内航空产业链，以信息化推动产业化，以产业化推动工业化，引领公司管理向精益管理迈进。

针对现代科技的发展趋势，余枫围绕直升机科研生产需求，重点组织开展了直升机制造技术的创新，主持了多项国家863项目、国防基础科研项目、航空预研项目和江西省重大科技攻关项目，取得大量科研攻关成果，提升了公司技术实力和竞争能力。尤其在数字化制造技术、并行工程、PDM技术和高效数控加工技术以及复合材料制造与检测技术、总装一体化集成技术等方面取得了重大突破，有效支撑了高新工程研制和直升机科研生产。

昌飞紧盯直升机制造技术的前沿，以项目为牵引，充分利用国家级技术中心、博士后科研工作站、国防科技工业高效数控加工技术研究应用中心等平台，加强自主创新，大力实施技术攻关和研发工作，并取得了一系列丰硕成果。仅2009年就在型号科研和掌握关键制造技术方面取得6项重大突破。全年完成了41项公司级科研攻关课题的成果鉴定，其中9项通过了部级成果鉴定。开展合理化建议和技术改进项目5000余项。完成专利申报并获得国家受理专利19项。两年中共有18项科研成果分获省部级科技进步奖。公司直升机制造能力显著提高。

在余枫的主导下，昌飞召开了首次管理创新大会、首次科学技术大会，成功开拓了武警森林部队直升机市场，圆满完成了直 8 首次参加亚丁湾的护航使命，完成了直 8 型机交付驻港部队的任务。在他的领导下，景德镇昌飞实业有限公司挂牌成立，圆满完成了昌河家属区饮用水专线工程，成功实现社区居民用水社会化改造工作。

在经济日益全球化的时代，企业的竞争力主要体现在规模和发展速度上。余枫敏锐地观察到这种大趋势，果断决策：在现有条件下，采取有效手段，尽快提高直升机产能。他经常向干部员工灌输“加快发展速度，实现进位赶超”的观念，鼓励各基层单位开展“一把手”创新工程，实施条码管理、断线生产、刚性节点、拉式生产、站位式总装等管理创新手段，引领昌飞均衡生产，挑战极限，不断超越，追求卓越目标。2010 年，公司打通了直升机型号生产的关键环节，成功实现了直 8 型机、直 11 型机的批量生产，生产能力和产品质量大幅提升。

2008 年，直 8 型机交付 8 架；2009 年，公司实现 9 机首飞；2010 年，实现 5 机首飞。国产大型民用直升机 AC313 研制成功，填补了我国直升机研制的空白。国际合作向纵深方向发展。

近年来，昌飞公司直升机在国内多次重大事件中亮点频现：北京奥运会安保工作、珠海国际航展、中央电视台航拍等。在国庆 60 周年盛大阅兵式上，10 架直 8 型机首次飞越天安门广场，接受了祖国和人民的检阅。

曾元松 2010年全国劳动模范

曾元松（1971.5— ），四川攀枝花人，2010年全国劳动模范，中航工业北京航空制造工程研究所（简称中航工业制造所）金属成形技术研究室主任。1988年9月就读哈尔滨工业大学金属材料及工艺系，获锻压工艺与设备专业研究室学位；1992年9月就读哈尔滨工业大学材料科学与工程学院金属塑性成形专业，获博士学位。1997年9月任北京航空工艺研究所（现中航工业制造所）高级工程师。2002年12月法国南特中央理工大学力学与材料实验室进行博士后研究。2003年12月起，在北京航空制造工程研究所任研究员、研究室主任、学术带头人。曾元松率先在国内开展多项技术应用基础研究；负责和承担了20余项国家自然科学基金、国家科技部“十一五”支撑计划、国防预研、国防基础科研、民机科研和重点型号技术攻关等课题，在国内外专业刊物发表论文50余篇，申请专利16项。曾荣获各类科技成果奖12项，其中国家科技进步二等奖1项、国防科学技术一等奖2项，获得第11届中国青年科技奖，第11届茅以升北京青年科技奖，第9届中国航空学会青年科技奖，航空报国突出贡献奖，航空科学技术一等功，国防科技工业优秀博士、硕士学位称号，中航工业首届十大杰出青年，中航工业第一届五四奖章获得者，入选新世纪百千万人才工程国家级人选，荣获光华工程科技奖青年奖。2010年被国务院授予“全国劳动模范”称号。

曾元松1997年博士毕业后走进了北京航空工艺研究所的大门，与航空结缘。参加工作后，他很快就在整体壁板成形与强化专业领域崭露头角，利用较短时间，优质高效完成了“九五”预研课题“×××成形工艺技术研究”中的表面几何分析、数值模拟和数据库开发等3项重要研究，为专业研究奠定了坚实的基础。

1999年，他凭着扎实深厚的理论功底，善于钻研勤于实践的能力，负责了“小弯曲半径管接头成形”等5项课题，这对于一个年仅28岁的青年科技人员是十分难得的锻炼机会。曾元松显示了他超凡的才能和胆识，为了顺利完成这些课题，他倾注了大量精力，同项目组成员一起详细制定进度措施，寻求解决疑难问题的关键途径。

2001年，课题全部结束，取得了优异的成绩，5个课题3项获奖。这其中他最引以为豪的无疑是与外方合作的小弯曲半径管课题，该课题在研制过程中经常受阻，曾元松总是在最关键的时候提出最合理的解决办法。一次遇到了非常棘手的技术难题，曾元松大胆假设，提出了自己的见解，但外方专家断然否定，认为绝对不可行。为了能使方案付诸实践，执着的他一头扎进主机厂厂房，和工人们反复分析、试验，用准确的试验数据对自己的方案进行了无可辩驳的论证，一举破解难题。该课题最终获得了集团公司二等奖，同时也将曾元松推向了整体壁板专业领域的中心舞台。他带领他的专业团队持续推进，将课题研究积极向设备的研制开发转化，国内首台小弯曲半径管推弯成形设备应运而生，如今在重点型号的生产中发挥着重要作用。

曾元松从事的专业方向众多，包括整体壁板成形技术、管件成形技术、数值模拟技术、表面强化技术、高压水冲击强化技术、超声喷丸强化技术和时效成形技术等。他认为，国内的这些技术与世界先进技术相比，还存在较大的差距，要想缩短这个距离，必须使自己的技术有质的提升，而这个提升的过程是艰巨的，必须在统一规划、形成完善的科研体制的基础上，尽可能地充分吸收采纳国外固有的先进技术，兼蓄并收，通过广泛的国际合作，为我国飞机整体壁板成形技术的提高开辟新的途径。为此，他寻求一切与国外先进整体壁板技术研究开发机构合作交流的机会，申请并负责完成了由美国某公司资助的“钛合金夹层结构超塑成形/扩散连接过程的计算机模拟”课题；2002 年作为全国唯一参会单位的代表出席了第 8 届国际喷丸技术会议；平时注意收集国际上相关技术进展情况，与德国、法国、加拿大多家知名的整体壁板及设备制造商和研究单位建立了合作关系，其中还邀请到德国亚琛工业大学、加拿大 NMF 公司

曾元松工作照

的顶尖专家来国内进行深入的技术交流。这一系列的对外合作，成功地铺开了曾元松放眼世界的技术探求之路。

在 ARJ21 飞机项目研制过程中，面临着一个制造工艺上最大的“拦路虎”——飞机机翼整体壁板成形技术难题，它的成败直接关系到飞机能否上天。面对该问题，国防科工委和中国一航领导果断决定：民机的未来，只有依靠我们航空人自力更生。因此，“民用飞机整体壁板数控喷丸成形技术研究”攻关组于 2003 年正式成立，负责人正是当时年仅 32 岁的曾元松博士。

曾元松在试验现场，他上班时间跟试验，下班时间思考技术问题。在两年多的时间里，曾元松带领攻关组解决了材料紧缺、缺乏基础试验数据、机翼壁板数模几次改变、涉及技术面广等种种困难，最终研制成功 ARJ21 超临界机翼整体壁板装机件，解决了 ARJ21 机翼制造的重大关键技术问题，为整个 ARJ21 飞机机翼的研制铺平了道路，打破了国外技术的封锁和垄断，使我国成为世界上少数几个掌握该项技术的国家，为我国民机产业的发展提供了重要技术保障。2008 年该项成果被评为国家科技进步二等奖。

2008 年，以曾元松为技术负责人的大型整体带筋壁板成形重大项目立项，项目的技术难度和重要意义空前。目前该项目已顺利完成，标志着我国机翼壁板成形技术已经达到国际领先水平。

朱义兵 2010年全国劳动模范

朱义兵（1969.8— ），河南信阳人，2010年全国劳动模范，中航工业新乡航空工业（集团）公司（简称中航工业新航）员工。1982—1988年在河南省信阳市商城县梅祠中学就读。1988—1992年在河南省新乡市电大学习。1992年进入国营豫北机械厂（现中航工业新航豫北公司），历任生产一线普通操作工、宣传干事。2003年主动要求到生产一线当一名普通操作工。2007年底抽调到RPG（全球）项目组，负责自制专用设备和生产线改善工作。2010年6月调入豫北公司八分厂工作，兼任豫北公司可动率提升改善推进员。朱义兵在豫北公司自主创新、改革改善、设备自动化改造中冲锋在前，创下了一个个佳绩，是中航工业新乡航空工业（集团）公司（以下简称新航集团）上下公认的改善明星。2005年荣获新乡市五一劳动奖章，2006年荣获新乡市劳动模范、中航二集团十佳职工，2007年荣获中航二集团总经理鼓励奖，2010年被国务院授予“全国劳动模范”称号，2011年荣获中航工业航空报国杰出贡献奖。

朱义兵是中航工业新航豫北公司的一名普通工人。几年来他在豫北公司创新、改善和设备自动化改造的滚滚浪潮中，摸爬滚打，凭着顽强的毅力和极大的钻劲，勇于创新，创下了一个个佳绩。

2003年6月，他设计制造了普通六角车床自动停机及保险机构，避免了车床自动走刀时出现撞车和车废零件等现象。

2003年11月，他研制出数控多功能自动同步分度机，该机器装在普通铣床上，能使普通铣床变为多功能自动铣床。

2004年10月，他设计出用普通三排钻改成用于阀套不同孔径钻孔加工的阀套自动钻孔专机。

2005年1月，他设计出用普通三排钻改成用于转向轴不同孔径钻孔加工的转向轴自动钻孔专机。

2005年3月，他设计出将手动内孔挠槽机改为自动挠槽的程控式自动内孔挠槽机。

朱义兵研制出的“数控多功能自动同步分度机”被誉为“机器人”，成为新航集团设备自动化改造的成功典范，被评为原新航公司科技创新奖。这台能自动步行分度，能控制普通铣床自动进刀，自动退刀，并能与分度自动同步加工零件的机器，使豫北公司汽车动力转向器ZDZ6、ZDZ7系列产品的转向轴铣12齿花键，再也不用普通铣床手摇铣齿和手摇分度了，由手动改为了自动，解决了豫北公司多年来一直难以解决的难题。是豫北公司乃至整个新航集团近年来创新、改善和设备自动化改造的重大突破。

2003年，豫北公司加大了设备自动化改造步伐，开展了一人多机和标准作业。但是，三车间转向轴生产线上有一道铣12齿工序一直还是手动操作，并且一人只能操作一台设备。该工序劳动强度很大，每干一件活进刀摇4圈，退刀摇4圈，转动夹具12次，即每干一件活摇手柄96圈，按当时班产250件计算，每班操作者共摇动手柄24000圈，转动夹具3000次，严重影响了生产线的建设和标准作业。公司和车间也想了好多办法，花了不少钱，但因市场上没有适合加工此类零件的机器，因此，始终未能解决，致使转向轴铣12齿的自动化改造工作成了老大难问题。

朱义兵看在眼里，急在心里，他琢磨着如何利用自己所掌握的电器知识把这道加工工序由手动加工改为自动加工。通过对众多方案无数次的试验和比较，最后，他用电机加上减速器和倒相器，用链条带动铣床手柄进行正转和反转，模仿人工手摇进刀和退刀动作进行自动铣削，成功地将铣12齿工序改为了半自动（分度部分仍需手动分度）。朱义兵认为：改成一个半自动意义不大，无非是减轻了一些操作者的劳动强度，但还不能实现一人多机，还不能实现标准作业。因此，除了正常上班之外，业余时间他全部用在研制自动分度和自动铣削上面。他自己设计电路图，制作电路板，安装电子

朱义兵工作照

元件，加工机械配件等。通过不懈的努力和无数次试验，终于在2003年10月底研制出一台能自动分度、自动锁紧、自动同步、自动进刀、自动退刀、自动纠错、自动计数、自动停机、同步铣削等具有10多种自动功能的“数控多功能自动同步分度机”。这台机器从2003年10月底开始工作后，连续运转17个月，而且是每天三班24小时不停地运转，已加工各类转向轴30余万件。三车间转向轴线生产单元全部实现了一人多机和标准作业，人员也由原来的14人降至10人，大大减轻了工人的劳动强度，提高了工作效率，同时节省资金60万元，年创造产值上百万元。

2007年，他又瞄准了另一个难度较大的改善项目：九孔自动钻机。为了更加方便地利用业余时间，他在自家的阳台上制造和组装。就这样从车间忙到家里，又从家里忙到车间，满脑子都是他的钻孔专机。2008年8月，具有自主知识产权的“豫北之星”程控式自动钻孔专机终于诞生了。9月，经过调试正式投入生产线使用，这使原来用普通三排钻两次换工装、多次装卡、多次钻孔才能完成的某零件三分度钻孔径不同的九孔工序，用该钻机一次就能按图样要求自动钻出9个不同孔径的孔来。从此，这道工序由手动作业变为自动加工，多工序加工合并为单工序加工，班产由原来的200件上升到600多件，生产效率提高到3倍以上。

2010年6月，朱义兵被调到豫北公司八分厂工作，并兼任豫北公司可动率提升改善推进员。在半年多的时间里，他就组织分厂完成各种改善创新项目280多项，其中较大项目60多项。一项项创新，一个个改革，无不为企业在激烈的市场竞争中增加了优势，每一个项目的研制成功，无不为企业节省了巨额资金并创造了经济效益。

唐长红 2010年全国先进工作者

唐长红（1959.1— ），陕西蓝田人，2010年全国先进工作者，时任中航工业第一飞机设计研究院（简称中航工业一飞院）总设计师。1982年7月毕业于西北工业大学空气动力学专业，分配至航空工业部第603研究所（现中航工业一飞院，简称一飞院）工作，期间攻读了北京航空航天大学固体力学专业硕士研究生，1989年毕业。1995年3月任西安飞机设计研究所副总设计师，1999年10月任西安飞机设计研究所副所长，2000年1月任西安飞机设计研究所新“飞豹”飞机总设计师，享受国务院特殊津贴专家。2003年6月任第一飞机设计研究院总设计师、副院长；2007任某重点型号总设计师；2008年任一飞院高级专务；2011年任中航飞机有限责任公司总设计师；2011年12月当选中国工程院院士；2013年3月任中航工业副总工程师。唐长红先后获国家科技进步一等奖1项、二等奖1项；部级科技进步一等奖4项、二等奖5项；获发明专利1项、实用新型专利2项；在国内外学术会议及刊物发表论文20余篇，出版著作6部。1994年被评为陕西省有突出贡献专家、中青年跨世纪人才、学科带头人；1999年被评为陕西省有突出贡献专家；2002年被授予陕西省劳动模范；2003年荣获国防科工委百名优秀博士、硕士称号；2004年荣获中央企业优秀共产党员和新世纪百千万人才工程国家级人选；2006年荣获全国五一劳动奖章和中国一航航空报国杰出贡献奖；2009年当选中航工业风云人物；2010年被国务院授予“全国先进工作者”称号，并获得“全国优秀科技工作者”和中航工业优秀共产党员称号；2011年后先后荣获航空报国特等金奖、航空报国金奖一等奖、中航工业总经理特别奖等。2013年2月当选第十二届全国政协委员。

唐长红工作期间先后参加了“飞豹”系列飞机、运7-200A、MPC-75、AE-100等型号飞机研制、攻关和课题研究，多年来，为航空事业的发展呕心沥血、始终奋战在航空科研第一线。2000年1月，唐长红被任命为新“飞豹”飞机总设计师，全面主持新“飞豹”飞机及其系列飞机的研制工作。在型号研制中他大胆决策、勇于开拓、敢于负责，为型号研制和祖国的航空事业做出了重大贡献。

唐长红不仅在工程上具有丰富的实践经验，而且在结构强度理论上具有较高的造旨。多年来，在国内外学术会议及刊物上发表有独到见解的论文20余篇。他博览群书，积极开展实用科学技术开发研究工作，取得两项国家实用新型专利。为使航空技术转化为生产力，服务于国家建设，他把一飞院航空结构分析经验也推广应用于航天导弹研究领域，取得了较大的社会效益和经济效益。

唐长红具有扎实的理论基础，在多年军、民用飞机设计研制和多项型号攻关中锻炼成才，积累了丰富的型号研制和技术管理经验，以型号研制任务为纽带，把航天、电子、兵器、化工、航空、院校六大集团多个厂所联系在一起，团结奋斗、顽强拼搏，确保了国家重点型号全武器系统研制的各个节点顺畅。由一名中国航空工业最年轻的飞机型号总设计师成长为中航工业的首席专家、我国航空界的知名专家。

在国家重点型号研制中，研制周期异常紧迫，战技指标要求之高前所未有。面对严峻形势，唐长红毅然决策，带领一飞院的将士们，用一次次的奋勇拼搏和一次次的坚韧不拔，保住了重点型号研制的每一个节点，实现了我国飞机设计全部数字化。从传统设计一步跨越到国际水平，实现了我国飞机设计手段的革命，走出了一条技术创新、超越之路，创造了中国航空发展史上的多个第一：设计了我国航空史上第一架全机数字样机；创造了国际航空史上第一架在计算机上设计的全机数字样机；首次实现了国内飞机研制生产的无纸设计；首次实现了中国飞机设计电子样机协调和预装配；首次自主研制成功中国飞机航电火控系统综合化；建立了国内第一个VPM管理系统标准。设计手段的更新，大大缩短了飞机的研制周期，使国家重点型号仅用短短的5年时间就完成了从型号立项到首飞成功再到装备部队的全过程。此后，全机三维数字化

唐长红（中）工作照

设计技术迅速在全国航空工业内推广，使我国整个航空工业的设计手段完全与世界先进水平接轨。2003 年，该项成果荣获国家科技进步二等奖。

为提高飞机的作战效能，唐长红主持制订了国家重点型号的武器系统方案，并带领他的团队，打破西方的高技术垄断，成功地实现了该型号综合航电火控系统的创新，将武器火控系统和飞行控制系统交联，实现了双手不离杆攻击，这在国内尚属首次，这套具有世界先进水平的综合航电火控系统大大提高了飞机的综合作战能力。

2007 年，唐长红又担负起某专项工程总设计师的重任。该工程承载着中国航空工业腾飞的希望，受到上至党中央总书记、国务院总理，下至黎民百姓的普遍关注。面对如此神圣的使命，唐长红深知责任重大。两年来，他带领他的团队，夜以继日地投入到该项目技术方案论证和各项技术攻关之中，取得了一系列阶段性成果，多次受到上级领导的赞誉。

吴 华 2010年全国先进工作者

吴华（1961.9— ），浙江海宁人，2010年全国先进工作者，中航工业无线电电子研究所（简称中航工业上电所）副总设计师。1983年7月毕业于北京航空学院电子工程系雷达与导航专业，1986年2月毕业于南京航空学院电子工程系通信与电子系统专业，硕士研究生。分配至航空工业部第615研究所（现中航工业上电所），历任助理工程师、工程师、高级工程师、研究员、副总设计师。吴华在多项重要型号工程中参加了航空电子系统的总体设计，主持核心分系统设计研制、系统联试和试飞等，并担任多个型号分系统的主任设计师，在两个型号飞机中任系统副总设计师。在联试和试飞现场解决关键技术问题，受到上级机关、主机厂所、其他厂所及外国专家的一致好评。吴华曾荣获中国航空机载设备总公司航电综合系统地面样机二等功；中航工业航电综合系统研制及试飞三等功；上海航空工业（集团）公司三八红旗手；中航工业航空报国优秀贡献奖；上海市三八红旗手；上海市五一劳动奖章。2008年3月获全国三八红旗手荣誉称号；2010年被国务院授予“全国先进工作者”称号。

1986年，吴华从南京航空学院电子工程系通信与电子系统专业研究生毕业后，到航空工业部第615研究所工作，主要从事军用飞机航空电子系统总体技术工作。吴华作风严谨、精益求精、顾全大局、乐于奉献。由于课题多、任务重、时间紧，吴华曾多次放弃所里安排的先进工作者或工会组织的疗休养机会，并常用节假日和双休日看资料。认真学习，踏实工作，积累了丰富的知识和宝贵的实践经验。吴华工作能力强，技术水平高，是中国航空无线电电子研究所总体技术专业优秀的学科带头人。

某项工程中的一个分系统是由国外引进的，吴华没有参加国外验收设备，可是设备运到国内联试时遇到问题，有些信号出不来，主机所点名要吴华去解决问题。吴华赶到现场，仔细检测了所有接口和数据，发现外方的接口不符合我方要求，她通过电传与外方进行了多次协调，外方很快派人来按要求进行了处理，使联试工作得以按时完成，受到领导和专家的好评。

吴华开拓创新，勇于挑战。她担任某型号飞机某系统的副总设计师，该类型飞机是我国首次研制的。由于该项目是一个全新的领域，缺少资料和经验，责任重大。吴华在困难面前，发扬开拓精神，脚踏实地，创造性地开展了大量的研究、组织、领导、协调、设计和试验工作。特别在某系统联试的关键时期，由于时间紧任务重，工作量远远超出过去工程项目的任务量，她差不多整天都在联试现场，指导和帮助本单位、外单位的技术人员解决每一个技术问题，一直持续了几个月。辛勤的劳动终于换来了丰硕的成果，某系统一次性通过了上千小时可靠性试验，在机载型号产品中是史无前例的，得到用户和集团公司的高度评价和赞赏。吴华同志甚至被该型号的主机单位誉为对该厂有突出贡献的专家，为中国航空无线电电子研究所在主机厂竖起了一面旗帜。该项工作在她带领的团队共同努力下，短短的3年时间内研制出功能齐全、性能可靠、外形美观的新型产品样机，在技术上填补了国内空白。又经过了3年的试飞和改进，目前该型号飞机已定型，并在国庆60周年阅兵式上编队飞过了天安门广场！

随着2008奥运会的临近，按要求某型飞机需要加装空中防撞系统。吴华带领了一组年轻同志根据积累的联试经验，设计测试手段，通过试验不断摸索，理清外方设备的工作逻辑。一个显示数据要考虑多个工作逻辑，而每一个工作逻辑要通过一次次的试验，不断调整参数来判断。试验中的反复往往会使人感到焦躁，吴华却依然保持旺盛的工作精力坐镇现场，她坚韧不拔的意志鼓舞了年轻人的士气，终于赶在奥运会前保质保量完成了空中防撞系统的加装任务，为奥运会的顺利召开做出了积极贡献。

吴华（中）工作照

吴华的业务水平和解决问题的能力令人信服，领导都知道，重要的任务只要交给吴华就尽可放心。她曾经主动退让破格提拔研究员的名额，不计个人得失而乐于协作，与她共事的人都能感受到她的工作魅力。吴华同志还倾心培养年轻人，毫无保留地将自己的知识和经验传授给他们，耐心地帮助他们答疑解惑，并充分肯定他们的工作和成绩。吴华又是一个善良而富有爱心的人，和她共事的同志都知道，不但工作上，在生活上她也很能关心别人。吴华身上有一种吸引力，年轻人都愿意和她共事，觉得在她的指导下工作，不仅提高了技术水平还学到了怎样做人。她就是这样一个业务能力强又有自身魅力的人。

吴基伟 2011年全国优秀党务工作者

吴基伟（1972.4— ），贵州天柱人，侗族，2011年全国优秀党务工作者，时任中航工业贵州航空工业（集团）有限责任公司（简称中航工业贵航）党委副书记、纪委书记、工会主席。1994年7月贵州大学毕业分配到万江机电厂工作，1996年7月加入中国共产党，研究生学历。曾任中国贵航集团万江机电厂党委副书记、纪委书记、工会主席，贵航集团宣传部部长、党建和思想政治部主任、党委副书记、纪委书记、工会主席。后任中国航空工业集团公司团委书记、青联主席、青年工作办公室主任（兼），是中国企业文化研究会特邀研究员，中国作家协会会员，中国航空文联副主席。先后获得中国一航宣传思想工作标兵、全国企业文化建设先进工作者、贵州省优秀党务工作者，2011年被中共中央组织部授予“全国优秀党务工作者”称号。吴基伟大学毕业后一直从事企业党群工作，主要参与的“中国特色企业党建管理体系的探索实践”等十余项成果获得省部（集团）级以上奖励。吴基伟是共青团第十七届中央委员会委员，第三届中央企业青联常委，中央企业青年志愿者协会常务理事贵州省第十一届工会委员会委员，贵州省贵阳市乌当区第十四届人大代表。

吴基伟1994年7月大学毕业后，分配到万江机电厂工作，任机加车间装配钳工。后调任厂党委宣传部，任宣传理论干事，从此开始了企业党务工作的生涯。“我努力，我无悔，因为我热爱”，这是他常说的话。

在贵航集团工作期间，面对拥有45家企事业单位党委、26家社区党委，两万多名党员的三线军工企业，吴基伟大胆推进党建创新。通过两年的调研认证、一年的体系研究起草、一年的试点实施验证，他主要参与探索创建了《贵航集团党的先进性建设工程保证体系》（又称“贵航党建80条”），较好地破解了“企业党建说企业话”、“企业党建的可量化、可考评、可追溯”、“企业党建工作的标准化、规范化、制度化、信息化、科学化”难题，企业党建科学化水平迈上了新台阶，先后涌现出黎阳公司党委、红林公司党委等全国先进基层党组织。

“贵航党建80条”引入IBSC、IS9000等现代管理工具，形成了指导文件、作业文件、支持文件、执行文件、政策文件等体系化党建工程体系，较好解决了企业党建的“两张皮”问题，并已于2009年1月1日起在贵航集团45家单位党委全面运行。该体系被贵州省党建领导小组指定在省内6家国有大型企业进行综合试点，同时被全国党建研究会评为党建理论创新课题二等奖，被评为中航工业优秀实践成果一等奖。

吴基伟倡导并努力践行“推动发展是企业各级党群组织政治核心作用发挥的第一要务”的理念，倡导用融入中心、推动发展的成果来检验企业党建成果，来考验各级党组织、党员队伍的创造力、凝聚力和战斗力，用数据说话，以实绩说话。几年来，根据上级党组织要求，他创造性地策划了“大干100天，党员永争先”，“决战百亿元，献礼党代会”，“质量效益攻坚，青年抢跑领先”等党、工、团立功竞赛，组织党团员在推动企业改革发展中彰显作为。

在贵航集团任党委副书记、纪委书记、工会主席期间，每年仅发动职工参与合理化建议活动便创造（节约）价值2亿多元；在2010年贵州航空工业的改革攻坚中，贵航集团1万多名党员参与党内立功竞赛活动，参与项目攻关600多项，开展基层建功立业竞赛活动421次，为贵州航空工业2007年以来企业主要经济指标保持20%以上增长做出了贡献。2012年任中航工业团委书记后，集团公司团委围绕“质量效益年”目标

吴基伟工作照

任务，共组织成立青年突击队 2450 个，完成“急、难、险、重”任务 5433 项，取得“五小”成果 11751 项，创造节约经济价值 26797 万元。努力培养出了一支敢打硬仗、善打硬仗、会打硬仗的青年人才队伍，为集团公司全年目标任务完成做出了积极贡献。

吴基伟作为中央企业党务工作者，在注重党建理论创新的同时，也注重企业文化创新。1998 年，在万江机电厂，他制定实施了企业 CIS 形象识别系统，是全行业率先提出文化识别理论并实践的少数人。担任贵航集团企业文化部部长以来，组织策划了“重走长征路、再塑贵航魂”、“三线人·航空情·报国志”、“山鹰飞机亮翅珠海”等多项重大企业文化活动，在行业内外产生了较大影响。贵航集团也成为中国企业文化研究会命名的“全国企业文化示范单位”。

吴基伟主持贵航集团公司纪委工作以来，坚持贯彻标本兼治、综合治理、惩防并举、注重预防的方针，按照建立健全教育、制度、监督并重的惩治和预防腐败体系的要求，突出抓好创建贵航集团反腐倡廉体系；健全和完善领导体制和工作机制，开展党性党风党纪教育和反腐倡廉主题宣传教育；建立领导干部廉政档案等工作。几年来，贵航集团党风廉政建设氛围浓郁，无重大违规违纪事件，贵航集团纪委被评为“十一五”贵州省党风廉政建设先进集体。

作为贵州省党的创新理论宣讲员，作为全国优秀党务工作者，吴基伟主动到集团所属单位和社会高校、社团宣讲党的创新理论近 20 场次，深受干部职工和社会好评，荣获贵州省党的创新理论十佳优秀宣讲员称号。在全国企业文化“百人学术论坛”上交流学习实践科学发展观的体会，论文获一等奖。《大、势、道——新时期新闻宣传工作的实践探索》、《“重走长征路”新闻宣传实践》两项成果获得中航工业实践成果二等奖；《企业领导干部述廉议廉机制研究》获得中航工业 2008 年度优秀纪检监察课题一等奖；《企业团委书记的“三头六臂”》获年度文章一等奖。

2013 年 6 月，吴基伟当选中国共产主义青年团第十七届中央委员会委员。

罗　阳　2012年全国优秀共产党员、航空工业英模

罗阳（1961.6—2012.11），辽宁沈阳人，全国优秀共产党员、航空工业英模，沈阳飞机工业（集团）有限公司（简称中航工业沈飞）董事长、总经理，歼15研制现场行政总指挥。1978年考入北京航空学院，学习飞机专业，并以优异的成绩毕业。1982年8月，来到沈阳飞机设计研究所（现中航工业沈阳所）任设计员，后于1990年3月在北京航空航天大学飞机设计专业取得硕士学位。1986年8月加入中国共产党。罗阳曾历任沈阳飞机设计研究所设计员，组织部副部长、部长，所党委副书记、副所长，所党委书记兼第一副所长，研究员级高级工程师。2002年7月调入中航工业沈飞工作，任中航工业沈飞党委书记，后任董事长、总经理，歼15研制现场行政总指挥。2008年12月兼中航航空装备有限责任公司副总经理，分党组成员。2012年11月25日在大连执行任务时，突发急性心肌梗死、心源性猝死，抢救无效，在工作岗位上殉职，享年51岁。中共中央组织部追授罗阳同志“全国优秀共产党员”称号；国务院追授罗阳同志“航空工业英模”荣誉称号；中华全国总工会追授罗阳同志全国五一劳动奖章；国家民政部评定罗阳同志为烈士；国务院国资委追授罗阳同志中央企业优秀共产党员称号；人力资源和社会保障部、国务院国资委追授罗阳同志中央企业劳动模范称号；中国科协追授罗阳同志模范科技工作者称号；中国航空工业集团公司授予罗阳同志航空报国英模称号，以及获得辽宁省特等劳动模范、沈阳市共产党员楷模、沈阳市功勋劳动模范、“沈飞骄子”等荣誉称号。2013年2月，罗阳当选2012年度感动中国人物；9月被评为第四届全国道德模范。

罗阳以航空报国的赤子情怀带领中航工业沈飞迈上科学发展的新台阶。作为中航工业沈飞发展的“掌舵人”，几年来，他夙兴夜寐，务实创新，始终坚定地站在党和国家利益的高度，大力践行“航空报国、强军富民”的宗旨和“敬业诚信、创新超越”的理念，不断创造航空制造的新奇迹。企业营业收入、工业总产值等主要经济指标至上任以来跃升39.5%，利润跃升61.8%，中航工业沈飞的发展迈入了持续跨越发展的快车道。

罗阳以报国强军的政治使命带领中航工业沈飞完成了多个型号研制，为我国国防

现代化建设做出了突出贡献。罗阳担任中航工业沈飞总经理的几年来，正值航空武器装备高速发展的时期，也是中航工业沈飞任务最为艰巨的几年，很多人认为任务极具挑战性、难以完成。作为多个型号研制现场总指挥，他带领团队面对科研生产高度交叉并行，特别是科研新机研制周期紧、技术难度高、风险大，批生产任务需求量大等诸多困难，把型号研制作为最大的政治使命，千方百计采取措施，强化组织管理，严格落实责任制。通过签发总经理令，成立了现场工作组，强化生产计划的严肃性和执行力。亲自与相关单位签订“责任状”，分兵把守关键节点。针对不同时期工作重点，组织部装和总装，集中力量开展型号攻坚决战，成功克服了资源不足、周期紧张、成品供应不及时等一个又一个难关，实现了多个型号的成功首飞和设计定型，圆满完成了党和国家赋予的各项型号研制任务，推动军机研制取得重大进展，为国家航空武器装备发展做出了突出贡献。在产品研制过程中，他带领中航工业沈飞，不断创新项目管理模式，大力实施并行工程，在提高研制质量的同时，大大缩短了项目研制周期。已具备了从设计发图结束到首飞不用一年的研制能力，一大批新技术、新工艺得到了广泛应用，产品研发能力和制造能力实现重大突破，实现了生产能力由三代机向四代机的成功跃升。在打好科研型号攻坚战的同时，他眼睛向内，在内部生产管理上狠下功夫，用超常的办法统筹规划，抢抓进度，完善、延伸了项目管理机构，形成了责、权、利清晰，纵向畅通、横向协调，运行高效的管理体系，使型号任务从管理到生产各个环节融会贯通，研制效率加速提高。几年来，大批先进战机交付部队，为我国国防武器装备的升级换代和空、海军战略转型做出了重大贡献。

正是在罗阳的领导下，中航工业沈飞科研生产任务连年报捷，全面实现了国家“十一五”计划确定的任务目标，交付各型飞机数量创下公司近 30 年来年交付飞机数量最多的新纪录，实现了中航工业沈飞跨越式发展。辉煌的成绩得到了上级领导和军方首长的多次表扬，并荣获国家科技进步特等奖。

罗阳以强军富民的战略眼光整合民机产业结构，身体力行地践行着“两融、三新、五化、万亿”的发展战略。中航工业沈飞与庞巴迪公司合作研制生产 C 系列飞机，与美国赛斯纳公司合作生产 LSA162 轻型运动飞机，使中航工业沈飞民机产业规模不断扩大，能力不断提升，业务领域不断拓展，实现了从小组合件向大部件以及整机转包的跃升，从转包生产向风险合作的跨越，为企业未来发展打造了广阔的空间。

罗阳坚持以人为本，不断深化人才队伍建设，为航空工业长远发展培养了大量人才，注入了源源不断的活力。他始终将“人”作为企业发展的根本要素，把“人”作为企业发展的灵魂。在干部层面开展了领导干部“三项整治”活动和干部队伍作风建设活动，在员工层面开展了以“严慎细实、一丝不苟”为主题的“明责任、立标准、强作风、提素质”岗位履职专项整顿活动，进一步提高了员工的岗位履职能力和素质，培养了广大干部员工爱岗敬业、恪尽职守的职业精神，促进人才队伍更加纯洁，更有战斗力。在他的带领下，各类人才不断涌现，不仅产生了几十名专家做领军人才，还涌现了多名全国技术能手、全国五一劳动奖章获得者，有力提升了整体队伍素质。

卓越的领导才能和出色的业绩，谱写了中航工业沈飞光辉灿烂的发展篇章。几年来，中航工业沈飞获得了改革开放 30 年全国企业文化优秀单位奖、全国模范劳动关系和谐企业、十一五工业化与信息化融合典范企业等市及以上荣誉称号百余项。罗阳本人也得到了上级的充分认可，先后获得国防科技工业创新领军人物、中航工业优秀领导干部、中航工业航空报国金奖、中央企业优秀思想工作者、第三届辽宁省创业企业家、辽宁省劳动模范、辽宁省第三届创业企业家、辽宁省军工行业安全生产目标管理先进个人、第五届沈阳市“四尊”优秀领导干部、2009 年度沈阳市安全生产优秀企业家、第二届沈阳市杰出企业家、2010—2011 年度沈阳市杰出企业家等多项荣誉称号。

罗阳作为中航工业沈飞负责人，以国家之振兴为己任，以企业之发展为己任，兢兢业业，鞠躬尽瘁，将自己的全部精力和生命都奉献在了工作岗位上。生命不息、奋斗不止。在他生命的最后一个月里，为了让新型战机翱翔于蓝天，为了让舰载机驰骋于大海，他不知疲倦，劳心劳力，在实现了两大重点型号相继成功首飞后，就立即赶赴珠海航展为新型战机呐喊，紧接着又转战“辽宁”号航母为舰载机助力。为保证歼 15 舰载机在航母上成功起降，他带领研制团队长时间随舰海试，及时解决了飞行训练中遇到的大量技术难题，直到实现了歼 15 舰载机在航母“辽宁”号航母上起降的首次成功。他用全部的精力带领着中航工业沈飞冲上了事业的巅峰，用无悔的信念诠释着“航空报国”的真谛，直至生命的最后一刻……

罗阳在“辽宁”号航母上

罗阳的模范事迹和崇高精神，为党员、干部树立了一面光辉旗帜。2012 年 11 月 26 日，习近平总书记等中央领导同志做出重要指示，要求总结宣传罗阳先进事迹，号召广大党员、干部学习罗阳的优秀品质和可贵精神。激励广大党员、干部胸怀理想、坚定信念，恪尽职守、无私奉献，在改革开放和社会主义现代化建设各项事业中充分发挥先锋模范作用和骨干带头作用。中共中央组织部号召全国各条战线的共产党员和广大干部向罗阳学习，坚定理想信念，牢记责任使命，创造一流业绩。

2013 年 2 月，罗阳当选 2012 年度感动中国人物；9 月被评为第四届全国道德模范。

附录：

国务院关于表彰全国劳动模范和先进工作者的决定

国发〔2010〕11 号

各省、自治区、直辖市人民政府，国务院各部委、各直属机构：

2005 年全国劳动模范和先进工作者表彰大会以来，各行各业涌现出一大批在全面建设小康社会、加快推进社会主义现代化伟大实践中取得显著业绩的先进模范人物，他们是继续解放思想、锐意改革创新的时代先锋，推动科学发展、促进社会和谐的行动楷模。为表彰他们的突出贡献，弘扬他们的先进思想，进一步激励全国各族人民积极投身建设中国特色社会主义伟大事业，推动经济社会又好又快发展，国务院决定授予 2115 人全国劳动模范荣誉称号，授予 870 人全国先进工作者荣誉称号。

国务院希望获得全国劳动模范和先进工作者荣誉称号的同志，谦虚谨慎，再接再厉，继续发挥模范表率作用，不断作出新的更大贡献。国务院号召全国各族人民，以全国劳动模范和先进工作者为榜样，学习他们信念坚定、胸怀大局的崇高思想，艰苦奋斗、勇于奉献的高尚品质，求真务实、纪律严明的优良作风，开拓创新、自强不息的进取精神，在以胡锦涛同志为总书记的党中央坚强领导下，高举中国特色社会主义伟大旗帜，以邓小平理论和“三个代表”重要思想为指导，深入贯彻落实科学发展观，同心同德、奋发图强，为夺取全面建设小康社会新胜利、谱写人民幸福美好生活的新篇章而不懈奋斗！

国务院

二〇一〇年四月二十四日

中共中央关于表彰全国先进基层党组织和优秀共产党员、优秀党务工作者的决定

（2011年7月1日）

中国共产党走过了90年波澜壮阔的光辉历程。90年来，中国共产党团结带领全国各族人民前仆后继、英勇奋斗，取得了新民主主义革命的伟大胜利，建立了人民当家作主的新中国；确立了社会主义基本制度，实现了中国社会变革和历史进步的巨大飞跃；实行改革开放，开辟了中国特色社会主义道路，为中华民族伟大复兴打开了前所未有的光明前景。在中国革命、建设、改革的历史进程中，各级党组织和广大共产党员顽强拼搏、艰苦奋斗，忘我工作、无私奉献，充分发挥战斗堡垒和先锋模范作用，书写了可歌可泣的壮丽篇章，为党和人民的事业作出了重要贡献。

党的十七大以来，在以胡锦涛同志为总书记的党中央坚强领导下，全党高举中国特色社会主义伟大旗帜，带领人民从新的历史起点出发，求真务实，锐意进取，继续全面建设小康社会、加快推进社会主义现代化，在中国特色社会主义伟大征程上迈出了新步伐、取得了新胜利，涌现出一大批先进基层党组织和优秀共产党员、优秀党务工作者。在纪念中国共产党成立90周年之际，为了表彰先进、弘扬正气，激励各级党组织和广大共产党员、党务工作者在改革开放和社会主义现代化建设中创先争优、建功立业，中央决定：由中央组织部对大庆油田党委等500个基层党组织、孙家栋等50名共产党员、王家元等200名党务工作者予以表彰，分别授予“全国先进基层党组织”、“全国优秀共产党员”和“全国优秀党务工作者”荣誉称号；同时，追授方永刚等13名同志“全国优秀共产党员”荣誉称号。

这次表彰的先进集体和优秀个人，是各条战线党组织和共产党员、党务工作者的优秀代表。他们的先进事迹和崇高精神，集中体现了中国共产党作为马克思主义政党的先进性，体现了当代中国共产党人的先进性。中央号召，各级党组织要向受表彰的先进基层党组织学习，坚决贯彻执行党的基本理论、基本路线、基本纲领、基本经验，切实履行党章规定的各项职责，坚持围绕中心、服务大局，坚持以人为本、执政为民，坚持和健全民主集中制，大力加强领导班子和党员队伍建设，充分发挥推动发展、服务群众、凝聚人心、促进和谐的作用，努力开创各项工作的新局面。广大共产党员和党务工作者要以受表彰的优秀共产党员、优秀党务工作者为榜样，加强学习、坚定信念，自觉用中国特色社会主义理论体系武装头脑，增强走中国特色社会主义道路的自

党性和坚定性；牢记宗旨、心系群众，进一步加强与人民群众的联系，真心实意地为群众谋利益；勤奋工作、甘于奉献，以强烈的事业心和责任感做好本职工作，努力创造一流的业绩；严守纪律、弘扬正气，模范遵守党纪国法，带头践行社会主义荣辱观，永葆共产党人的政治本色。中央希望，受表彰的先进集体和优秀个人珍惜荣誉、再接再厉，为党和人民的事业作出新的更大贡献。

当前，我国正处在全面建设小康社会的关键时期和深化改革开放、加快转变经济发展方式的攻坚时期。全党同志要紧密团结在以胡锦涛同志为总书记的党中央周围，以邓小平理论和“三个代表”重要思想为指导，深入贯彻落实科学发展观，解放思想、开拓奋进，为实现“十二五”时期经济社会发展目标、夺取全面建设小康社会新胜利、开创中国特色社会主义事业新局面而不懈奋斗！

历届全国劳模大会简介

一、全国工农兵劳动模范代表会议（1950 年）

1950 年 9 月 25 日至 10 月 2 日在北京举行。会议代表 464 人。中央人民政府授予 464 人全国劳动模范称号。

9 月 25 日，大会在中南海怀仁堂开幕。中央人民政府主席毛泽东、副主席朱德、李济深、张澜出席。朱德主持开幕式，政务院副总理陈云致开幕词，毛泽东致祝词。9 月 26 日，中央人民政府副主席刘少奇在大会上讲话。10 月 2 日大会闭幕，中华全国总工会副主席李立三作会议总结。大会通过了《向毛主席的致敬信》。

二、全国先进生产者代表会议（1956 年）

1956 年 4 月 30 日至 5 月 10 日在北京举行。会议代表 5556 人。中共中央、国务院授予 853 个单位全国先进集体称号，授予 4703 人全国先进生产者称号。

4 月 30 日，会议在北京体育馆开幕。毛泽东、刘少奇、周恩来、朱德等出席。中华全国总工会主席赖若愚主持开幕式，国务院副总理李富春致开幕词，中央书记处书记刘少奇致祝词。5 月 2 日，赖若愚向大会作报告。大会期间，国务院各办公室主任、全国妇联主席、团中央书记、中国科学院院长作了专题报告。5 月 10 日大会闭幕，中华全国总工会副主席朱学范致闭幕词。会议代表发出《全国先进生产者代表会议全体代表给全国职工的一封信》。

三、全国工业、交通运输、基本建设、财贸方面社会主义建设先进集体和先进生产者代表大会（全国群英会 1959 年）

1959 年 10 月 25 日至 11 月 8 日在北京举行。会议代表 6577 人。中共中央、国务院授予 2565 个单位全国先进集体称号，授予 3267 人全国先进生产者称号。

10 月 25 日，大会在人民大会堂开幕。刘少奇、周恩来、朱德、邓小平等出席。中华全国总工会主席刘宁一主持开幕式，中共中央副主席朱德致祝词，国务院副总理李富春向大会作报告。大会期间，国务院副总理薄一波、谭震林、李先念、聂荣臻、陆定一，团中央书记胡耀邦，全国妇联主席蔡畅作了专题报告；周恩来总理举行宴会招待全体代表。11 月 8 日大会闭幕，周恩来总理向各代表团授奖旗，中共中央委员、中央交通工作部部长曾山致闭幕词。大会通过了《向党中央、毛主席的致敬电》、《致全国职工书》、《向全国农民兄弟姐妹致敬书》、《向中国人民解放军致敬电》。

四、全国教育和文化、卫生、体育、新闻方面社会主义建设先进单位和先进工作者代表大会（全国文教群英会 1960 年）

1960 年 6 月 1 日至 11 日在北京举行。会议代表 5806 人。中共中央、国务院授予 3092 个集体全国先进单位称号，授予 2686 人全国先进工作者称号。

6 月 1 日，大会在人民大会堂开幕。刘少奇、周恩来、朱德、宋庆龄、董必武、邓小平等出席。中共中央委员、全国人大常委会副委员长林枫作工作报告。大会期间，中华全国总工会主席刘宁一讲话；周恩来总理举行宴会招待全体代表。6 月 11 日大会闭幕，通过了《向党中央、毛主席致敬电》，林枫向代表发了奖，中共中央委员、国务院文教办公室主任张际春致闭幕词。

五、全国工业学大庆会议（1977 年）

1977 年 4 月 20 日至 5 月 14 日先后在大庆油田和北京举行。会议代表 7000 多人。中共中央、国务院授予 2126 个企业全国大庆式企业、全国先进企业称号，授予 385 人全国先进生产者称号。

4 月 20 日，会议在大庆油田开幕。中共中央主席、国务院总理华国锋主持开幕式，国务院副总理李先念致开幕词，大庆市委书记宋振明介绍大庆的基本经验。4 月 27 日，大会在北京继续进行。5 月 4 日国务院副总理余秋里受中央委托向大会作报告。5 月 14 日大会闭幕，国务院副总理纪登奎致闭幕词，副总理王震、谷牧向代表颁发《光荣册》。

六、全国科学大会（1978 年）

1978 年 3 月 18 日至 31 日在北京举行。会议代表近 6000 人。中共中央、国务院授予 826 个单位全国先进集体称号，授予 1213 人全国先进科技工作者称号。

3 月 18 日，大会在人民大会堂开幕。中共中央主席、国务院总理华国锋主持开幕式，中共中央副主席、国务院副总理邓小平作了报告。3 月 24 日，华国锋向大会作报告。3 月 31 日大会闭幕，中国科学院院长郭沫若作书面讲话，国务院副总理纪登奎致闭幕词，国务院副总理方毅向先进集体和个人颁发了奖状。

七、全国财贸学大庆学大寨会议（1978 年）

1978 年 6 月 20 日至 7 月 9 日在北京举行。会议代表 5000 多人。中共中央、国务院授予 736 个企业全国财贸战线大庆式企业称号，授予 381 人全国劳动模范或先进生产者称号。

6 月 20 日，大会在人民大会堂开幕。中共中央主席、国务院总理华国锋主持开幕式，中共中央副主席、国务院副总理李先念讲话。7 月 9 日大会闭幕，国务院副总理方毅致闭幕词，副总理陈永贵、王震、康世恩向先进集体和个人颁发了《光荣册》。

八、工业、交通、基本建设战线全国先进企业和全国劳动模范大会（1979 年）

1979 年 9 月 28 日在北京人民大会堂举行。会议代表 340 人。国务院授予 118 个企业全国先进企业称号，授予 222 人全国劳动模范称号。

华国锋、叶剑英、邓小平、李先念等出席大会。国务院副总理康世恩主持大会并宣读表彰决定，中共中央副主席、国务院副总理李先念讲话。党和国家领导人向先进企业代表颁发了《国务院嘉奖令》、向全国劳动模范颁发证书和奖章。出席大会的代表向全国工业、交通、基本建设战线的职工发出《倡议书》。

九、农业、财贸、教育、卫生、科研战线全国先进单位和全国劳动模范大会（1979 年）

1979 年 12 月 28 日在北京人民大会堂举行。会议代表 691 人。国务院授予 351 个集体全国先进单位称号，授予 340 人全国劳动模范称号。

华国锋、邓小平、李先念等出席大会。国务院副总理余秋里主持大会并宣读表彰决定，中共中央副主席、国务院副总理李先念致词，党和国家领导人向全国先进单位的代表颁发了《国务院嘉奖令》、向全国劳动模范颁发证书和奖章。全国劳动模范史来贺、刘靖慧分别宣读了《全国先进单位倡议书》和《劳动模范倡议书》。

十、全国劳动模范和先进工作者表彰大会（1989 年）

1989 年 9 目 28 日至 10 月 2 日在北京举行。与会代表 3065 人。国务院授予 2790 人全国劳动模范或全国先进工作者称号。

9 月 28 日，大会在人民大会堂开幕。江泽民、李鹏、杨尚昆、万里等出席。全国人大常委会副委员长、中华全国总工会主席倪志福主持开幕式，李鹏代表中共中央、国务院讲话，党和国家领导人向先进模范代表授奖。

十一、全国劳动模范和先进工作者表彰大会（1995 年）

1995 年 4 月 29 日在北京人民大会堂举行。3059 名代表参加会议。国务院授予 2873 人全国劳动模范或全国先进工作者称号。

江泽民、李鹏、乔石、李瑞环、朱镕基、刘华清、胡锦涛等出席大会。大会由国务委员、国务院秘书长罗干主持。中共中央总书记江泽民发表重要讲话。中央政治局委员、国务院副总理邹家华宣读了《国务院关于表彰全国劳动模范和先进工作者的决定》。全国劳动模范包起帆宣读了《争做改革发展稳定的模范》的倡议书。

十二、全国劳动模范和先进工作者表彰大会（2000 年）

2000 年 4 月 29 日在北京人民大会堂举行。国务院授予 2946 人全国劳动模范或全国先进工作者称号。

江泽民、李鹏、朱镕基、李瑞环、胡锦涛、尉健行、李岚清出席大会。大会由中共中央政治局常委、国务院总理朱镕基主持。中共中央总书记、国家主席、中央军委主席江泽民发表重要讲话。国务委员兼国务院秘书长王忠禹宣读了《国务院关于表彰全国劳动模范和先进工作者的决定》，全国劳动模范李黄玺宣读了《倡议书》。

十三、全国劳动模范和先进工作者表彰大会（2005 年）

2005 年 4 月 30 日在北京人民大会堂举行。国务院表彰全国劳动模范和先进工作者 2969 人。其中授予 2124 人全国劳动模范荣誉称号、845 人全国先进工作者荣誉称号。

胡锦涛、温家宝、贾庆林、曾庆红、黄菊、吴官正、李长春、罗干出席大会。大会由中共中央政治局常委、国务院总理温家宝主持。中共中央总书记、国家主席、中央军委主席胡锦涛发表重要讲话。国务委员兼国务院秘书长华建敏宣读《国务院关于表彰全国劳动模范和先进工作者的决定》。青岛港前湾集装箱码头桥吊队队长许振超代表全国劳动模范和先进工作者宣读《为全面建设小康社会再立新功》倡议书。

十四、全国劳动模范和先进工作者表彰大会（2010 年）

2010 年 4 月 27 日在北京人民大会堂举行。国务院表彰全国劳动模范和先进工作者 2985 人。其中授予 2115 人全国劳动模范荣誉称号、870 人全国先进工作者荣誉称号。

胡锦涛、吴邦国、温家宝、贾庆林、李长春、习近平、李克强、贺国强、周永康出席大会。大会由中共中央政治局常委、国务院总理温家宝主持。中共中央总书记、国家主席、中央军委主席胡锦涛发表重要讲话。中共中央政治局委员、国务院副总理张德江宣读《国务院关于表彰全国劳动模范和先进工作者的决定》。一汽大众汽车有限公司轿车一厂焊装车间工长王洪军代表全国劳动模范和先进工作者宣读《争当推动科学发展促进社会和谐的行动楷模》倡议书。

——本文摘自全国工会干部培训基础教材《工会经济技术工作概论》，中华全国总工会编辑，中国工人出版社出版（2013 年 2 月）

中国航空工业系统

全国劳动模范及先进人物

奖章、证书

1950 年全国劳动模范纪念章、出席证

1956 年全国先进生产者纪念章

1959 年全国先进生产者纪念章

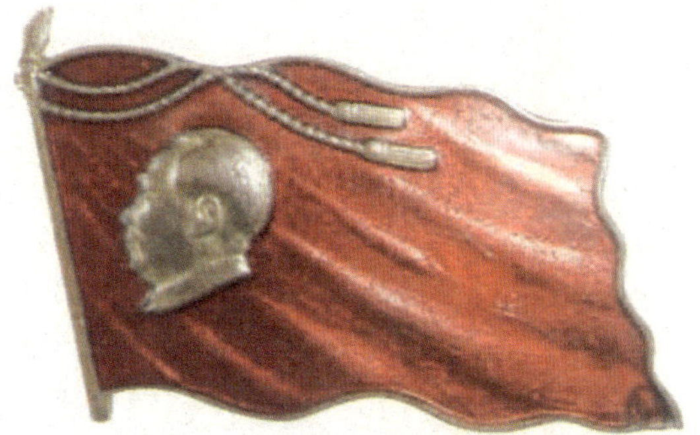

1960 年全国先进工作者纪念章

1978年全国先进科技工作者奖状

奖状

为表扬在我国科学技术工作中作出重大贡献的先进工作者和先进集体，特颁发此奖状，以资鼓励。

受奖者：

全国科学大会

一九七八年

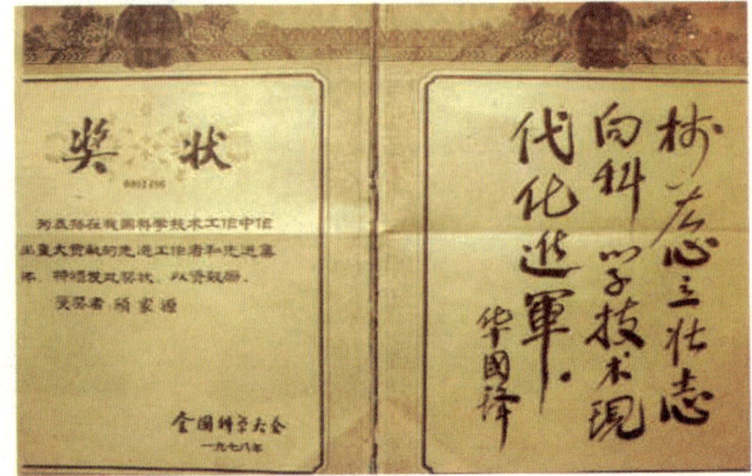
奖状

为表扬在我国科学技术工作中作出重大贡献的先进工作者和先进集体，特颁发此奖状，以资鼓励。

受奖者：

全国科学大会

一九七八年

树雄心立壮志

向科学技术现代化进军！

华国锋

1979年全国劳动模范奖章、证书

1989 年全国劳动模范奖章、证书

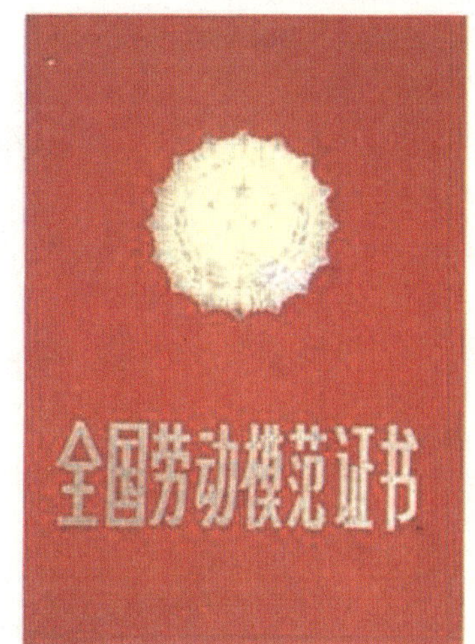

1989 年全国先进工作者奖章

1989年全国优秀党务工作者证书

荣誉证书

[illegible]同志：被推荐为全国优秀党务工作者，特此表彰。

中共中央组织部

一九八[illegible]月廿二日

1995年全国劳动模范奖章

1995 年全国先进工作者奖章

1995 年全国优秀企业思想政治工作者证书

荣誉证书

陈逸平 同志：

全国优秀企业思想政治工作者

中共中央宣传部　中共中央组织部　国家经济贸易委员会　中华全国总工会

一九九五年 授予

2000 年全国劳动模范奖章

2000 年全国先进工作者奖章

2000年全国企业优秀思想政治工作者奖杯

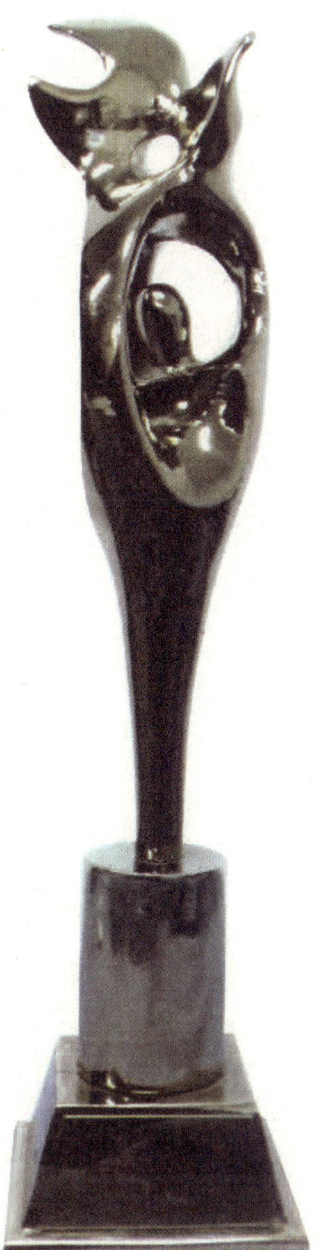

2005年全国劳动模范奖章

2006 年全国优秀党务工作者奖章、证书

2010 年全国劳动模范奖章

2010 年全国先进工作者奖章

2011 年全国优秀党务工作者奖章

2012年航空工业英模、全国优秀共产党员奖章、证书

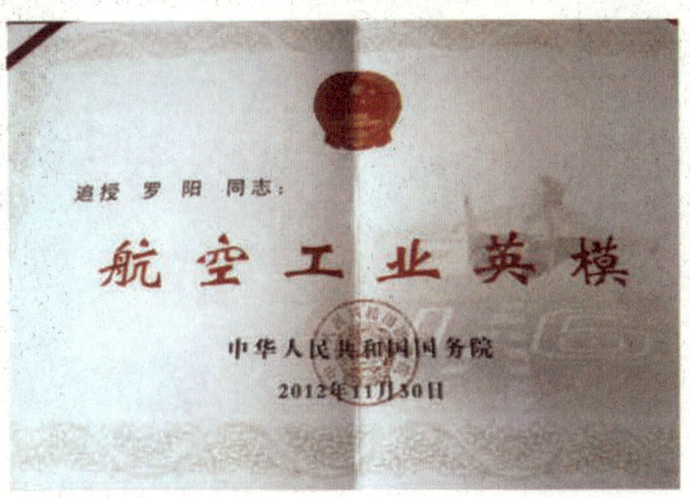
追授 罗阳 同志：
航空工业英模
中华人民共和国国务院
2012年11月30日

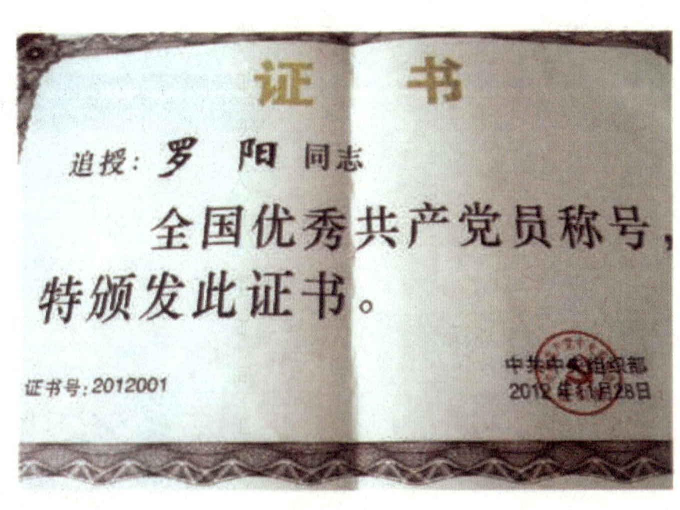
证书
追授：罗阳同志
全国优秀共产党员称号，
特颁发此证书。
证书号：2012001
中共中央组织部
2012年11月28日

后　　记

《中国航空工业人物卷》是《中国航空工业史丛书·人物·史料资料》的重要组成部分，她真实地记录了中国航空工业60多年来航空人的突出代表，他们是“航空报国”精神的创造者和传承者。

《中国航空工业人物卷》又分为《航空工业领导篇》、《航空工业专家篇》和《航空工业英模篇》，每篇还有分册。她们将分别刊载航空工业的创建者、领军人物、专家学者、科研人员和技能人才的主要事迹。编撰本书的意愿是想通过这些人物的事迹，让后来者知道今天的成就来之不易，今后的任务将更繁重、更具有挑战性和吸引力，从而通过我们的双手、用我们的智慧，将“航空报国”精神发扬光大，真正达到强军富民的目的。

在《中国航空工业人物卷》编撰过程中，我们得到了方方面面的支持，特别是入选《中国航空工业人物卷》人物所在单位，或是入选人物曾经工作过的单位，都给予了极大的帮助。在编撰时，我们也查阅了《中国航空工业四十年》、《当代中国的航空工业》、《航空工业人物》、《航空人物志》、《航空工业史料》、《航空春秋》、《中国航空史》、《中国飞机》和《中国航空工业院士丛书》等著作，还调阅了大量企事业单位撰写的厂史、所史，有关单位的航史编修办公室、党委宣传部、办公室、档案馆（室）、老干部离退休办等部门的同志们也做了大量的工作。在这里我们一并表示感谢！

《中国航空工业人物卷》虽然陆续出版，由于我们工作水平有限，可能挂一漏万，也可能出现一些错误，恳请当事人和广大读者及时指出，以便我们在今后的编撰中加以改正。《中国航空工业人物传·英模篇①》汇集了1950年至2013年国务院授予的航空工业历次全国劳动模范、全国先进工作者；中共中央组织部授予的优秀共产党员、优秀党务工作者及部分优秀思想政治工作者138位，全国劳动模范人员、届次均以中华全国总工会公布的名单为准。同时，列入党中央、国务院14次表彰大会之一的全国科技大会表彰的“全国先进科技工作者”也一并收入。本书策划王荣阳，统筹李雨农，编撰邓莉华、廉洁，审阅李长江、刘朝晖。

中航工业编修办公室

2013年9月24日